충청남도가
대한민국에 제안합니다

지역에서 시작하는 국가 혁신 프로젝트

충남연구원 엮음

강마야·강영주·강현수·김수연·김영일·김종화
명형남·박종관·신동호·여형범·유태현·이관률·이상진
이재완·정창수·주재복 지음

한울

이 도서의 국립중앙도서관 출판예정도서목록(CIP)은 서지정보유통지원시스템 홈페이지(http://seoji.nl.go.kr)와 국가자료공동목록시스템(http://www.nl.go.kr/kolisnet)에서 이용하실 수 있습니다.
CIP제어번호: CIP2018017690

축사

　　우리 충청남도에서 발생하는 사회문제를 현장의 관점에서 연구하고, 이를 토대로 근본적인 대안을 중앙정부에 제시하는 『충청남도가 대한민국에 제안합니다』 발간을 진심으로 축하드립니다.

　　민주주의의 학교로 불리는 지방자치의 본연의 취지는 '지역사회의 문제에 대해 주민 스스로의 의사에 따라 해결'하자는 사회운영의 원리입니다. 이러한 지방자치가 효과적으로 작동하기 위해서는 주민으로부터 권한을 위임받은 대표기관인 지방정부의 역할이 무엇보다 중요함에도 불구하고, 현행 지방자치가 국가정책을 소극적·사후적으로 집행하거나, 국가의 의사결정 과정에 지역이익을 투영하는 데 집중하고 있는 것은 아쉬운 현실입니다.

　　충청남도는 중앙정부 정책을 수동적으로 집행하거나, 국가적 의사결정 과정에 지역이익을 반영하는 데 집중하던 지방정부의 기존 역할과 한계를 뛰어넘어, 지역 현장의 다양한 사회문제들에 대해 주민들과 상시 소통하며 근본적 차원의 정책 대안을 강구하고 실천해왔습니다.

　　충남연구원은 충청남도 산하 정책연구기관으로 중앙정부에 정책 수용 건의를 위한 농업·농촌, 환경·에너지, 자치·분권 등 다양한 분야의 혁신적인 정책 제안 과제를 연구·개발하고, 지역발전을 선도하는 중심축으로서 도정과 나아가 지방자치 발전을 견인하기 위한 노력을 아끼지 않고 있습니다.

　　도와 충남연구원의 이러한 고민과 노력을 바탕으로 한 정책 건의 사항들이 지속적으로 국정에 반영된다면, 충청남도의 작은 노력이 대한민국 전체의 변화로 이어질 수 있으리라 확신합니다.

끝으로 책 발간을 위해 노고를 아끼지 않으신 충남연구원 관계자 여러분께 감사의 인사를 드리며, 충청남도의 제안이 우리 충청남도는 물론 국가 발전 동력의 핵심적인 계기가 되기를 바랍니다.

2018년 6월

충청남도지사 권한대행

남궁영

서문

이 책은 충청남도가 그동안 지역의 발전과 도민의 행복 증진을 위해, 그리고 충청남도뿐만 아니라 대한민국을 위해 중앙정부에 제안했던 정책들을 묶은 것이다. 충청남도는 지역이 당면한 여러 난제들을 해결하기 위해 자체적인 정책 실험들을 각 분야에서 꾸준히 시도해왔다. 그리고 이 과정에서 문제의 올바른 해법이라고 확신하게 된 정책들에 대해서는 "충청남도가 제안합니다"라는 형식으로 중앙정부에 정책 수용을 건의해왔다.

1995년 지방자치단체장 직선제를 통해 지방자치가 부활한 이후 20여 년이 흘렀지만, 여전히 대한민국은 중앙집권 국가이다. 문제 해결에 필요한 권한과 재정은 거의 다 중앙정부가 가지고 있고, 지방정부 업무의 상당수는 중앙정부가 기획하고 입안한 정책과 사업을 단순 집행하는 일에 불과하다. 그러다 보니 정책의 방향은 중앙정부로부터 지방정부로 하달되는 경우가 대부분이다. 그렇지만 실제 문제 해결의 답은 현장에 있는 경우가 대부분이다. 현장과 가까워 문제 해결 방안을 더 빨리, 더 쉽게 알 수 있는 지방정부는 문제 해결 수단을 가지고 있는 중앙정부를 설득할 수밖에 없다. 충청남도는 중앙정부가 입안한 정책을 단순 집행하는 지방정부에 머무르는 대신, 현장에서 얻은 지방정부의 경험과 지혜가 중앙정부로, 즉 아래에서 위로 정책이 전달되어야 한다는 생각으로 적극적으로 중앙정부에 정책을 '역제안'해왔다.

"충청남도가 제안합니다"라는 이름으로 시작한 충청남도의 역제안은 충청남도뿐만 아니라 대한민국 전체에 도움이 되는 정책들로서, 단지 충청남도 지역에만 한정된 지역 민원성 사안은 제외되었다. 중앙정부 지원을 둘러싸고 다른 지역과 경쟁하는 사안이나, 충청남도에만 더 많은 혜택을 요청하는 사안들도 배제되었다. 대신 충청남도의 당면 문제 해결이 다른 지역을 포함해 대한민국이 당면한 문제 해결에 도움이 된다고 확신하는 사안들로 구성되었다.

충청남도 산하 정책 연구기관인 충남연구원은 충청남도가 선도적으로 시도했던 정책 실험들을 충남도청 및 시군 공무원, 지역주민과 함께 해왔다. 충남연구원 자체 연구를 통해 정책의 방향과 내용을 기획 제안하고, 시행되는 정책의 효과와 한계들을 모니터링하면서 개선점을 찾고, 성공한 실험 사례를 발굴하여 공론화해왔다. 이 과정에서 대학 및 국책 연구기관 연구자, 국회 관계자 등 충청남도 지역을 넘어 전국적으로 많은 도움을 받았다. 이 책에 수록된 정책 제안들은 그동안 충남연구원 연구자들과 외부의 협력 연구자들이 충남도청과 함께 고민하고 검토해왔던 내용들이다.

이 책은 대한민국을 위해 충청남도가 중앙정부에 제안한 14가지 혁신 정책들로 구성되었다. 이 책에 실린 글들은 공통적으로 충청남도가 당면했던 지역 현장의 고민과 문제의식에서 시작해, 충청남도의 선도적 정책 실험에 대한 소개와 평가, 중앙정부에 국가 정책으로 제안하는 내용을 담고 있는데, 분야별로 다음과 같이 1·2·3부로 나누어 편집했다.

1부는 충청남도 도정이 민선 5·6기 동안 가장 집중했던 정책 분야인 농업·농촌 분야의 제안이다. 충청남도는 급격히 산업화·도시화되고 있지만 여전히 농업과 농촌의 비중이 큰 지역이기에 농업과 농촌을 지키는 농민들의 상대적 박탈감도 크다. 이를 해소하기 위해 충청남도는 농업·농촌·농민을 살리기 위한 '3농 혁신' 정책을 선도적으로 추진해왔다.

1장에서 충남연구원 강마야 박사는 대한민국 농정 예산을 농업직불제 중심으로 구조 개편해야 한다고 제안한다. 강마야 박사는 대한민국 농정 예산의 문제점은 농정 예산 규모가 작은 것이 아니라, 대한민국 농정이 지향해야 할 방향에 부합하는 합리적인 재원 배분과 정책집행이 이루어지지 못하는 것이라고 진단한다. 문제 해결을 위해서는 농정이 지향하는 목표의 재설정이 필요하며, 그 수단으로 농업직불제 중심의 예산 구조 개편을 통해 농업 농촌의 다원적 기능 강화와 농가 경영 및 소득 안정에 도움이 되도록 해야 한다고 제안한다.

2장에서 충남연구원 이관률 박사는 농업직불제 제도 개선에 부합하는 대표적 사업으로 농업생태환경 프로그램을 제안한다. 충청남도는 자체적으로 2016년부터 2년 동안 충청남도 두 개의 농촌 마을에서 농업생태환경 프로그램이라고 명명한 시범사업을 시행했는데, 재배 작물 다양화, 비료 사용 절감, 생태환경 개선, 농촌마을공동체 복원 등 의미 있는 효과를 보였다. 이관률 박사는 충청남도의 실험을 토대로 한 농촌생태환경 프로그램의 전국 확대를 농업직불제 제도 개선의 일환으로 제안하면서, 이 프로그램이 전국으로 확대되더라도 각 지역의 농업·농촌 실정에 맞게 다양화된 프로그램의 세부 방안은 지역이 중심이 되어 만들어야 함을 덧붙인다.

3장에서 충남연구원 김종화 박사는 충청남도가 2011년부터 시행해 온 학교급식지원정책과 지원센터 모델의 전국 확대를 제안한다. 충청남도는 학생에게는 안전하고 건강한 식재료를 공급하고, 농업인에게는 안정적인 판로를 제공하기 위한 목적으로 지역의 친환경 및 우수 농산물을 지역 내 학교 급식 식재료로 공급하기 위한 충청남도 광역급식지원센터와 시군별 학교급식 지원센터를 설립·운영해왔다. 충청남도 학교급식지원정책의 특징은 '직영형' 혹은 '위탁형' 등 시군별 지역 특성에 맞는 유형과 형태로 운영되고 있으며 친환경 농산물 생산, 로컬푸드 같은 지역 농업정책과 연계해 추진된다는 점이다. 또한 민관 거버넌스를 통한 상향식 의사결정과 식재료의 위생적이고 안전하며 투명한 거래 체계를 갖추었다는 장점이 있다.

2부는 최근 지역주민들의 관심이 높고 충청남도 도정에서 차지하는 위상도 높아지고 있는 환경·에너지 분야의 정책 제안들을 묶었다. 충청남도는 산업화 과정을 통해 지역 경제성장을 이루었지만, 이로 인한 환경 파괴와 주민들의 건강 피해와 관련된 쟁점 사안들이 많다. 특히 충청남도 북서부 지역에는 석탄화력발전소, 석유화학단지, 철강단지 등 대규모 오염물질 배출사업장들이 모여 있어서 도민들의 우려가 높다.

4장에서 충남연구원 명형남 박사는 미세먼지를 줄이기 위한 충청남도의 그간 노력과 중앙정부에 제안해온 내용에 대해 소개한다. 전국 석탄화력발전소의 절반 이상이 충청남도에 집중되어 있는데, 여기서 발생한 미세먼지가 충청남도는 물론 수도권의 대기질을 악화시키는 주요 요인 중 하나로 밝혀졌다. 이에 따라, 충청남도의 미세먼지 발생은 충청남도뿐 아니라 전국적 관심사가 되고 있다. 명형남 박사는 충청남도가 이러한 현실 속에서 지방정부 최초로 2013년부터 진행해온 석탄화력발전소 주변지역 주민건강영향조사, 도 자체적으로 시행하고 있는 대기오염측정망 확충, 대기오염물질 배출허용기준 조례 제정 등의 정책 사업뿐만 아니라 노후 석탄화력발전소 폐쇄와 신규 발전소 증설 계획 철회, 수도권과 동일한 석탄화력발전소 배출허용기준 개선 등 중앙정부에 제안한 정책까지 종합적으로 소개한다.

5장에서 충남연구원 여형범 박사는 충청남도가 직면한 환경과 에너지 문제의 근본적 해결을 위한 탈석탄 에너지 전환을 제안한다. 충청남도는 석탄화력발전소로 인한 환경과 건강 피해를 가장 많이 받고 있는 지역인데, 충청남도에서 생산한 전력의 절반 이상은 충남 바깥 지역에 공급하기 위한 것이다. 또한 충청남도는 에너지 다소비 업체들이 들어서면서 산업부문 에너지 소비가 전국에서 가장 빠르게 증가하고 있는 지역이기도 하다. 여형범 박사는 이런 상황에서 충청남도가 그동안 탈석탄 및 에너지전환 정책의 필요성을 앞장서서 제기하고 추진해온 내용인 2017년 '탈석탄 친환경 에너지전환 국제컨퍼런스' 개최, 시민 참여 방식의 '충남에너지전환비전' 수립 등을 설명하면서, 탈석탄 에너지전환을 위한 중앙정부 차원의 로드맵 수립을 제안한다.

6장에서 여형범 박사는 생태계서비스 지불제 도입을 제안한다. 생태계서비스는 자연환경이 인간 및 사회에 제공하는 다양한 편익이다. 생태계서비스 지불제는 자연이 제공하는 유용한 서비스를 유지 또는 개선하는 노력을 하는 사람에게 이를 이용해 편익을 얻는 사람이 적절히 보상하도록 함으로서, 사회 전체적으로 유용한 생태계서비스를 지속가능하게 제공하도록 하는 경제적 유인제도이다. 여형범 박사는 생태계서비스 지불제를 도입할 때 지방정부를 비롯한 현장의 다양한 이해당사자들의 자발적인 참여가 관건임을 강조한다.

7장에서 충남연구원 신동호 박사는 송전 비용을 고려한 지역 차등 전기요금제를 제안한다. 신동호 박사는 현행 국내 전기요금 체계가 불공정한 것은 발전과 송전에 따른 피해를 발전소 입지 지역에 고스란히 전가하고, 지역별 전력 공급 원가 차이에도 불구하고 전국 단일요금제로 운영되기 때문이라고 진단한다. 이런 전기요금 불공정을 해소하기 위해 화력발전 및 송전에 따른 사회적 비용을 제대로 반영해야 하고, 동시에 송전요금에 대해서는 거리용량병산제를 도입하여 지역별로 차등화하는 방안을 단계적으로 실행하자고 제안한다.

8장에서 충남연구원 이상진 박사와 김영일 박사는 하구 생태 복원을 제안한다. 강과 바다가 만나는 하구는 생태적으로 매우 중요한 지역이나, 국내 하구의 절반가량이 방조제와 하굿둑, 매립 등으로 물 순환이 차단된 닫힌 하구이고, 나머지 열린 하구들도 개발 압력이 높아 보호 대책이 시급한 상황이다. 하구는 생태적 가치뿐만 아니라 재해 방지, 경관 및 여가 장소 제공 등 사회적·경제적 가치가 높은 지역이므로 무분별하게 개발하기보다 지속가능성의 원칙하에서 보전을 위한 예방 대책을 강화하고 이미 훼손된 하구는 복원해야 한다는 것이 선진국의 최근 패러다임이자, 이상진 박사와 김영일 박사가 제안하는 대한민국 하구 정책의 기본 방향이다. 이러한 방향 아래 해수 순환을 통한 수질 개선, 점진적 복원 사업, 유형별 특성화된 복원 전략 마련 등 닫힌 하구 복원을 위한 정책 과제들을 제안한다.

3부에서는 지방정부인 충청남도가 그동안 자체적으로 역점 추진해온 동시에 중앙정부에 지속적으로 요구해왔던 주민자치와 지방분권 분야의 제도 개선 및 정책 제안들을 묶었다.

9장에서 남서울대학교 유태현 교수는 동네자치의 확산을 뒷받침하는 재정기반 구축을 위해 주민세를 동네자치세로 개편하자고 제안한다. 지역주민을 위한 실질적인 자치는 동네 단위로 이루어지는 자치를 통해 구현되는데, 동네 자치의 온전한 시행을 위해서는 주민의 참여와 함께 관련 비용을 적절하게 조달할 수 있는 재정 기반이 갖추어져야 한다. 현재 지방세인 주민세 중 누구나 같은 액수를 내는 주민세 균등분은 지역공동체 각 구성원에게 부과하는 회비 성격을 띠고 있고 비과세 감면이 거의 없기 때문에 이 세수를 주민들이 동네자치를 위해 사용할 수 있도록 동네자치세로 개편하자는 제안이다.

10장에서 한국지방행정연구원 주재복 박사와 강영주 박사는 특별지방행정기관 지방이양을 제안한다. 특별지방행정기관의 지방 이양은 역대 정부가 지속적으로 추진하겠다고 공언한 지방분권 핵심 과제임에도 불구하고 성과는 미미하다. 이 글에서는 현장 밀착형 행정서비스를 제공하기 위해 특별지방행정기관 지방이양이 필요하며, 이 중 지방중소기업청, 지방노동지청, 지방노동위원회, 지방보훈청, 지방국토관리청, 지방해양수산청, 지방환경청 7개 기관은 기능 전부 혹은 기능 일부가 조속히 지방정부로 이양되어야 한다고 제안한다.

11장에서 대한민국시도지사협의회 김수연 박사는 중앙정부와 지방정부의 협력 관계를 제도화하고 지역의 국정 참여를 보장하기 위한 이른바 '제2국무회의' 신설 운영을 제안한다. 현재 대한민국에서 지방자치가 실시되고 있지만 지방정부가 중앙정부와 대등한 관계에서 정책을 협의하고 결정할 공식적인 기구는 없다. 이 문제를 해결하기 위해 대통령과 국무위원들로 구성된 국무회의와 비슷한 권한을 가지는 제2국무회의를 대통령과 관계 부처 장관, 그리고 지역의 대표자인 시도지사 등으로 구성해 운영하자는 것이다. 제2국무회의의 기능은 중앙정부와 지방정부의 역할 및 재원 분담, 지방자치제도, 재정·세제·교육·복지·산업 등 지방에 영향을 미치는 사안에 대한 심의 기능이 될 수 있다.

12장에서 충남연구원 이상진 박사와 백석대학교 박종관 교수는 유역 중심의 물자치권을 제안한다. 현재 국내 물 관리는 중앙정부가 주도하고 있는데 그 중 수량 관리는 국토교통부, 수질 관리는 환경부, 농업용수는 농림수산식품부, 방재는 행전안전부 등 각기 다른 중앙부처가 관여하고 있으면서 지방정부와 협력은 제한되어 정책 효율성이 떨어진다. 이상진 박사와 박종관 교수는 물 관리는 부처 단위보다 유역 단위로 실행되어야 실천력과 효율성이 증대되기 때문에, 유역 중심으로 물관리 권한과 책임을 주는 유역 단위 물자치권이 필요함을 역설한다.

13장에서 공주대학교 이재완 교수는 지역 현장에 필요한 복지와 보건 서비스의 최일선 전달체계 방안으로 읍면동 단위 복지·보건 통합전달체계 구축을 제안한다. 현재 국내 복지서비스는 중앙정부에서 시도와 시군구를 거쳐 읍면동으로 이어지는 복지 전달체계를 통해, 보건서비스는 중앙정부에서 시도를 거쳐 시군구 보건소와 읍면동 보건지소로 이어지는 보건서비스 전달체계를 통해 전달된다. 결국 지역주민에게 직접 서비스가 제공되는 지점은 읍면동 단위이기 때문에, 복지와 보건의 이원화된 전달체계 대신 읍면동 단위에서 복지·보건 조직의 연계와 통합을 통해 주민들의 복지·보건 요구에 효과적으로 대응하자는 것이다.

14장에서 정창수 나라살림연구소장은 충청남도가 선도적으로 시행한 재정정보의 실시간 공개 정책을 소개하면서 향후 과제를 제안한다. 충청남도는 2013년부터 홈페이지 '충남넷'에 세입, 예산, 지출 및 회계에 관한 모든 정보를 실시간으로 공개하고 있으며, 2014년부터는 도내 전 시군까지 확대했다. 또한 2015년에는 재정정보 공개 시스템 고도화 계획을 수립해, 공개 범위 확대, 그래프 및 시각적 효과를 사용한 이해도와 활용도 향상, 도민 참여 유도 등 개선 작업을 해왔다. 충청남도 재정정보 공개는 '100% 공개', '실시간 공개'라는 점에서, 그리고 도뿐만 아니라 시군의 예산까지 모두 공개한다는 점에서 중앙정부에서도 하지 못했던 혁신 성과라 평가할 수 있다. 정창수 소장은 충청남도 재정정보 공개가 정보를 많이 제공하는 것에 머물지 말고 정보를 활용하는 수용자가 필요로 하는 정보를 정확하게 제공하는 수용자 관점을 보완해 전국적인 모범 사례가 되기를 제안한다.

이상의 14가지 제안은 각 저자들의 개인적 소신일 뿐 아니라 충청남도의 공식 의견으로 중앙정부에 공개 제안되었던 내용이다. 충청남도가 대한민국이 해결해야 할 과제를 지방정부 차원에서 선도적으로 해결해 보겠다는 주체적 의지와 혁신적 노력의 결과이기도 하다. 주민과 현장에 더 가까운 지방정부인 충청남도에서 시작된 정책 실험과 제안이 중앙정부 차원에서 적극 검토되고 수용되어 대한민국을 바꾸는데 적극 활용되기를 희망한다. 이 책에 미처 다 담지 못한 충청남도의 제안들은 다른 기회를 통해 소개되기를 희망한다.

다들 연구에 바쁜 와중에서도 그동안의 연구 내용을 다시 정리해 책으로 출간할 수 있게 수고해주신 저자 여러분에게 감사드린다. 정책을 함께 만들고 현장에서 정책 집행을 하면서 정책의 효과와 한계를 누구보다 잘 알고 있는 충청남도 관계 공무원과 지역주민들에게도 감사드린다. 그리고 이 책을 출간하는데 도움을 준 충남연구원 기획조정연구부 김찬규 박사, 김홍철 박사, 어려운 출판 환경에서도 이 책의 가치를 발견하고 널리 공유될 수 있는 기회를 준 한울엠플러스 편집진에 깊은 감사를 드린다.

2018년 6월
충남연구원장
강현수

차례

1부

농업·농촌 혁신 정책 제안

1장

직불제 중심의 농정을 위한 예산구조 재편

강마야 | 충남연구원 농촌농업연구부 책임연구원

1. 문제 제기

현재 농업·농촌 분야는 다양한 쟁점 사항에 직면하고 있다. 예를 들면 쌀의 수급 불균형, 축산의 규모화에 따른 환경오염, 고투입·고비용 구조 농업으로 인한 환경오염, 농업소득 등 농가경제지표 악화, 수입개방, 농업인 및 농가의 불명확한 개념과 모호한 정책 대상, 빈익빈·부익부를 심화시키는 시혜적 성격의 농업보조금, 중앙집권 농정으로 인한 지방농정 역할과 기능 부재 등이 그것이다. 이러한 문제 지점들과 맞닿아 있는 것은 정책 혹은 사업, 그리고 그것을 실현하는 수단으로서 농정예산을 들 수 있다.

※ 이 글은 《충남리포트》, 265호(2017)와 《지역재단 리포트》, 24호(2017)에 실린 필자의 글을 토대로 수정·보완한 것이다.

그렇다면 농정분야 예산구조와 관련한 중요한 질문 하나는 '나라 전체 예산에 대비해 농정예산 규모가 과연 작은 것인가'이고, 또 다른 중요한 질문은 '지금의 농업·농촌 문제가 농정예산이 적어서 발생한 문제인가'이다. 이 글의 문제 인식이자 출발 지점은 바로 두 번째 질문에서 비롯한다.

농정예산 규모가 나라 전체예산에 대비해 작다는 문제도 있지만 그보다 먼저 정책 목적을 달성할 수 없는 농정예산 배분구조와 집행 방식에 문제가 있음을 살펴볼 필요가 있다. 즉, 농정예산이 적거나 많다는 규모 문제를 떠나서 주어진 농정예산을 제대로 사용하고 있는가에 대해 고찰할 것이다. 많은 이들이 농정예산을 둘러싼 재원배분의 효율성 측면에서 농정예산 구조조정을, 도시민과의 조세 형평성 측면에서 농정분야 세원 구조조정을 지속적으로 제기하고 있는 것이 사실이다.

문재인 정부는 농정개혁 과제를 "지속가능한 농업·농촌을 어떻게 구현할 것인가"로 설정한 바 있어서 농업과 농촌의 지속가능성을 실현하는 과정에서 기존 정책과 사업 조정, 농정예산 구조조정은 필연적으로 발생하게 될 것이다. 나라별로 다소 차이가 있긴 하지만 주요 선진국은 농업직불금 제도를 다양화해가면서 농정의 중심축으로 삼고 있는 추세이기에 한국도 빠른 시일 내에 농업직불금 제도 중심으로 농정을 전환해야 할 필요성에 무게가 실리고 있다. 그 실현을 위한 핵심 수단으로서 예산구조 재편이 전제되어야 한다.

이 글은 직불제 중심의 농정을 향한 예산구조 재편 방안을 제시하고자 한다. 다음에 제시하는 내용과 같이 충청남도를 비롯한 한국의 농정분야 예산구조 및 농업직불금 제도에 대한 진단을 통해 실태를 파악하고, 주체별 역할에 맞는 농정예산 구조 재편을 제안하는 바이다.

2. 현황 및 문제점

1) 농정분야 예산구조 진단[1]

첫째, 농정 목표와 정책 수단은 시대의 변화에 일치해 변화하고 있는가이다. 유럽연합과 같은 선진국 농정은 농업과 농촌의 다원적 기능 향상에 가치를 두고 농정 패러다임도 이러한 사회 수요에 맞춰서 미래 투자개념으로 전환하고 있다. 한국의 농정은 여전히 산업정책 성격으로서 생산주의 및 경쟁력을 지향하는 점이 강하기에 변화하는 세계적 추세에 맞춰가고 있다고 보기 힘들다.

둘째, 농정예산을 투자한 결과에 비추어 현재 농업·농촌의 모습을 봤을 때, 농정의 목표를 달성했는가이다. 농정의 궁극적 목표 중 하나는 '농가소득 안정 및 안정적 식량 공급'이다. 하지만 도시 근로자 가구소득 대비 농촌 농가 가구소득 격차는 2003년 76.4%에서 2014년 61.5%로 확대했고, 농가소득 중 농업소득 비중을 나타내는 농업의존도는 2003년 39.3%에서 2014년 29.5%로 하락했으며, 농가교역조건지수[2]도 2005년 113.1에서 2014년 102.7로 악화했다. 또한 사료용 작물을 포함(제외)한 식량자급률은 1997년 30.4%(58.0%)에서 2014년 24.0%(49.7%)로 하락했고, 65세 이상 경영주 비중은 전국 평균이 2005년 43.2%에서 2015년 55.7%로 증가한 가운데, 충청남도는 42.7%에서 58.7%로 빠른 증가 속

1 　강마야, 「농정예산 실태 분석과 개편 방안」, ≪충남리포트≫, 265호(2017); 강마야·김찬규, 「충남의 농정예산 실태분석 및 기본방향」, ≪전략연구≫, 2016-43(2016); 여기서 말하는 '예산'은 정책과 사업의 구체적인 수단을 의미하는 것으로서 '예산 재편'은 정책과 사업의 재편을 포함하는 개념으로 봐도 무방하다.

2 　농가판매가격지수 대비 농가구입가격지수를 말한다.

도를 보인다.

셋째, 나라 전체 예산 중 농정분야 예산 비중은 적절한가이다. 나라 전체 예산 증가율에 비해 농정예산 증가율은 대폭 줄어들고 있다. 나라 전체 예산 중 농정예산 비중은 2007년 6.5%에서 2016년 5.0%로 점차 줄어들고 있고, 2017년은 전년 대비 나라 전체 예산 증가율이 3.7%인데 비해 농정예산 증가율은 0.8%에 불과했다. 2018년도 예산(안)[3]은 나라 전체 예산이 전년 대비 7.1% 증가한 데 비해, 농정분야 예산은 0.02% 증가하는 데 그쳤고, 나라 전체 예산 대비 농림수산식품 예산은 약 4.5%이다. 참고로 참여정부(2003~2007년)의 농정예산 증가율은 평균 3.46%이었으나, MB정부(2008~2012년)는 2.46%, 박근혜 정부(2013~2016년)는 1.25%에 그쳤다.

넷째, 연간 약 15조 원의 농정예산이 제대로 쓰이고 있는가이다. 총량 측면에서 약 5% 이내의 농림수산식품 분야 예산 비중이 그리 낮은 편은 아니지만 세부사업 내용을 살펴보면 농정예산의 기조는 경쟁력 강화에 중심을 두는 등 불균형적인 예산 배분 구조를 보인다. 농가소득 및 경영안정 영역의 예산 비중은 감소(2009년 21.4% → 2014년 17.6%)한 반면, 농업체질강화 영역의 예산 비중은 증가(2009년 20.1% → 2014년 23.5%)했다. 그중 농업체질강화 영역의 세부 내역 사업은 품목별 농자재 지원사업, 생산 및 기반 확충 등 특정영역 중심 사업, 쌀과 축산 등 특정품목 중심 사업으로 구성되어 있다. 전반적인 재원배분구조는 농촌정책보다 농업정책 중심의 색깔을 띠고 있어서 재원배분의 균형성 부족이라는 지적이 나올 수밖에 없다(〈표 1-1〉 참고). 경쟁력 강화라는 명목으로 투자하고 있으나 실질적으로 경쟁력 및 체질 강화를 위한 사업이라고 보기 어려운

---

3 기획재정부, 「내 삶을 바꾸는 2018년 예산안」(2017), 6·60~61쪽.

표 1-1

농정분야 예산의 재원배분구조(농식품부, 충청남도, 천안시·홍성군)

구분	농식품부	충청남도	천안시	홍성군
특정영역 예산 (농업생산)	• 사업 개수 기준: 30.6% • 예산 규모 기준: 38.6%	• 사업 개수 기준: 29.3% • 예산 규모 기준: 34.3%	• 사업 개수 기준: 36.6% • 예산 규모 기준: 35.1%	• 사업 개수 기준: 29.3% • 예산 규모 기준: 20%
특정품목 예산 (쌀)	• 사업 개수 기준: 18.5% • 예산 규모 기준: 37.8% - 생산직간접 지원: 17.9% - 기반 확충: 19.9%	• 사업 개수 기준: 15.7% • 예산 규모 기준: 29.4% - 생산직간접 지원: 28.7% - 기반 확충 0.7%	• 사업 개수 기준: 26.8% • 예산 규모 기준: 15.0% - 생산직간접 지원: 15.0% - 기반 확충: 0.0%	• 사업 개수 기준: 14.1% • 예산 규모 기준: 28.2% - 생산직간접 지원: 28.2% - 기반 확충: 0.0%
특정품목 예산 (축산)	• 사업 개수 기준: 17.7% • 예산 규모 기준: 11.0%	• 사업 개수 기준: 41.0% • 예산 규모 기준: 18.6%	• 사업 개수 기준: 34.8% • 예산 규모 기준: 28.4%	• 사업 개수 기준: 33.2% • 예산 규모 기준: 24.7%

자료: 강마야(2017a: 8); 농림축산식품부(2015); 충청남도(2015); 천안시(2015); 홍성군.

이유이다. 그리고 대다수 보조사업은 개별 경영체에 책임·권한·의무를 부여하기보다는, 농업보조금을 분산적이고 시혜적으로 지원해서 도덕적 해이를 불러오고 자존감을 떨어뜨린다는 비판을 받는 게 사실이다.

　마지막으로, 중앙정부의 역할만으로 지금의 농정 문제를 해결할 수 있는가이다. 충청남도 농정예산의 재원 구성을 일례로 보면, 중앙정부 보조매칭 예산(국고보조금, 광특보조금, 기금보조금 등) 비중은 72.5%인 반면, 충청남도의 자체재원은 24.6%이다. 하지만 자체재원 24.6%도 충청남도 15개 기초 지자체 보조사업 매칭을 하고 나면 실질적으로 광역 지자체에서 재량권을 가지고 집행할 수 있는 예산 비중은 3~10% 미만 수준으로 떨어진다. 여전히 설계주의에 의해 국고보조 중심인 중앙집권 농정으로서 지방정부의 재량권과 자율성을 저해하는 구조이다. 지방정부의 독자적인 정책 실행과 전개가 취약할 수밖에 없다.

농정분야 예산구조를 종합적으로 진단한 결과, 산업 중심 성향이 강한 농정분야 예산, 농업과 농촌을 보조하고 육성할 수동적인 대상으로 보는 예산, 정책 목표와 정책 수단 간 불일치, 보조사업 중심의 지원 방식, 개별 경영체 역할 부여 부족, 중앙정부의 불균형적인 재원배분과 과도한 정책 개입, 재량권과 자율성이 취약할 수밖에 없는 지방농정구조 등이 문제점으로 나타나고 있다.

2) 농업직불금 제도 진단[4]

농업직불금 제도는 협의 개념과 광의 개념으로 구분할 수 있다. 협의 농업직불금(direct payment)은 시장가격 지지 정책 후퇴로 적정가격 보전이 이뤄지지 못하면서 발생한 소득감소분을 농업인에게 현금으로 직접 지원하는 제도(OECD, 2006)이다. 광의 농업직불금(payment)은 농업·농촌이라는 공공재로서의 다원적 기능을 유지·보전하는 활동에 대해서 정부가 농업인에게 현금으로 직접 보상하는 제도(허남혁·강마야·이관률, 2013; 강마야·이관률, 2015b)이다.

농업직불금의 지급 근거는 시장실패, 공공재, 분배정의에 기초한다(강마야·이관률·허남혁, 2012; Tangermann, 2011). 현재 국내에서 시행되고 있는 농업직불금 제도는 모두 8개이고 현황은 다음과 같다(〈표 1-2〉 참고).

---

4   강마야·이관률, 「농업·농촌의 공익적 기능에 대한 보상으로서 농업직불금 확대 필요」,
     ≪충남리포트≫, 164호(2015); 강마야·이관률, 「농업직불금 제도의 정책구조와 집행분
     석: 충남지역을 사례로」, ≪농촌사회≫, 25집 2호(2015), 145~182쪽.

표 1-2

농업직불금 제도 현황

제도명	유형	시행 연도	예산 규모 (2017회계연도, 100만 원)	근거법
경영이양 직접지불제도	–	1997	57,339	'농산물의 생산자를 위한 직접지불제도 시행규정'(1997)
친환경농업 직접지불제도 (농업, 축산)	광의	1999	43,650	
쌀소득등보전을위한 직접지불금(고정, 변동)	협의	2001	824,000	'농업소득의 보전에 관한 법률'(2015)
FTA피해보전 직접지불금	협의	2004	100,478	'자유무역협정 체결에 따른 농어업인 등의 지원에 관한 특별법'(2004)
FTA폐업지원금	–	2004	102,717	
조건불리지역 직접지불제도	광의	2004	38,737	'농산물의 생산자를 위한 직접지불제도 시행규정'(1997) '농업소득의 보전에 관한 법률'(2015)
경관보전 직접지불제도	광의	2005	13,487	
밭농업 직접지불제도	협의	2012	203,381	
소계			1,383,789	총 사업예산의 20.9%
총계(사업예산)			6,615,386	

주: 경영이양 직접지불제도, FTA폐업지원금은 농업 경영을 포기하는 조건으로 경제적 보상을 하기 때문에 협의와 광의 개념 어느 유형에도 포함하지 않았다.
자료: 강마야·이관률(2015a: 4); 농림축산식품부(2017).

이들 제도가 공통적으로 비판받아온 사항은 다음과 같다. 특정품목인 쌀에 집중하는 구조, 1년 단위로만 사업을 집행하기 때문에 장기간에 걸친 성과가 나타나기 힘든 구조, 농지 면적 중심으로 지급 기준을 설정함에 따라 농가 간 양극화가 심화되는 구조, 농가 입장에서는 물가인상률에도 못 미치는 수준의 지급 규모로 인해 제도 체감도가 부족한 구조, 정책수혜를 받는 농업인조차도 농업직불금 제도에 대한 인지도와 이해도가 부족한 관계로 상호의무 준수규정을 이행할 수 있는 동기부여가 결여된 점, 상호의무 준수규정을 이행하지 않았을 경우 통제하거나 제재할 수 있는 수단이 미흡한 구조, 일부 직불제(친환경농업 직불제)의 경우 3~5년까지만 받을 수 있는 지급기간 제약으로 제도 지속성 측면이 부족한 구조, 지방비 매칭이 필요한 직불제(경관보전 직불제, 조건불리 직불제 등)의 경우 지자체 예산 편성 규모가 작고 저조한 집행 실적을 보이는 점, 여러 개 직불제를 서로 연계해 받을 수 없고 동일 필지에 중복 수혜가 불가능해 농가소득보전 효과에 제한적인 구조, 지역 특성과 여건을 반영치 못하고 있는 구조 등이다.

농업직불금 제도를 종합적으로 진단한 결과, 현행 8개의 다양한 직접지불제는 외형상 공익형 직불제이지만 내용상 소득보전형 직불제가 혼재되어 있다. 여러 개의 제도를 운영하기에 복잡한 제도와 시행 체계를 보일 수밖에 없는 구조이다. 그리고 개념·목적·성과지표 간 불일치로 정책 효과가 발생하기 어려운 구조로서 농가소득 및 경영안정 달성을 이루지 못한 것은 물론, 농업의 다원적 기능 발휘에도 적극적으로 기여하지 못하고 있는 상황이다. 전반적으로 비효과적인 구조로서 통합성 제고가 불가피해 보인다.

3) 문재인 정부의 공약 사항과 2018년 예산안[5]

문재인 정부의 "살기 좋은 농산어촌" 분야 공약 사항은 "3. 농어업 재해대책법 강화와 공익형 직불제 확대로 농가소득을 높이겠습니다"이

---

5   더불어민주당, 『나라를 나라답게: 제19대 대통령선거 더불어민주당 정책공약집』(더불어민주당, 2017), 143쪽; 국정기획자문위원회, 「문재인 정부 국정운영 5개년 계획」(2017), 121쪽; 농림축산식품부, 「2018년도 예산안 및 기금운용계획안 설명 자료」(2017), 265·530쪽.

다. 농업의 다원적 기능을 반영해 기존 소득보전 직불제를 공익형 직불제로 확대 재편하고, 40세 미만 청년농업인 직불제 도입으로 젊은 세대의 영농정착을 지원하는 것이 주요 골자이다.

이후 국정운영 5개년 계획 100대 과제에서 도출한 결과가 "전략 3. 사람이 돌아오는 농산어촌: 82. 농어업인 소득안전망의 촘촘한 확충"이다. 2018년에는 공익형 직불제 재편으로서 친환경농업 직불 단가를 인상하고 농업환경 보전프로그램을 도입하는 등 생태·환경 보전 방향으로 직불제를 확대한다고 한다. 그리고 2022년까지 밭고정직불·조건불리직불 단가를 단계적으로 인상, 조건불리 수산직불 단가를 인상하고 사업대상을 전체 섬으로 확대 추진한다고 한다.

이에 따라서 2018년 농림축산식품부 예산(안) 중 대표 사업으로서 농업환경 보전프로그램과 청년농업인 지원 직불은 주목할 부분이다. 첫째, 청년농업인 영농정착 지원(500명, 76억 원) 주요 내용은 청년농업인에게 영농 초기 정착지원금을 지급해 영농 집중도를 높여 조기 영농정착을 지원하고, 영농기반이 없는 젊은 층에게 경험 축적, 기술 습득 및 창업자금 마련 기회를 제공해 청년층의 영농창업 의욕을 고취(청년농업인 직불, 경영실습 임대농장, 창농교육 실습농장)하는 것이다.

둘째, 농업환경 보전프로그램(시범지구 3개소) 주요 내용은 농업·농촌 환경개선이 시급한 지역을 중심으로 지구단위 관리계획을 수립하고, 환경보전 협약 체결을 통해 토양·용수·대기·생태 등 농업환경 보전·개선을 위한 활동 및 인프라 조성을 지원하는 것이다.

4) 요약 및 시사점

농정분야 예산구조, 농업직불금 제도, 문재인 정부의 공약 사항 등을 종합적으로 진단해보면, 기존에 제기되었던 직불제 문제점의 보완 사항과 제도 통합개선 주장, 사업의 구조조정 내용이 여전히 미비한 것으로 보인다.

농정분야 예산의 경우는 새로운 패러다임에 맞는 정책 추진을 위해서 재원 확보 방안과 문제가 제기되는 사업의 구조조정 내용은 찾아볼 수 없었다. 예산 규모 문제가 아닌 집행 방식과 방향 설정의 문제가 시급하다. 현재 농업·농촌 문제의 원인은 예산 규모가 작아서 생긴 결과라기보다 농정 방향에 맞는 합리적 재원배분, 정책 집행 방식 등이 제대로 작동하지 못하면서 발생한 결과로 보인다. 농정 방향 및 목표의 재설정을 위한 농정개혁이 필요한 이유이다. 사회 수요에 부합하는 농정 패러다임으로 전환해야 하는데 중장기 농정 방향과 목표를 재설정하고 재원배분의 우선순위 결정에 필요한 기본 원칙을 수립하며 예산구조 재편과 올바른 정책의 집행 방식을 모색하는 것이 더욱 중요하다고 볼 수 있다.

농업직불금 제도의 경우는 '청년농업인 영농정착 지원'과 '농업환경보전프로그램'을 신규로 도입했지만 소득 확충과 공익적 기능 달성 목표라는 두 마리 토끼를 잡을 수 있는 제도 설계가 부족하다. 그리고 지급 기준 개선, 정책 대상의 개념과 정의, 다양한 직불제의 통합 운영, 상호의무 준수규정 이행 강화 등은 반영하지 못했다.

직불제 중심의 농정으로 전환하기 위해서는 농정분야의 예산구조 재편이 전제조건이다. 농정분야 예산을 농업·농촌의 다원적 기능을 강화하는 방향으로, 농가 경영 및 소득 안정에 실질적으로 도움이 되는 방향으로 재편해야 할 것이다.

3. 농정분야 예산구조 재편

새 정부는 직불제 중심의 농정 전환을 목표로 농정예산 재편 개혁을 수행하도록 한다. 기본 골격으로 농정분야 예산을 '규모화, 기업화, 산업화, 국제경쟁력 강화' 위주의 왜곡된 생산주의 농정에서 다원적 기능을 함양하는 농정으로 재편한다. 시민에게 안정적으로 먹거리를 보장함과 동시에 지속가능한 농업·농촌을 후대에게 물려주는 등 다원적 기능을 최대한 발휘할 수 있도록 농정예산 증가율을 나라 전체 예산 증가율 이상 또는 적어도 현재 수준으로 유지한다. 농업·농촌의 다원적 기능은 지역 균형발전과 시민 모두의 행복에 직결된 만큼 나라 전체 예산 대비 농정예산 비중이 더 이상 내려가지 않도록 해야 할 것이고 이것은 정부의 노력과 의지를 표현하는 척도이다.

재편 방향은 주어진 농정예산 내에서 경제적 효율성, 사회적 형평성, 정책적 효과성을 고려해서 단계적으로 감축·일몰·유지·확대할 사업군을 조정한다. 이를 위해서 정부는 개별 경영체에 책임과 의무를 지금보다 강화하도록 한다. 그리고 시장 기능이 왜곡되지 않고 공정한 원칙에 의해 거래될 수 있도록 법과 제도 기반을 재정비하도록 한다. 다원적·공익적 기능을 가지는 공공재에 지원을 강화하도록 하고 공적 역할이 필요한 부분에 중점 개입하도록 한다.

농정분야의 예산구조 재편을 위해 다음과 같은 세부 원칙에 맞춰서 단계적 감축·일몰·유지·확대 사업군으로 구조조정한다.

첫째, 개별 경영체에게 직접적으로 이익이 귀속되는지 여부, 경영비 및 생산량 증대에 영향을 주는지 여부, 투입 증가로 인한 환경 피해가 발생하는지 여부 등을 고려해 개인 책임과 의무를 강화하고 환경보전을 강화한다.

그림 1-1

농정예산 구조 재편 방향, 기본 골격, 원칙

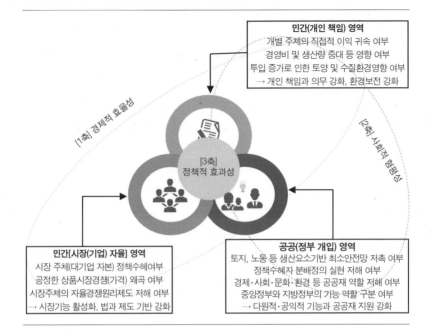

민간(개인 책임) 영역
개별 주체의 직접적 이익 귀속 여부
경영비 및 생산량 증대 등 영향 여부
투입 증가로 인한 토양 및 수질환경영향 여부
→ 개인 책임과 의무 강화, 환경보전 강화

[1축] 경제적 효율성

[2축] 사회적 형평성

[3축]
정책적 효과성

민간[시장(기업) 자율] 영역
시장 주체(대기업 자본) 정책수혜여부
공정한 상품시장경쟁(가격) 왜곡 여부
시장주체의 자율경쟁원리제도 저해 여부
→ 시장기능 활성화, 법과 제도 기반 강화

공공(정부 개입) 영역
토지, 노동 등 생산요소기반 최소안전망 저촉 여부
정책수혜자 분배정의 실현 저해 여부
경제·사회·문화·환경 등 공공재 역할 저해 여부
중앙정부와 지방정부의 기능 역할 구분 여부
→ 다원적·공익적 기능과 공공재 지원 강화

둘째, 시장주체(일반 기업자본)가 농업보조금을 수혜받는지 여부, 공정한 시장경쟁(가격)이 왜곡되는지 여부, 시장주체의 자율경쟁원리 제도를 저해하는지 여부 등을 고려해 시장기능을 활성화하고 법과 제도 기반을 강화한다.

셋째, 토지·노동·자본 등 생산요소기반 최소안전망에 저촉되는지 여부, 정책수혜자 간 분배정의 실현에 저해되는지 여부, 경제·사회·문화·환경 등 공공재 역할을 저해하는지 여부 등을 고려해 다원적·공익적 기능과 공공재 지원을 강화한다.

넷째, 지방자치 농정실현을 위해서 지방정부 역할을 점차 확대하되 상기 제시한 원칙을 지방정부에서도 제대로 준수할 수 있는 제도적 기반을 마련한다.

농정예산 중 단계적으로 감축하거나 일몰할 사업군 예시로서 특정 개별 경영체 지원 중심의 생산 관련 투입재 및 고정자본투자 보조사업(예를 들면 각종 농자재 지원사업, 시설현대화사업 등), 특정 개별 경영체 지원 중심의 유통 관련 투입재 및 고정자본투자 보조사업(예를 들면 포장재 지원사업, 보관창고 및 저온저장고 건립 지원사업 등), 특정품목 중심의 보조사업(예를 들면 ○○ 품목 경쟁력 지원육성사업 등), 한국농식품유통공사가 집행하는 일반업체 중심의 보조 및 융자사업(소비지 유통사업인 소비유통 활성화자금, 외식산업 육성자금, 수출촉진 육성자금 등), 한국농어촌공사가 집행하는 기반사업〔농업용 SOC(논농업) 기반정비사업, 하드웨어 중심의 농촌지역 개발사업 등〕 등이 있다.

농정예산 중 현행대로 유지할 사업군 예시로서 생산자 단체·조직, 지역단위 조직체 중심의 보조 및 융자사업(예를 들면 산지 유통 활성화사업, 농가 조직화 등 소프트웨어 중심을 전제로 한 농식품 유통 및 가공 관련 육성사업, 농산물 브랜드 육성·홍보·판매촉진 사업 등) 등이 있다. 다만 이들 사업은 주로 농협중앙회 및 지역농협이 집행하고 있는데 관련 사업에 대해 철저한 평가와 지속적인 모니터링이 필요하다. 중앙정부는 농산물 가격안정 및 수급조절사업, 종자 등 연구개발 R&D 등에 집중하고, 지방정부는 생산자·유통 관련 조직 교육사업, 소비자 조직 교육사업 등에 집중한다.

농정예산 중 단계적으로 확대할 사업군 예시로서 대규모 경영체 혹은 전업농 지원 중심 경쟁력 강화를 위한 무이자 융자사업(예를 들면 첨단온실 신축 지원사업, 에너지이용 효율화사업 등) 등이 있다. 중앙정부는 농가소득안전망, 농촌사회복지, 식품안전·위생검사 관련 사업 등에 집중한다. 지방정부는 농업용 SOC(밭농업) 기반정비사업, 소프트웨어 중심의 농촌지역개발사업, 미래 농업인력의 인적자본 투자 관련 정책, 환경·경관·지역자원 보존 등 다원적 기능 함양 정책, 학교·공공급식 등 공공조달 관련 사업 등에 집중한다.

4. 직불제 중심의 농정 전환[6]

농정예산 재편을 토대로 직불제 중심으로 농정을 전환토록 한다. 다원적 기능 함양을 위한 공익형 직접지불제와 수입개방 피해로 인한 소득보전형 직접지불제 간 조화를 이루도록 한다. 이를 통해 농가소득을 안정화하고 지속가능한 농업·농촌을 실현하도록 한다. 5년 후 농정예산의 50% 이상을 확보하는 것을 목표로 직불제 예산을 편성하고 장기적으로 유럽연합과 스위스 등 선진국 수준인 80%까지 확대해야 한다.

직불제 농정의 골격을 크게 기본형 '식량자급 향상지원 프로그램 혹은 식량자급 지불제 혹은 식량안보 직불제'와 가산형 '농업기여(사회적 서비스) 지불제 혹은 다기능농업 직불제'로 구분한다. 일정 조건을 갖추거나 의무를 준수하는 농민이면 누구나 직접 지원받을 수 있도록 하되 목적별 의무 사항을 제대로 준수해 농업·농촌의 다원적 기능을 최대한 발휘하도록 함으로서 시민의 이해와 공감, 지지와 응원을 확보해나가는 것에 집중한다.

---

6 이 절은 ≪지역재단 리포트≫, 24호(2017)에 실린 필자의 글과 필자가 참여한 충청남도 연구용역 보고서(2014) 등을 토대로 수정·보완했다.
   정책 명칭은 정책 목적과 지향점을 드러내기 위해서 여러 가지 후보 명칭을 사용했다.

1) 기본형 '식량자급 향상지원 프로그램 = 식량자급 지불제 = 식량 안보 직불제'[7]

균형적인 식량자급률 향상에 따른 농업소득의 직접보전을 기본 목표로 설정한다. 생산자의 가격위험 및 소득위험(불확실성, 변동성, 불안정성 등)을 시장실패 영역으로 보고 정부가 개입해 소득을 직접 지원하는 협의 개념 제도이다. 아울러 생산자에게는 환경을 지키는 공공재 생산자로서 그에 상응하는 보상을 통해서 소득안전망을 구축하고 소비자에게는 안전한 먹거리 공급을 보장한다는 명분이다.

우선 적용 대상과 범위는 식량자급에 해당하는 농산물(쌀을 포함한 잡곡, 콩, 배추, 양파, 고추 등 밥과 김치의 원료가 되는 기초 농산물)을 재배하는 농가를 대상으로 한다. 제도가 안정화된 이후 품목 불특정(품목 범위와 대상을 정하지 않고 모든 품목 설정)으로 전 농가를 대상으로 지급한다. 기본적으로 해당 농산물을 재배하는 논과 밭 경지 면적을 기준[8]으로 지급한다. 실제 경작자(농지를 소유하고 경작하지 않는 자는 제외)는 농업생산 활동을 전제로

---

7   정책 명칭은 소득보전 용어 대신 식량자급률 향상을 지원하는 제도로 변경하도록 한다. 소득보전을 직접 명시하기보다 정책을 통해 달성해야 하는 목표 지향점을 제시해 납세자의 동의를 얻고 실리와 합리적 명분을 동시에 달성하는 정책명을 사용한다.

정책 목적은 단순히 생산자에게 소득을 보전해주는 것이 아니라 소비자에게 건강한 먹거리를 제공하고 식량안보·식량주권을 지키는 것이다. 그리고 정책 수단으로서 전달률이 가장 높은 직접현금지원 방식을 채택·시행한다.

적용 대상과 범위, 지급 기준, 상호의무 준수규정, 지급 단가 및 지급 방식, 추진 방법 등은 단계적 접근을 고려한 예시로서, 궁극적으로 지역 내 주체 간 합의를 통해서 선택할 사항이다.

8   전체 농지 면적(2015년 기준)은 161만 4000ha, 농업진흥지역 농지 면적(논＋밭)은 73만 2000ha, 그 외 93만 3000ha(이 중 30%가 조건불리지역 추정면적)이다. 논이 88만 2159ha, 밭이 73만 1884ha, 이 중 조건불리지역이 28만 19ha이다.

하고 '농업·농촌 및 식품산업 기본법' 및 '농지법'에 명시된 농업인 및 농지 기준을 준용한다(단, 농업인 및 농지거래 기준 등 변경 필요).

상호의무 준수규정 예시로서 농업 경영체 등록과 영농계획서 제출, 조직화를 통한 공동생산 활동 참여, 농업인 기초교육 프로그램 이수, 최소한의 농업인 기준을 충족하는 것 등이 있다.

지급 기준은 경지 면적에 따른 단가를 적용하되 상한선 면적 이상부터 차감 적용한다. 단, 조건불리지역이 포함된 경작지 및 친환경농업을 이행하고 있는 경작지는 추가 단가를 적용해 전체 지급 단가 규모를 결정한다.[9] 세부 지급 단가 및 지급 방식은 다음과 같다.

- 기본 단가: 해당농산물 조수입 적용, 논·밭 면적규모별 차감률 적용
- 추가 단가: 조건불리지역 농지·친환경농법 이행 농지 가중치 적용
- 농민 누구에게나 논·밭 구별 없이 1ha 당 100만 원씩 지급
⇒ 하후상박 방식(경지규모 기준, 상위 계층 농가보다 하위계층 농가에 좀 더 많은 수혜가 귀착될 수 있는 방식)

추진 방법은 안정적으로 제도를 정착시키기 위해 단계적으로 이행을 전환하면서 확대해나간다. 1단계는 쌀고정직불제 및 밭농업직불제를 단계적으로 통합해 확대 운영하고, 2단계는 기존 타 상위 계획 및 국가식품계획(안) 등과 직불제 간 연계를 통해서 시너지 효과를 발휘하며, 3단계는 품목 불특정적, 직접 소득보전형 단일직불제로 전면 시행하면서 지

---

9   추가 단가를 적용하는 이유는 농지 특성상 조건불리 농지이거나 친환경 농지로 이용할 수밖에 없는 경우, 기본형 지불에 포함하기 위해서이다. 왜냐하면 가산형 지불로 실행하면 상호의무 준수규정을 추가로 실행하게 되므로 농가 입장에서는 다중 부담에 놓이게 되기 때문이다.

급 단가를 인상한다.

참고로 관련 주제에 대한 최근 연구 동향[10]은 중기 단계에서 '농지관리직불'을 검토하고 있다. 즉, 쌀 직불제와 밭 직불제를 통합해 농지관리직불로 개편한다는 것이 주요 골자이다. 농지관리 직불을 기본 직불로하기 때문에 모든 농가가 대상이고 상호의무 준수규정을 이행하는 조건이다. 단, 현재 쌀고정직불제 및 밭농업직불제의 상호의무 준수규정보다강화하고 밭농업직불제 단가를 상향 조정하며 쌀변동직불제는 장기적으로 고정직불화(단가 인상)한다.

2) 가산형 '농업기여(사회적 서비스)지불제 = 다기능농업 직불제'

농업생산자가 사회에 기여하는 공공재 서비스의 대가를 정부가 사회를 대신해 지불하는 것이 핵심인 공익형 직불제이자 광의 개념의 제도이다. 다원적 기능을 증진할 수 있도록 상호의무 준수규정(cross-compliance)을 이행하는 농가를 대상으로 하되 기본형 지불제에 추가[친환경농업(무농약, 유기), 조건불리지역 영농, 유기축산·동물복지, 생태환경보전, 경관보존, 토종종자, 종 다양성 등]로 가산형을 지불한다. 동일 필지라도 기본형 외에 다양한 목적별 상호의무 준수규정을 이행할 시 중복 지급하여 제도 간 연계·통합성을 제고한다. 지원 프로그램 예시로서 농업생태환경 프로그램, 젊은 농업인 지원 프로그램, 농촌공동체 및 농촌안전망(지불) 프로그램, 소농지불프로그램 등이 있다.

---

10   김태훈, 「농업직불제 개편과 과제」, 농어업정책포럼 발표 자료(2017.6.22).

(1) 농업생태환경 프로그램(충청남도 시범사업, 2016~2018년)

— 지급 단가: 농가당 300만 원 한도(농업생태 200만 원, 농촌경관 100만 원)

— 사업 내용: 식량자급[토종씨앗 재배 및 채종, 환경친화적 농업 실천, 작물 다양화(밭), 이모작(논), 농업생태(볏짚 환원, 농지 내 수목 식재, 논 휴경, 겨울철 논 습지 유지, 둠벙 조성 및 관리, 논두렁 풀 안 베기, 화분 매개 곤충작물 재배]

— 추가 프로그램(농촌경관 프로그램): 마을 쓰레기 수거 및 재활용, 방목 및 전래유산 복원, 마을 숲정비 및 보존, 마을 경관 정비 활동, 마을자원 관리 등 [충청남도(2016)]

— 최근 정부 동향: 농업환경보전 프로그램 정책 및 실증연구 실시(3개 마을 시범사업 적용 예정)

(2) 젊은 농업인 지원 프로그램

— 대상 및 자격 요건: 만 45세 이하 신규 농업인(전체 농가인구의 약 10%), 후계 농업 경영인, 전업 농업인, 여성 농업인, 벤처 농업인, 귀농업인 포함

— 자격 요건: 농업 경영자로서 첫 취농인, 적정 수준의 농업생산능력 및 기술 보유, 적정 수준의 농지 보유, 연차별 영농계획서를 제출한 사람

— 제한 조건: 농가 규모, 농가 자산, 소득 수준, 경지 면적, 교육 수준, 농업 외 활동 여부, 타 농업보조금 수급 정도 고려

— 최근 정부 동향: 청년농업인 직불제 도입(만 40세 미만, 영농 경력 5년 미만 청년농업인에게 영농 초기 생활안정자금으로 최대 5년 매월 최대 100만 원 지급)

(3) 농촌공동체 및 농촌안전망(지불) 프로그램

— 농촌공동체 프로그램: 농촌공동체에서 필요로 하는 각종 시설 및 기반을 관리하기 위한 것으로 농촌지역 주민들이 활동에 참여하고 그에 따른 수당 지급

－ 농촌안전망 프로그램: 농촌사회의 사회적 약자를 보호하기 위해서 필요로 하는 사회서비스를 농촌지역 주민들이 직접 제공하고 그에 따른 수당 지급

－ 농업을 통한 사회적 서비스 지불로 범주를 한정하자는 의견 있음(이명헌, 2016)

(4) 소농지불 프로그램

－ 목적: 소규모 농가에 대하여 농업·농촌의 지속성을 유지하고, 농업생산 활동 자체를 공익적 기능 수행으로 보고 나라 차원의 보상, 일하는 복지로서 직접 지원

－ 지급 대상과 범위: 0.5ha 미만 혹은 1ha 미만 농가 대상(전체 농가 중 약 73%)

－ 지급 단가: 농가당 연간 100만 원 수준

－ 지급 방식: 면적과 관계없이 일정액을 농가에 직접 지급

－ 상호의무 준수규정: 일상적인 영농 활동 수준

※ 참고사항

－ 쌀 농가: 0.5ha 미만 농가 47.2%, 0.5~1.0ha 미만 비중 25.3%〔통계청(2014)〕

5. 정책 제안

새 정부가 목표로 하는 직불제 중심의 농정 전환은 농정분야 예산 재편이 전제되어야 한다. 세부 추진 전략으로서 첫째, 입법부와 행정부는 구조재편 근거가 되는 관련 상위 법률 제·개정 작업을 실시한다. 둘째, 주기적으로 농업·농촌 투융자 계획 수립을 의무화하고 평가와 점검

을 동시에 실시한다. 셋째, 농정분야 예산을 구성하는 주요 재원 중 하나인 농어촌특별세를 성실하게 확보할 필요가 있다. 넷째, 다수의 사업에 대해서 무조건 일몰·축소·폐지가 아닌 집행 방식의 변화도 도모해야 한다. 다섯째, 농업보조금을 비롯한 농정예산 종합관리시스템(DB 구축)이 필요하다. 여섯째, 근본적으로 아이들, 학생들에게 농업·농촌의 교육 가치를 심어주는 교육과정 제도화가 중요하다. 마지막으로 대통령 직속의 시민행복 농정위원회를 구성해 주요 의제를 논의·심의·결정할 수 있는 토대를 만든다. 지속가능하고 건강한 농업·농촌을 만드는 것은 시민의 행복과도 직결되어 있기에 위원회 구성원으로 시민사회도 포함해야 한다. 하부조직으로 농업재정개혁 분과위원회를 운영해서 농정예산을 다원적 기능 함양과 농가소득 안정에 실질적으로 기여하는 직불제 중심으로 전환하도록 재편한다. 구체적인 결과물로서 '농정분야 재정개혁 5개년 이행계획'을 수립하고 이행·점검한다.

직불제 중심의 농정 전환은 다음과 같은 사항이 전제된 상태에서 논의해야 하므로 농업·농촌정책의 전반적인 변화 혹은 개혁을 의미한다. 첫째, 농정 철학과 정책 목표를 재설정해야 한다. 과거 개방농정에 대한 평가와 성찰 기회를 가져야 하고, 농정 철학에 맞춘 접근 관점과 방식을 다시 설정해야 한다. 둘째, 농정분야의 정책 범위, 정책 대상(농업인, 농가, 농업 경영체, 농업회사법인 등)을 재정의해야 한다. 셋째, 농업생산의 근본인 농지 기반, 즉 농지 문제를 해결해야 한다. 넷째, 실현 수단으로서 농정분야 예산의 대대적인 재편을 필요로 한다. 농정예산을 둘러싸고 다중의 이해관계자가 존재하기 때문에 이들 간 끊임없는 합의, 설득, 토론 등을 병행하는 과정이 중요하다. 다섯째, 농정 관련 부처 및 산하기관 조직과 인력의 재편이 필요하다. 여섯째, 정책 성과는 지역에서 발생하기에 지방분권 시발점이 되는 지방농정의 역할에 주목해야 하고 농정으로부터 지방자치가 촉발해야 한다. 마지막으로, 직불제 제도 하나만 바꾸면 되는 것이 아니라 사회 전체적인 시스템(예를 들면 교육, 복지, 문화, 노동 등)과 연동해야 비로소 완성이 된다.

직불제는 단순한 보조사업·정책이 아니라 지금의 농업과 농촌을 '살리는' 첫 단추가 될 것이다. 왜냐하면, 지금처럼 수입개방이 전면화된 상태에서 오롯이 시장기능에만 농업을 맡기고 적정한 농산물 가격을 통한 농업소득 안정화 혹은 향상은 달성할 수 없는 현실이기에 매우 적극적인 정책개입(소득보전)이 필요하기 때문이다. 농업인에게는 최소한 경제적 여건이 뒷받침되어야 농촌에 사람이 살 것이고 그 공간이 비로소 살아 있게 된다. 그곳에서 농업인은 자신의 신성한 노동을 통해서 경제적 이익을 얻어야 농업생산 활동을 지속할 수 있다. 단, 농업인은 정부가 직불제라는 정책 수단을 통해서 왜 농업·농촌을 살리려 하는지 이해해야 하고, 공익적 기능을 수행하는 파수꾼으로서 책임감과 소명의식을 강화해야 할 것이다. 시민은 이 땅에서 나는 먹거리를 먹어야 하루하루를 살아 갈 수 있다. 그리고 시민은 왜 세금을 투입해서라도 우리네 농업과 농촌을 살리는 것이 중요한 일인지 이해해야 하고 세금이 제대로 쓰이고 있는지 항상 감시 기능과 정보제공 기능도 작동시킬 수 있도록 요구해야 한다. 직불제를 통해서 농업과 농촌이 행복해지고 시민 모두가 행복해지는 세상을 한 걸음 더 앞당길 수 있다.

앞에서 제안한 내용 중 충청남도가 민선 5기부터 중점적으로 실천해 온 정책들이 있다. 하나는 충청남도 내 2개의 마을을 대상으로 하는 '농업생태환경 프로그램' 시범사업(2016~2018년)이다. 또 다른 하나는 학교급식에 식재료를 공급하고 지역먹거리와 관련한 민관 거버넌스 협력체계를 구축한 11개 시군 학교급식지원센터 설립, 광역학교급식지원센터 운영이다. 3장에서는 이에 대한 세부 내용을 소개할 것이다.

참고문헌

강마야. 2017a. 「농정예산 실태 분석과 개편 방안」. ≪충남리포트≫, 265호.

_____. 2017b. 「직불제 중심의 농정 전환과 예산구조 개편」. ≪지역재단 리포트≫, 24호.

강마야·김찬규. 2016. 「충남의 농정예산 실태분석 및 기본방향」. ≪전략연구≫, 2016-43.

강마야·이관률. 2015a. 「농업·농촌의 공익적 기능에 대한 보상으로서 농업직불금 확대 필요」. ≪충남리포트≫, 164호.

_____. 2015b. 「농업직불금 제도의 정책구조와 집행분석: 충남지역을 사례로」. ≪농촌사회≫, 25집 2호.

강마야·이관률·김종화·여민수. 2014. 「농업직불금 제도 개선을 위한 효과적 재원확보 방안」. 충청남도 연구용역 보고서.

강마야·이관률·허남혁. 2012. 「충남 농업보조금 제도 개선」. ≪전략연구≫, 2012-16.

국정기획자문위원회. 2017. 「문재인 정부 국정운영 5개년 계획」.

기획재정부. 2017. 「내 삶을 바꾸는 2018년 예산안」.

김태훈. 2017. 「농업직불제 개편과 과제」. 농어업정책포럼 발표 자료(2017.6.22).

농림축산식품부. 2017. 「2018년도 예산안 및 기금운용계획안 설명 자료」.

_____. 2017. 2016년 국고보조사업과 예산 원데이터.

_____. 2015. 2014년 세출예산서 원데이터.

더불어민주당. 2017. 『나라를 나라답게: 제19대 대통령선거 더불어민주당 정책공약집』. 더불어민주당.

이명헌. 2016. 「다기능성 농업과 창의적 지방농정을 위한 농업재정 개편」. 지역재단 농정대 연구 발표 자료.

천안시. 2015. 2014년 세출예산서 원데이터.

충청남도. 2015. 2014년 세출예산서 원데이터.

_____. 2016. 「농업생태환경 프로그램 시범사업 개요」.

통계청. 2014. 『농림어업조사』.

허남혁·강마야·이관률. 2013. 「직불금 제도 개선방안 연구」. 충청남도 연구용역 보고서.

홍성군. 2015. 2014년 세출예산서 원데이터.

OECD. 2006. "The Role of Compensation in Policy Reform." Document AGR / CA / APM /WP(2007)7.

Tangermann, S. 2011. *Direct Payments in the CAP Post 2013*. Policy Department B: Structural and Cohesion Policies, European Parliament.

2장

농업생태환경 프로그램의 도입

이관률 | 충남연구원 농촌농업연구부 연구위원

1. 문제제기

농산물 가격 보전을 위한 기존의 농업직불금 제도는 정책적으로, 사회적으로 논리적 근거가 낮아지고 있다(Tangermann, 2011). 그래서 많은 선진국들은 농업·농촌이 갖는 공공적·다원적 기능에 근거한 새로운 논거에 기반한 프로그램을 도입하고 있다. 한편 최근에는 농가소득의 중요한 결정 요인으로 공적자금이 등장하고 있어, 농가소득을 보전하기 위한 공적자금의 새로운 논의가 필요한 상황이다.

충남도는 「농업직불금 제도 개선 방안」(2014)을 마련해 중앙정부와 농정 관련 단체에 공식적으로 제안한 바가 있다. 당시 제안된 방안에 대해서는 모두 공감을 했지만, 실제 실현가능성에 대해서는 회의적이었다. 당시 제안된 농업직불금 제도 개선은 제1축 희망농업직불(식량자급 프로그램과 젊은농부 프로그램), 제2축 생태경관직불(농업생태 프로그램, 농촌경관 프로

그램), 제3축 행복농촌직불(농촌공동체 프로그램, 농촌안전망 프로그램)로 구성되었다.[1]

충청남도에서는 농업직불금 제도를 개선하겠다는 취지에서 당시 제안된 내용을 충청남도 차원에서 실제 시행이 가능한지, 사업 성과가 있는지를 검증하기 위한 시범사업을 추진하였다. 이렇게 추진된 시범사업의 명칭은 '농업생태환경 프로그램'이었고, 보령시 장현마을과 청양군 화암마을을 대상으로 2016년 3월부터 2018년 2월까지 시행되었다.

2. 주요 내용과 협약 결과

1) 추진과정

충청남도는 농업직불금 제도 개선의 일환으로 '농업생태환경 프로그램'을 2016년 3월부터 추진되었다. 시범사업은 은행마을로 유명한 보령시 장현마을과 1980년대부터 친환경농업을 추진해온 청양군 화암마을에서 시행되고 있다. 시범사업의 실패 가능성을 최소화하기 위해서 충청남도는 본격적인 사업을 추진하기 이전인 2015년 12월부터 2016년 1월까지 3차례의 농민간담회를 개최했고, 2016년 2월부터 4월까지 마을별로 총 7회의 농민교육 및 프로그램 개발을 했다. 그리고 충청남도와 개별 시군, 그리고 개별농가가 1 대 1로 컨설팅을 통해 협약 내용을 작성했다. 이러한 과정을 통해 2016년 4월 20일에 충청남도, 보령시, 청양군, 장현마을, 화암마을 관계자가 '농업생태환경 프로그램 실천협약'을 체결하게

---

1   자세한 내용은 박진도·이관률·강마야(2015)를 참조하기 바란다.

되었다. 그 이후 2016년 협약한 내용에 대한 농민들의 실천과 충청남도의 모니터링이 이루어졌고, 2016년 12월에는 수행 결과에 대한 중간평가와 주민교육이 이루어졌다. 그리고 2017년 2월에는 2017년에 대한 농가별 협약이 체결되었고, 2017년 4월에는 마을에서 추진하는 농촌경관사업에 대한 별도의 협약이 체결되었다. 2016년의 경우 총 126농가(장현마을 68호, 화암마을 58호)가, 그리고 2017년에는 총 137농가(장현마을 77호, 화암마을 60호)가 협약을 체결했다.

2) 프로그램의 구성

농업생태 환경프로그램은 연간 1개 농가당 400백만원 한도 내에서 식량자급(150만 원 한도), 농업생태(200만 원 한도), 농촌경관(100만 원 한도)의 협약한 사업을 실천한 것에 대해 협약금액을 지급하는 것을 주요 내용으로 한다. 세부 프로그램과 프로그램별 단가는 7회의 농민교육 및 프로그램 개발을 통해 농민들의 의견을 반영하는 과정을 거쳤다. 농민교육 및 프로그램 개발 과정에서는 총 25개의 사업이 도출되었는데, 이 중에서 실제 농민들이 선택한 것은 14개 사업이다. 당초 제시한 사업들 중에서 농민들의 수용률은 56%로 나타났다. 농업생태 환경프로그램으로 제시된 사업은 〈표 2-1〉, 그리고 기준 단가는 〈표 2-2〉와 같다.

3) 협약 체결 결과

2016년 농민들과 협약한 총금액은 2억 4335만 원이고, 1인당 평균 193만 1000원이다. 세부적으로 보면 식량자급 프로그램에서 1억 2647만 원(1인당 평균 100만 4000원), 농업생태 프로그램에서 1억 3734만 원(1인당

표 2-1

농업생태환경 프로그램의 발굴과 채택

부문	세부 프로그램	주요 내용
식량자급 (150만 원)	토종씨앗 재배 및 채종	• 대상: 밭 • 토종종자로 인정한 경우 • 채종 및 씨앗 공유 의무 • 최소 면적 없음
	환경친화적 농업 실천	• 대상: 논 • 복합비료, 제초제 사용 불가 • 10a당 유박비료 10포, 질소비료 1포 미만 사용
	작물 다양화(밭만 해당)	• 대상: 밭 • 최소면적: 작물 1종당 1.67a 이상 • 작물: 조, 수수, 기장, 팥, 메밀, 귀리, 밀, 옥수수, 녹두 등
	이모작(논만 해당)	• 대상: 논 • 작물: 보리, 밀 등
농업생태 (200만 원)	논밭 전환	• 대상: 논 • 논에서 밭으로 전환하는 경우
	볏짚 환원	• 대상: 논 • 볏짚을 해당 논에 환원하는 경우
	생태수로 유지 및 보호	• 생태수로의 유지 및 보호
	농수로 정비	• 농수로 생태계 보호
	농지 내 수목 유지 및 식재	• 대상: 논 • 농지 안에 수목을 유지하거나 식재하는 경우
	삼포식 농업 수행	• 삼포식 농업 도입
	논 휴경	• 대상: 15년 직불금을 수령한 논 • 벼농사를 짓지 않는 경우
	겨울철 논습지 유지	• 대상: 논 • 10월~익년 3월까지 논에 물을 가두어 두는 경우
	둠벙 조성 및 관리	• 대상: 논 • 최소면적: 농경지의 10% 혹은 1a 이상
	논물떼기 안하기	• 논물떼기 안하기 혹은 줄이기

부문	세부 프로그램	주요 내용
	논두렁 풀 안 베기	• 대상: 논 • 논두렁의 풀 안 베기 혹은 풀의 40cm 남기고 예초하는 경우 • 농작물 재배를 위해 필요한 경우는 최소 범위에서 예초기 사용을 인정하나 사전 협의 후 가능 • 풀베기는 10월 말~11월에는 가능
	논두렁 식재 (초목, 야생화)	• 대상: 논 • 논두렁에 나무, 초목, 야생화 등을 식재하는 경우
	저수지 및 마을하천 관리	• 저수지 및 마을하천 청소 및 유지
	경계식생군락지 및 생태완충지 조성	• 경계식생군락지 및 생태완충지 조성
	비닐하우스 철거 및 차단식재	• 불량한 비닐하우스 철거 및 차단식재
	화분 매개 곤충작물 재배	• 대상: 논, 밭, 임야(임야는 인정한 경우에 한함) • 화분 매개 작물을 식재하는 경우 • 예: 유채, 산괴불주머니, 현호색, 갯버들, 라벤다, 바질, 타임, 오레가노, 배초향, 수유나무, 엘로우스위트클로바, 헤어리베치*, 크림손클로버*, 황화초*, 메밀*, 파셀리아*, 루핀*, 화이트클로버*, 크로탈라리라* (*는 녹비작물)
농촌 경관 (100만 원)	마을쓰레기 수거 및 재활용	자원재활용조합 설립
	방목 및 전래유산 복원	
	마을 숲 정비 및 보존 (초지 조성 등)	
	마을 경관 정비 (폐가 및 불량시설 정비, 마을안길 식재)	
	마을자원관리 (고택, 마을유산 등)	

주: 음영은 농민들이 채택한 프로그램을 의미한다.

표 2-2

농업생태환경 프로그램의 기준 단가

부문	세부 프로그램	기준 단가
식량자급	토종씨앗 재배 및 채종 (채종된 씨앗 공유 의무)	곡물류: 168만 원(140만 원/10a×120%) 채소류: 252만 원(140만 원/10a×180%)
	환경친화적 농업 실천	18만 원(60만 원/10a×30%)
	작물 다양화 (작물 1종당 1.67a 이상)	작물 2종: 140만 원 (140만 원/10a×100%) 작물 3~4종: 168만 원(140만 원/10a×120%) 작물 5~6종: 196만 원(140만 원/10a×140%) 작물 7종 이상: 224만 원(140만 원/10a×160%)
	이모작	35만 원/10a
농업생태	볏짚 환원	6만 원/10a
	농지 내 수목 유지 및 식재	기존: 유지비용 15만 6000원(1만 3000원/월×12개월) 　　　손실보상 3만 원/주(60만 원×5%) 신규: 조성비 2만 원/주 　　　유지비용 15만 6000원(1만 3000원/월×12개월) 　　　손실보상 3만 원/주(60만 원×5%) ※ 휴경 보상 별도
	논 휴경(밭 제외)	70만 원/10a(손실보상 60만 원 + 변동직불보상 10만 원)
	겨울철 논습지 유지 (10월~익년 3월까지)	51만 2000원(조성비용 20만 원 + 유지비용 31만 2000원(5만 2000원×6개월))
	둠벙 조성 및 관리 (농경지 10% 혹은 1a 이상)	기존: 31만 2000원〔유지비용 31만 2000원(2만 6000원×12개월)〕 신규: 51만 2000원〔조성비 20만 원 + 유지비용 31만 2000원(2만 6000원×12개월)〕 ※ 휴경 논습지는 둠벙 조성 단가 적용
	논두렁 풀 안 베기	풀 안 베기: 31만 2000원/다랑이(유지비용 31만 2000원(2만 6000원×12개월)) 20cm 남기고 제초: 15만 6000원/다랑이(유지비용 31만 2000원×50%)
	논두렁 식재(초목, 야생화)	기존: 유지비용 15만 6000원(1만 3000원/월×12개월) 　　　손실보상 1만 8000원/주(60만 원×3%) 신규: 조성비 1만 원/주 　　　유지비용 15만 6000원(1만 3000원/월×12개월) 　　　손실보상 1만 8000원/주(60만 원×3%) ※ 초목인 아닌 경우 손실보상 50% 삭감

부문	세부 프로그램	기준 단가
농촌경관	화분 매개 곤충작물 재배	논: 35만 원/10a(140만 원/10a×25%) 밭: 140만 원(140만 원/10a×100%) 임야: 35만 원/10a(140만 원/10a×25%)
	마을쓰레기 수거 및 재활용	
	마을 숲 정비 및 보존 (초지 조성 등)	
	마을 경관 정비 (폐가 및 불량시설 정비, 마을안길 식재)	
	마을하천 및 생태수로 정비	

평균 109만 원)을 협약했다. 그리고 2017년에는 농민들과 협약한 총금액은 2억 9131만 원이고, 1인당 평균 212만 6000원이다. 세부적으로 보면 식량자금 프로그램에서 1억 4626만 원(1인당 평균 106만 8000원), 농업생태 프로그램에서 1억 7812만 원(1인당 평균 130만 원)을 협약했다. 한편 농촌경관 프로그램은 마을과 협약이 이루어져 추진되기 때문에 농가의 협약금액에서 제외되었다. 이런 측면을 고려할 때, 실제 농가가 실천하는 프로그램은 최대 400만 원을 수령하게 된다.

2016년 협약한 내용에 대한 평균 이행률은 85.49%로 비교적 높은 경향을 나타내었다. 2016년 협약이 4월 말에 완료됨에 따라 화분 매개 곤충작물 재배(61.90%)가 곤란했던 점, 그리고 2016년 겨울철의 가뭄과 한파로 이모작(48.08%과 겨울철 논습지 유지(61.90%)이 곤란했던 환경적 제약을 제외한다면 대부분의 이행률은 85% 이상으로 매우 높은 수준이라고 할 수 있다. 한편 장현마을과 화암마을의 이행률이 유사한 수준을 보이고 있기 때문에 전반적으로 농민들이 협약한 내용을 잘 수행하는 것으로 판단된다. 2017년에는 평균 이행률이 90.81%로 더 높아진 것으로 나타났다. 그러나 농지 내 수목 유지 및 식재, 논두렁 식재, 둠벙 조성 및

표 2-3

농업생태프로그램의 신청금액

단위: 만 원

구분	2016		2017	
	장현	화암	장현	화암
조정 금액	12,964.5	11,370.6	15,477.5	13,653.5
합계	13,385.5	11,774.8	16,196.6	14,355.2
식량자급	6,441.3	6,206.0	7,438.5	7,188.1
토종씨앗 재배 및 채종	1,524.1	58.8	1,103.7	153.3
환경친화적 농업 실천	2,717.2	3,095.0	4,131.9	4,694.6
작물 다양화	3,415.0	5,549.9	2,882.2	5,801.7
이모작	1,534.0	1,459.1	1,579.2	1,152.2
농업생태	7,486.5	6,247.8	9,532.2	8,279.8
볏짚 환원	841.7	828.6	1,261.6	1,327.1
농지 내 수목 유지 및 식재	0.0	21.6	0.0	21.6
논 휴경	1,516.5	1,159.1	1,940.3	1,166.1
겨울철 논습지 유지	819.2	665.6	972.8	768.0
둠벙 조성 및 관리	578.5	1,106.5	400.8	1,234.6
논두렁 풀 안 베기	3,135.6	2,246.4	4,867.2	3,868.8
논두렁 식재	856.4	301.8	718.4	523.2
화분 매개 곤충작물 재배	981.3	1,014.0	760.2	1,014.0

주: 조정액은 교육 횟수에 따른 지급률을 적용한 것이다.

관리, 겨울철 논습지 유지, 작물 다양화 등은 2016년에 비해 이행률이 다소 낮아진 것으로 나타났다. 그러나 통계적으로 유의미한 차이를 갖고 낮아진 것은 논두렁 식재가 유일하다. 이상을 종합해볼 때, 농업생태환경 프로그램에 대한 농민들의 이행률은 매우 높은 것으로 평가할 수 있고, 내용별로 이행률의 차이가 다소 있는 것으로 평가할 수 있다.

표 2-4

농업생태환경 프로그램 평균 이행률

단위: %

구분		2016		2017		F값	prob
		장현	화암	장현	화암		
전체		87.45^{ab}	83.19^b	92.38^a	88.92^a	2.99	0.0318
식량자급	토종씨앗 재배 및 채종	91.67	100.00	100.00	100.00	0.42	0.7434
	환경친화적 농업 실천	99.75^a	98.28^b	100.00^a	100.00^a	2.67	0.0495
	작물 다양화	90.32	87.98	92.59	86.28	0.33	0.8028
	이모작	50.00^{bc}	44.44^c	73.33^b	100.00^a	7.97	0.0002
	볏짚 환원	92.50	98.26	100.00	100.00	2.44	0.0677
농업생태	농지 내 수목 유지 및 식재	–	100.00	–	0.00	–	–
	논 휴경	100.00	91.67	94.74	100.00	0.67	0.5738
	겨울철 논습지 유지	75.00	44.44	60.00	40.00	1.11	0.3548
	둠벙 조성 및 관리	85.00	86.67	70.00	73.89	0.58	0.6297
	논두렁 풀 안 베기	91.46^{ab}	88.64^b	100.00^a	97.78^a	3.22	0.0239
	논두렁 식재	100.00^a	100.00^a	71.43^a	38.89^b	7.88	0.0002
	화분 매개 곤충작물 재배	66.67	58.33	87.50	81.67	1.88	0.1504

2016년의 사업 내용을 수행한 결과, 총 2억 2135만 원(식량자급 1억 1703만 원, 농업생태 1억 2129만 원)을 지급했다. 이를 농가당 평균 금액으로 환산하면 201만 2300원(식량자급 92만 8800원, 농업생태 96만 2700원)을 지급했다. 그리고 2017년의 총 지급액은 2억 7410만 원(식량자급 1억 3888만 원, 농업생태 1억 6189만 원)을 지급했다. 농가당 평균 금액은 230만 3300원(식량자급 101만 3800원, 농업생태 118만 1600원)으로 나타났다.

2016년과 2017년의 집행 금액을 비교해보면, 환경친화적 농업 실천,

표 2-5

농업생태환경 프로그램 평균 집행액

단위: 만 원

구분		2016		2017		F값	prob
		장현	화암	장현	화암		
전체		205.53^a	196.43^b	228.22^a	232.87^a	2.86	0.0379
식량자급		101.22^b	112.16^{ab}	109.08^{ab}	125.90^a	2.99	0.0318
식량자급	토종씨앗 재배 및 채종	19.27	1.13	16.98	2.84	1.90	0.1310
	환경친화적 농업 실천	46.54^b	58.62^b	63.56ab	86.94^a	3.92	0.0094
	작물 다양화	53.28^b	90.70^a	37.70b	87.25^a	5.97	0.0006
	이모작	13.22	13.81	18.94	21.34	0.29	0.8340
농업생태		118.13^{ab}	101.51^b	138.66^a	132.89^a	3.66	0.0132
농업생태	볏짚 환원	13.92^b	15.69^b	19.40^{ab}	24.57^a	2.62	0.0515
	농지 내 수목 유지 및 식재	0.00	0.42	0.00	0.00	1.14	0.3351
	논 휴경	26.15	21.69	29.35	21.59	0.30	0.8278
	겨울철 논습지 유지	11.48	3.94	9.45	4.74	1.33	0.2660
	둠벙 조성 및 관리	8.51^{ab}	17.57^a	4.39b	16.86a	4.13	0.0071
	논두렁 풀 안 베기	50.59^b	36.68^b	74.88a	71.07a	7.60	0.0001
	논두렁 식재	14.77^a	5.80^b	8.27b	3.15b	4.74	0.0031
	화분 매개 곤충작물 재배	8.37	11.60	10.86	14.59	0.26	0.8568

볏짚 환원, 논두렁 풀 안 베기 등의 사업의 집행 금액은 증가했다. 그리고 식량자급보다는 농업생태 관련 사업의 집행 금액이 2016년에 비해 2017년에 더 증가한 것으로 나타났다. 이런 측면을 고려해볼 때, 식량자급 프로그램의 확장 가능성보다는 농업생태 프로그램의 확장 가능성이

표 2-6

농업생태환경 프로그램 평균 신청액

단위: 만 원

구분	2016		2017		F값	prob
	장현	화암	장현	화암		
조정 금액	216.08	218.67	238.11	248.25	2.63	0.0506
합계	223.09	226.43	249.18	261.00	3.71	0.0123
식량자급	107.35^b	119.35^{ab}	114.44^b	130.69^a	3.20	0.0240
토종씨앗 재배 및 채종	25.40^a	1.13^b	16.98^{ab}	2.79^b	2.39	0.0698
환경친화적 농업 실천	45.28^b	59.52^b	63.56^{ab}	85.36^{ab}	3.85	0.0103
작물 다양화	56.92^b	106.73a	44.34^b	105.49^a	6.70	0.0002
이모작	25.57	28.06	24.30	20.95	0.09	0.9679
농업생태	124.78^{bc}	120.15^c	146.65^{ab}	150.55^a	3.18	0.0249
볏짚 환원	14.03^b	15.93ab	19.40^{ab}	24.13^a	2.38	0.0705
농지 내 수목 유지 및 식재	0.00	0.42	0.00	0.39	0.78	0.5056
논 휴경	25.28	22.29	29.85	21.20	0.32	0.8074
겨울철 논습지 유지	13.65	12.80	14.97	13.96	0.04	0.9901
둠벙 조성 및 관리	9.65^b	21.28^a	6.17^b	22.45^a	5.44	0.0012
논두렁 풀 안 베기	52.26^{bc}	43.20^c	74.88^a	70.34^{ab}	5.14	0.0019
논두렁 식재	14.27^a	5.80^b	11.05^{ab}	9.51^{ab}	1.60	0.1913
화분 매개 곤충작물 재배	16.36	19.50	11.70	18.43	0.29	0.8318

좀 더 크다고 할 수 있을 것이다. 이는 소규모 고령 농가가 보유하고 있는 농지의 절대 규모가 작은 측면에서 그 이유를 찾아볼 수 있을 것이다.

끝으로 2016년과 2017년의 장현마을과 화암마을의 협약 내용을 비교해보면 다음과 같다. 기본적으로 농업생태환경 프로그램의 신청금액은 연도별, 그리고 마을별로 통계적인 차이가 없는 것으로 나타났다. 따라서 농가에서 신청할 수 있는 금액은 식량자급과 농업생태에서 약 220만 원 정도라고 추정할 수 있다. 그리고 연도별로 통계적 차이가 있는 내용을 보면, 논두렁 풀 안 베기뿐인 것으로 나타났다. 즉, 2016년에 비해서 2017년에는 논두렁 풀 안 베기에 대한 신청금액이 모두 증가한 것으로 나타났다. 반면 그 외 사업 내용에서는 연도별 차이가 없는 것으로 나타났다.

한편 마을별로 통계적 차이가 있는 것은 작물 다양화와 둠벙 조성 및 관리인 것으로 나타났다. 이들 프로그램의 신청금액이 마을별로 상이하다는 것은 해당 마을의 자연환경적 조건에 따라 신청할 수 있는 프로그램의 내용이 상이함을 암시하는 것이라고 할 수 있을 것이다.

이상을 종합해볼 때, 농업생태환경 프로그램의 신청금액은 200만 원 내외로 설정할 수 있고, 사업을 통해 농업생태에 대한 참여도가 더 높아지는 것으로 파악할 수 있다. 그리고 작물 다양화와 둠벙 조성 및 관리는 마을별 특성에 따라 상이할 수 있다는 것으로 추정해 볼 수 있다.

4) 프로그램의 재유형화

2016년과 2017년에 신청한 프로그램 협약금액을 기준으로 요인분석을 한 결과에 의하면, 농업생태환경 프로그램은 4가지 요인으로 유형화되는 것으로 나타났다. 환경친화적 논농업(볏짚 환원, 논두렁 풀 안 베기, 환경친화적 농업 실천), 밭 농업의 다양화(토종씨앗 재배 및 채종, 작물 다양화), 농업생태환경 관리(둠벙 조성 및 관리), 겨울철 생태환경 유지(논 휴경, 겨울철 논 습지 유지, 이모작)으로 구분이 된다.

표 2-7

프로그램의 재유형화(신청금액 기준)

구분		Factor1	Factor2	Factor3	Factor4
환경친화적 논 농업	볏집 환원	0.92	-0.18	0.06	0.00
	환경친화적 농업 실천	0.91	0.06	0.02	-0.02
	논두렁 풀 안 베기	0.83	0.09	0.00	0.00
밭 농업의 다양화	토종씨앗 재배 및 채종	-0.12	-0.15	0.00	0.84
	작물 다양화	-0.25	-0.16	0.52	-0.52
안정적 서식지 관리	둠벙 조성 및 관리	0.14	0.02	0.85	-0.01
겨울철 생태 환경 유지	겨울철 논습지 유지	0.13	0.71	-0.28	-0.06
	논 휴경	-0.15	0.66	0.06	-0.14
	이모작	0.10	0.62	0.38	0.37
고유값		2.5197	1.4264	1.3006	1.0424
기여율		0.2800	0.1585	0.1445	0.1158
누적기여율		0.2800	0.4385	0.5830	0.6988

3. 주요 성과

1) 식량자급 프로그램의 성과

시범사업을 추진하고 있는 농가는 농업생태환경 프로그램을 성실하게 실천했다. 주요 성과를 살펴보면 다음과 같다. 먼저, 식량자급 프로그램을 통해 친환경농업에 대한 참여의식이 높아졌고, 다양한 형태의 작물을 재배하기 시작했다. ① 충남지역의 토종종자네트워크를 통해서 다양한 종류의 토종씨앗이 재배되었다. 토종씨앗 재배에 대한 관심이 증가하고 있고, 토종씨앗을 재배하는 경우 대부분 혼작을 하였다. 그리고 ② 환경친화적인 농업 실천을 통해 비료와 농약 등을 사용하지 않겠다는 농민들의 자발적 참여의식이 증가되었다. 비료사용의 절감으로 인해 벼 1묘에서 거두는 수확량의 감소는 거의 없었던 반면, 각종 풍수해로 인한 도복의 위험이 감소하고 밥맛은 향상되었다. 일부 주민들은 자발적으로 생협 등과 계약 재배 및 판매망을 구축하기 시작했다. ③ 밭 농업의 다각화를 통해 수수, 귀리, 녹두 등의 작물이 재배됨에 따라 마을에서 재배하는 작물이 다양화해졌다. 밭 농업의 다양화로 1960년대의 과거 농촌풍경이 되살아나는 효과가 있고, 아울러 수숫대를 이용해 빗자루를 만드는 등 다양한 농경문화가 형성되었다.

2) 농업생태 프로그램의 성과

농업생태 프로그램을 통해 식물계와 동물계의 생태순환을 활성화할 수 있는 기반을 만들었다. ① 농지 내 수목 유지로 인해 다양한 동식물이 서식할 수 있게 되고, 이로 인해 생태순환이 활성화되고 논의 유기물 함량을 높이는 데 기여했다. ② 논을 휴경하고 습지를 조성한 경우 생태환경이 급속히 개선되는 것을 확인할 수 있었다. 휴경 논에 다양한 동물 및 곤충들이 서식함에 따라 유기물 함량이 증가했다. 휴경을 한 경우 미곡의 품질이 상승하는 것이 일반적이다. ③ 둠벙을 조성함에 따라 각종 동식물의 안정적인 서식지를 유지하게 되어 생태계가 다양해지는 결과를 가져왔다. 아울러 둠벙 조성으로 인해 논에 물을 바로 댈 때 발생하는 냉해를 어느 정도 완화하는 역할을 수행했다. ④ 논두렁 풀 안 베기는 농가의 심리적 저항감이 큰 부분이었으나, 노동력 절감이라는 효과와 더불어 논두렁의 생태계를 다양화하는 이중적 효과를 거두었다. 실제 논두렁의 풀을 안 베는 경우 곤충의 종류가 많고 밀도가 높은 것으로 나타났다. 아울러 논두렁 풀 안 베기를 통해 해충 방제 및 유기물 함량의 증가가 될 것으로 예상된다. 한편 풀 안 베기로 인해 농작업에 일정 정도 불편을 끼치는 문제가 있다. 그러나 풀이 무한정 자라는 것이 아니라 계절에 따라 자연적인 천이 과정을 거치는 것으로 나타났다. ④ 논두렁에 유실수 중심의 식재를 했으나, 대부분 유목으로 인해 실질적인 성과를 측정하기 곤란한 상황이다.

3) 농촌경관 프로그램의 성과

농촌경관 프로그램을 통해 자발적으로 마을을 가꾸겠다는 의식이 증가했다. ① 마을 내 쓰레기 분리수거 및 소각 등이 급격하게 줄어들었고, 실제 마을 내부가 과거에 비해서 깨끗해졌다. ② 마을 경관 정비를 통해 개별 마을에서 반별로 마을안길 가꾸기를 중심으로 추진되었다. 그러나 꽃길 조성이 중심을 이루고 있는 한계가 있었다. 그리고 농업생태환경 프로그램을 통해 환경공동체의 형성가능성과 농업과 생태계의 공생 가능성을 도모할 수 있을 것으로 기대된다. ① 막연하게 친환경농업은 안 된다는 인식이 점차 사라지고 있고, 부분적으로 환경친화적 농업을 도입할 수 있겠다는 의식이 증대되었다. 최소한 제초제를 사용하지 않겠다는 농민의 자발적 의식이 형성되었다. ② 마을주민 간의 소통이 활발해졌고, 함께 무엇인가를 해야 하겠다는 공동체 의식이 복원되었다. ③ 과거에 비해서 확연하게 새의 서식 빈도가 증가했고, 고라니 등이 논두렁에 와서 서식하는 경우도 발생하고 있다.

4. 국가사업화를 위한 향후 과제

충청남도가 추진하고 있는 농업생태환경 프로그램은 국가가 추진하고자 하는 공익형 직불제도와 유사한 측면이 있다. 따라서 향후 농업·농촌의 공익적 기능에 대한 보상을 위한 새로운 농업·농촌 정책이 도입될 경우, 반드시 갖추어야 할 기본 전제와 향후 과제에 대해서 몇 가지 살펴보면 다음과 같다

1) 기본 전제

첫째, 사전 교육을 통한 공감대 형성이 필요하다. 사업을 시작하기 이전에 농민을 대상으로 한 사전 교육이 이루어져야 할 것이고, 사업 과정에 지속적인 컨설팅이 요구된다. 둘째, 사업 추진을 위한 마을조직체 구성이 이루어져야 한다. 사업 내용의 효과적인 전달과 마을 인력을 활용한 모니터링 체제 구축을 위해서는 사업 추진을 위한 별도의 마을조직체 구성이 필요하다. 셋째, 사업 내용에 대한 지역 및 농민 의견이 반영되어야 한다. 어떤 사업을 일방적으로 추진하기보다는 사전 교육을 통해서 농민의 의견을 반영함으로써 지역 실정에 맞는 프로그램으로 재설계해야 할 것이다. 넷째, 직불금이라는 용어가 미사용되거나 폐지되어야 한다. 직불금은 정책의 목적이 아니라 정책의 집행 수단이다. 따라서 농민에게 현금 지불의 형태로 집행되는 각종 사업의 명칭을 해당 정책 목적에 맞게끔 새롭게 설정해야 할 것이다.

2) 일반화의 과제

첫째, 농가당 사업규모 및 사업단가가 적정화되어야 한다. 농가당 총사업규모는 300만 원(식량자급과 농업생태 200만 원, 농촌경관 100만 원) 정도로 설정하고, 단가는 현재 기준보다 하향 조정될 필요가 있다. 특히 작물 다양화 및 토종씨앗 재배·채종의 경우는 사업단가가 높게 설정되어 있기 때문에 이에 대한 조정이 요구된다.

둘째, 프로그램의 단계적 구성과 전환이 유도되어야 한다. 많은 사업 내용을 평면적으로 나열하기보다는 기초(최초 2년), 전환(기초 이후 3년), 심화(전환 이후 계속) 등으로 구분해 추진할 필요가 있다. 그리고 기초 및 심화 단계가 지난 이후 그다음 단계로 이전하지 않는 경우는 더 이상 프로그램에 참여할 수 없도록 하고, 심화 단계의 경우는 계속 참여할 수 있도록 해야 할 것이다.

셋째, 프로그램의 유형화로 사업 효과를 제고해야 한다. 시범사업의 경우 12개의 사업이 4개의 사업 유형으로 분류되고 있는 것처럼, 사업 내용 간 연관성이 높은 프로그램을 패키지 형태로 설정·추진함으로써 사업 효과를 제고해야 한다. 그리고 유형화된 프로그램의 제공을 통해 사업 내용이 단순화될 수 있을 것이고, 농민들의 사업 선정 시 신속한 의사결정이 가능할 것이다.

넷째, 농촌경관 부문의 추진 방식에 대한 재검토가 요구된다. 시범사업의 경우 농촌경관 부문을 마을 단위로 협약을 체결해 추진했으나, 이는 책임 소재가 불명확한 문제가 있다. 반면 농가 단위 혹은 모임 단위로 추진할 경우 사업 효과가 낮을 수 있고, 마을공동체가 훼손될 우려가 있다.

다섯째, 모니터링 및 사업 관리의 방안이 마련되어야 한다. 현재 시범사업 단계로 모니터링 체제가 정비되지 않았으나, 관련 조직 및 지방정부 간 역할 분담에 대한 방향 설정이 이루어져야 한다. 아울러 농촌지역에 거주하는 주민을 대상으로 모니터링 및 컨설팅 인력을 양성하고, 장기적으로 관련 단체가 조직화될 수 있도록 지원해야 할 것이다.

여섯째, 사업 효과에 대한 지속적인 관리가 이루어져야 한다. 시범사업이 전면적으로 확대되기 위해서는 시범사업 및 본사업이 추진된 이후 지속적으로 사업 효과에 대한 사회적·경제적·환경적 성과 분석이 이루어져야 할 것이다. 이를 위해서 사업 시행 주체가 시행하는 사업 효과 측정뿐만 아니라, 논문 현상 공모 등을 통해 객관적인 성과가 이루어질 수 있도록 해야 할 것이다.

일곱째, 예산의 확보 및 사업 확대가 이루어져야 한다. 시범사업의 통해 농업생태환경 프로그램의 효과를 검증하고, 이를 바탕으로 한 예산 확보가 이루어져야 할 것이다. 그리고 장기적으로는 소모성·일회성 농정사업에 대한 구조조정이 이루어져야 할 것이고, 기존의 9개 직불금 제도를 통합 및 폐지해야 할 것이다.

5. 정책 제안

충청남도는 2014년부터 농업직불금 제도 개선을 지방 차원에서 지속적으로 추진해왔고, 그 일환으로 '농업생태환경 프로그램'을 시범사업으로 추진하고 있다. 현재 진행 중인 농업생태환경 프로그램은 추진 중인 사업으로 그 성과를 정확히 단정하기 어렵다. 그러나 농가와 직접적인 협약을 체결해 사업을 추진해왔고, 정책 방향 설정에 대한 공감성이 4.24(5점 만점)라는 점, 이행률이 평균 88.2%이라는 점 등은 향후 농업생태환경 프로그램의 형태로 직불금 제도가 개선되어야 할 것이라는 방향성을 제시하는 것으로 이해할 수 있을 것이다.

문재인 정부가 출범하면서 공익형 직불제에 대한 논의와 관심이 증대되고 있다. 문재인 정부에서 추진하고자 하는 공익형 직불제는 농업·농촌의 공익적 기능에 대한 보상을 하겠다는 것이다. 이를 위해 현재 농림축산식품부는 기존의 9개 직불제를 개편해 공익성을 강조하는 형태로 개편하기 위해 농업환경보전 프로그램, 친환경농업직불, 농지관리직불, 그리고 청년농업인 직불 도입을 검토하고 있다. 기존 직불제에 대한 근본적인 전환을 이루겠다는 기본적인 방침은 매우 의미 있는 것으로 평가된다. 농업직불금과 관련된 최근의 정책 동향을 고려할 때, 충청남도가 시범적으로 추진한 농업생태환경 프로그램의 의의와 성과는 매우 크다고 평가할 수 있다.[2]

문재인 정부에서 추진하고자 하는 공익형 직불제가 성공적으로 추진되기 위해서는 몇 가지 유념해야 할 사항이 있다. 우선 공익이라는 용어는 매우 추상적인 것이고, 직불제의 용어는 정책의 목적이 아니라 수단이라는 점이다. 이런 맥락에서 볼 때, 문재인 정부에서 도입하고자 하는 공익형 직불제는 정책의 목적에 맞게끔 정책화되어야 할 것이고, 그 과정에서 기존의 중앙정부 중심의 농정구조가 개선되어야 할 것이다. 즉, 중앙정부는 농업생태환경 프로그램에 대한 기본적인 골격만을 제시하고, 구체적인 세부 방안은 지역 실정에 맞게끔 재구조화되어 추진되어야 할 것이다. 이를 위해서는 현재 충청남도에서 추진하고 있는 농업생태환경 프로그램에 대한 성과와 한계를 면밀하게 검토해 새로운 직불금 제도에 반영해야 할 것이다.

---

2 농림축산식품부는 농업생태환경 프로그램과 유사한 농업환경보전 프로그램을 2018년부터 시범사업으로 추진하고 있다.

참고문헌

강마야 외. 2014. 「농업직불금 제도 개선 방안」. 충청남도.

강마야·이관률·허남혁. 2012. 「충남 농업보조금 제도 개선」 충남발전연구원.

박진도·이관률·강마야. 2015. 「농정 제도개선을 위한 국회 심포지엄: 대한민국 농업직불금의 새로운 길」. 충남연구원

OECD. 2006. "The Role of Compensation in Policy Reform." Document AGR/CA/APM/WP(2007)7.

Tangermann, S. 2011. "Direct Payments in the CAP Post 2013." Policy Department B: Structural and Cohesion Policies. European Parliament.

___

3장

학교급식지원센터 운영

김종화 ㅣ 충남연구원 행정복지연구부 책임연구원

1. 문제 제기

학교급식은 한국의 미래 주역인 어린이·청소년에게 양질의 영양분을 공급하고 건강한 사회구성원으로 성장할 수 있도록 하는 중요한 교육정책이다. 이에 충청남도는 교육청과 함께 '3농혁신' 정책의 핵심사업으로 충청남도 15개 시군에 학교급식지원센터(이하, 지원센터) 설립·운영을 추진하고 있다. 이는 지역의 친환경 또는 우수 농산물을 지역 내 급식 식재료로 공급함으로써 지역 학생들에게는 안전하고 건강한 식재료를 공급하고, 농업인에게는 안정적인 판로를 제공하기 위함이다. 또 학생들의 건강 증진, 올바른 식습관 형성, 건전한 식생활·식문화 정착 등 먹거리와 관련된 교육적 목적도 내포하고 있다. 한편, '3농혁신' 정책의 로컬푸드 관련 핵심사업으로 수도권에 집중되는 농산물의 유통·물류 기능을 지역의 소비처로 분산함으로써 지역 농산물 유통·물류 비용을 크게 절감해 농업인 소득 및 소비자 편익을 증대하기 위한 농정의 목적도 포함하고 있다.

그러나 이러한 적극적인 학교급식 정책에도 불구하고, 그 중심에 있는 지원센터의 설립 과정은 그다지 순탄하지 못했다. 2011년 당진시가 처음 지원센터를 설립·운영한 이후, 적정 운영 방식(위탁, 직영 등)에 대한 논의부터 시작해 기존 급식업체와의 갈등, 친환경 농산물 수급, 유통·물류 체계의 효율성, 경영수익 및 수수료 책정, 적정 설비 및 시설 투자 등에 대한 논의가 시작되었고, 그것들과 관련된 다양한 문제가 대두되었다. 특히 지원센터가 설립되는 과정에서 발생한 사회적·경제적 이해관계는 해결하기 어려웠고, 그것을 원만히 해결하는 데 상당한 사회적 비용과 행정 비용, 그리고 시간이 소요되었다.[1]

하지만 이렇게 쉽지만은 않은 환경 속에서도 충청남도와 15개 시군은 지역 학생들에게 안전하고 건강한 지역 먹거리를 공급해야 한다는 필요성을 공감했으며, 2011년 당진시를 시작으로 2017년 현재 14개 시군 13개 센터가 설립·운영 중에 있다.[2] 또 각 지역마다 도시의 규모, 생활환경, 지리적 조건, 농업생산기반 등이 차별적임을 감안하여 해당 시군에 최적화될 수 있는 운영 형태를 발굴해 적용하고 있다. 실례로 당진시는 농협 주도의 위탁운영 방식을 채택한 반면, 홍성군은 기존 권역 단위 사업을 통해 생성된 건물을 활용한 지자체 직영 방식을 채택하고 있다.

이와 같이 지난 7년간 충청남도의 학교급식 정책은 지원센터 설립·

---

1   여기에서 사회적 이해관계란 운영 주체 선정, 기존 급식 식재료업체와의 관계 설정 등에 따른 사회적 갈등을 의미하고, 경영·운영 형태란 지원센터의 경영 및 운영을 담당하는 주체에 대한 부분이다. 그리고 경제적 손익이란 운영 일수 제한에 따른 지원센터의 경영적자, 기존 급식 식재료업체의 영업제한에 따른 경제적 손실을 가리킨다.

2   현재 15개 시군 중 금산을 제외하고 학교급식지원센터를 설립·운영 중이다.

운영이라는 목표를 달성하기 위해 노력해왔으며, 현재는 그것이 눈앞에 서 있다. 하지만 이제는 양적 목표 달성뿐만 아니라 질적 성장에 더 관심을 가져야 할 때가 되었다. 지원센터가 질적으로 성장하기 위해서는 그 성격과 역할에 대한 명확한 정의가 내려져야 한다. 그러나 전국적으로 산재해 있는 지원센터는 설립 목적, 운영 방식, 경영 형태, 기능 및 역할 등에서 차별적이고 각기 다른 설립·운영 모델을 보인다. 한편, 충청남도의 지원센터는 각 시군의 특성을 고려하여 위탁형과 직영형으로 구분해 해당 지역에 가장 적합한 모델을 채택하고 있다. 이에 충청남도의 정형화된 맞춤형 모델을 국내 지원센터의 표준화된 모델로 전국에 확산시켜 체계적·효율적·교육적 목적에 부합하는 학교급식 정책을 추진해야 한다.

2. 학교급식지원센터의 정의 및 유형, 기능

1) 학교급식지원센터의 정의

학교급식에 대한 정의는 주요 국가의 법령에서 찾아볼 수 있다. 국내에서는 '학교급식법'에서 "학교 또는 학급의 학생을 대상으로 학교의 장이 실시하는 급식"이라고 정의하고 있다. 그리고 미국에서는 『연방규정집(Code of Federal Regulations: CFR)』에서 "국가안보 유지의 주요 조치 가운데 하나로 아동의 건강과 복지를 보호하고, 영양 많은 농산물 및 기타 식품의 국내 소비를 촉진하다"라고 규정하고 있다(이덕난·한지호·최윤정, 2011). 또 인접한 일본에서는 '학교급식법'에 "적정한 영양 섭취, 건전한 식생활 배양, 사교성 및 협동심 배양, 환경보전 정신 배양, 근로를 존중하는 정신 배양, 전통 식문화 이해, 식재료 생산, 유통, 소비 이해 등의 목적을 달성하기 위하여 의무교육학교의 아동 및 학생들을 대상을 실시하는 급식"으로 정의하고 있다. 이와 같이 학교급식이란 '학생들에게 급식을 제공하여 학생들의 건강한 심신의 발달과 식생활 개선을 목적으로 할 뿐만 아니라 협동심 배양, 환경보전 정신, 근로에 대한 감사, 전통 식문화 계승, 지역 농업 및 식재료 이해 등 부가적인 교육적 목적을 달성하기 위하여 추진하는 정책'이라고 정의할 수 있다. 한편, 학교급식지원센터의 정의는 교육부가 제시한 「학교급식지원조례 개정 표준안」(2006)과 「학교급식지원센터 가이드라인」(2014)에서 명확히 제시되어 있다. 이 두 개의 정의를 정리하면, 학교급식지원센터란 '지역 학교에 식재료만을 공급하기 위한 유통시설이 아닌 지역에서 생산된 안전하고 우수한 농산물을 공급할 수 있는 운영체계'라고 정의할 수 있다. 이는 지원센터가 전처리·가공, 소분·포장, 집하·배송 등 유통시설을 반드시 갖추어야 하는 하드웨어의 개념이 아니라 지역 학교급식과 관련된 일련의 과정을 효율적으로 관리·운영하는 소프트웨어 성격의 시스템이라고 해석할 수 있다.

2) 학교급식지원센터의 유형

학교급식지원센터의 유형을 살펴보면, 먼저 「학교급식지원조례 개정표준안」(2006)에서는 ① 지원센터 물류·유통 통합직영형, ② 지원센터 유통 분리형, ③ 위탁 유통센터형, ④ 인증등록 유통업체 관리형(도시형), ⑤ 위탁 유통센터 혼합형(도농 복합형)의 5개 유형으로 구분하고 있다.[3] 조혜영 외(2013)에서는 앞의 지원조례 개정 표준안을 참고해 실제 운영 중인 지원센터를 재분류해 ① 관리중심형, ② 관리·물류 분리형, ③ 물류중심

---

3   교육인적자원부, 「학교급식 개선 종합대책(2007~2011년)」(2006).

형으로 구분했다. 교육부는 「학교급식지원센터 가이드라인」(2014)에서 운영 주체가 지자체 직영인지 위탁인지에 따라 ① 통합직영형, ② 통합위탁형, ③ 부분위탁형, ④ 행정형으로 분류했다. 학교급식의 경우 지역별 여건, 사례가 달라 정확한 유형을 정의 내리기 어렵지만 기존 선행 연구를 바탕으로 각 유형을 정리하면 〈표 3-1〉과 같다.

〈표 3-1〉과 같이 지원센터는 시기별로 유형에 대한 해석이 다르나, 이러한 용어 및 유형을 통합하고 재분류하면 크게 직영형, 위탁형, 행정형으로 분류할 수 있다. 가장 최근인 「학교급식지원센터 가이드라인」(2014) 기준에 따라, 직영형은 지자체가 지원센터를 주도적으로 직접 운영하는 것으로 경영관리, 유통·물류, 식자재 조달 등 제반 업무를 모두 수행하는 형태이다. 위탁형은 지자체가 지역 공공기관이나 농업인단체 등 신뢰할 수 있는 기관에 운영을 위탁하는 형태로서 모든 기능을 위탁하는 통합위탁형과 유통·물류 등 일부분만을 위탁하는 부분위탁형이 있다. 행정형은 지자체가 급식 식자재업체를 인증·등록해 관리하거나 행정 지도 및 관리·감독을 강화하는 형태이다. 이와 같이 지원센터는 지자체의 관여의 정도, 행정·관리, 유통·물류 등의 기준에 따라 유형이 분류되고 있으나, 지자체 및 관련 기관에 따라 직영 또는 위탁의 개념이 다르고, 지역의 경제, 사회, 지리 등의 여건이 달라 이를 일률적으로 정형화하기에는 한계가 있다.

표 3-1

학교급식지원센터의 유형 정리

출처	유형	주요 내용
학교급식지원조례개정표준안(2006)	지원센터 물류·유통 통합직영형	지방자치단체에서 직영으로 운영해 1차 전처리, 물류, 유통까지 총괄하는 유형
	지원센터 유통 분리형	지방자치단체에서 학교급식지원센터를 직영으로 운영해 물류의 전처리, 공급체계를 구축하고 기존의 유통업체를 활용하는 유형
	위탁 유통센터형	학교급식지원센터 기능과 물류유통센터 기능을 분리해 물류·유통센터 기능을 전문 공공기관에 위탁 경영하는 유형
	인증등록 유통업체 관리형(도시형)	학교급식지원센터만 설치하고, 별도의 물류센터를 건립할 필요 없이 등록·인증된 유통업체를 활용해 물류를 공급하고 급식지원센터는 유통업체를 지도·감독하는 유형
	위탁 유통센터 혼합형(도농 복합형)	학교급식지원센터에서 유통센터를 지도하고 기존 유통업체를 대리점 체계로 활용하는 유형
조혜영 외(2013)	관리중심형	관내 학교급식에 대한 실태조사, 식재료 안전성 검사, 식생활 교육 등의 업무를 수행하고 식재료 공급에는 관여하지 않는 유형
	관리·물류 분리형	학교급식지원센터의 관리조직과 물류 공급 주체가 분리되어 운영하는 유형
	물류중심형	학교급식지원센터의 관리조직과 물류 공급 주체가 동일하고, 학교급식 실태조사나 식생활 교육보다는 식재료 공급이 주 업무로 물류시설을 갖추고 직접 운영하는 유형
학교급식지원센터 가이드라인(2014)	통합직영형	학교급식지원센터의 행정 기능과 물류, 유통, 전처리 등의 기능을 통합해 지방자치단체가 직접 운영하는 유형
	통합위탁형	학교급식지원센터의 행정 기능과 물류 기능을 통합해 비영리 또는 공공성을 지닌 단체 등의 기관과 위탁계약을 통해 행정, 물류, 전처리, 유통 등의 기능을 통합적으로 위탁·운영하는 유형
	부분위탁형	지방자치단체는 학교급식지원센터를 설치하여 직접 운영할 수 있으며, 부분적으로 물류, 유통, 전처리 등의 기능에 대해서는 위탁 사업자와의 계약을 통해 해당 기능을 수행하는 유형
	행정형	지방자치단체는 행정 기능의 학교급식지원센터를 설치해 동 센터에서 기존 인프라를 활용한 식재료 공급업체의 인증과 지도·감독 업무를 수행하는 유형

자료: 김종화·김정하(2016)

3) 학교급식지원센터의 기능

　김종화·김정하(2016)는 선행 연구의 유형 분류 내용을 바탕으로 지원센터의 핵심적 기능을 크게 '행정', '관리', '유통'으로 구분했다. 특히 '행정'이라는 용어는 일반적으로 행정조직이 '관리' 업무를 수행할 수 있으므로 '관리'의 범주 내에 '행정'이 포함될 수도 있다. 그러나 '관리' 기능이 포함된 '행정'의 영역에는 지역 학교급식지원 및 식재료안전정책 수립, 보조금 지원 등 국가 또는 지자체만이 수행할 수 있는 고유의 업무 영역과, 지역 학교급식 실태조사 및 모니터링, 식재료 안전성 검사, 식생활·영양 교육 지원 및 홍보, 농가 조직화 및 농업인 교육 등 민간에서 수행하는 것이 더 효과적인 업무 영역이 혼재되어 있다. 따라서 지원센터는 민관 거버넌스 형태로 운영되는 중간지원조직이어야 하므로 국가 또는 지자체가 수행해야 하는 고유의 업무 영역인 '행정'을 제외한 민간의 '관리', '유통'을 지원센터의 기능으로 설정할 수 있다. 한편, 선행 연구에서 주로 언급된 '유통' 기능은 식재료 수·발주, 식재료 안전성 검사, 소분·분류, 집하·배송 등 식재료 수급 및 공급과 관련된 일련의 업무로서 이미 지원센터가 수행해오던 기능이라고 볼 수 있다. 이러한 학교급식지원센터의 기능을 정리하면 〈표 3-2〉와 같다.

　지원센터가 담당하는 '관리', '유통' 기능에 따라 지원센터의 유형을 분류하면 다음과 같다.[4] 먼저, '관리'는 '지원센터의 운영 주체'가 기준이 된다. '관리'는 중간지원조직이 수행할 수 있는 업무로서 현재 해당 지자체가 그 업무를 담당하는 경우는 '관리직영형', 지역농협, 농업인단체, 영농조합법인 등이 수행하는 경우는 '관리위탁형'으로 구분할 수 있다. '유

4　학교급식지원센터의 '행정'은 행정조직(국가, 지자체 등)의 기능이므로 분류에서 제외

표 3-2

학교급식지원정책의 기능

기능	정의	담당
행정	국가 또는 지자체의 고유 업무 영역으로 지역 학교급식정책 수립 및 위원회를 운영하고, 식재료 안전정책 수립, 조달업체 선정, 보조금 지원, 공동구매 등 정책 수립 및 지원 업무를 수행하는 것	국가 또는 지자체 등 행정기관
관리	지원센터가 수행할 수 있는 업무 영역으로 지역 학교급식 실태조사 및 모니터링, 학교급식 관련 위원회 실무 운영(사무국 역할), 식재료 안전성 검사, 식생활·영양 교육 지원 및 홍보, 농가 조직화 및 농업인 교육, 농촌 체험·학습 등의 업무를 수행하는 것	학교급식 지원센터
유통	지원센터가 수행할 수 있는 업무 영역으로 운영시스템 및 물류시설을 활용해 식재료 수·발주, 소분·분류, 집하·배송 등 식재료 수급 및 공급과 관련된 일련의 업무를 수행하는 것	학교급식 지원센터

주: 조혜영 외(2013)를 일부 참고해 작성했다.
자료: 김종화·김정하(2016)

통'은 실질적으로 '학교와의 식재료 공급계약을 하는 주체'를 기준으로 한다. 일반적으로 유통의 기능 중 가장 중요한 기능은 상업적 기능으로, 이는 '계약 관계'를 의미한다. 따라서 유통의 상업적 기능에 따라 지역학교와 식재료 공급계약을 체결한 주체에 따라 직영형 또는 위탁형으로 구분했다. '유통'은 지자체가 지역학교와 식재료 공급계약을 체결했으면 '유통직영형', 그 외 지역농협, 농업인단체, 영농조합법인 등이 체결한 경우에는 '유통위탁형'으로 구분했다. 특히 기존에 지원센터를 설립·운영하고 있는 지역의 경우, 지원센터와 학교 간 계약 체결이 이루어지면 그 지원센터를 실질적으로 운영하는 주체가 어디인지에 따라 직영형 또는 위탁형으로 분류할 수 있다.

3. 충청남도 학교급식지원센터의 현황 및 과정

1) 추진 배경

충청남도의 학교급식 관련 정책은 민선 5기 지방선거부터 시작되었다고 볼 수 있다. 당시 2010년에는 무상급식이 지방선거의 주요 이슈 중에 하나였다. 충청남도에서도 무상급식 관련 공약이 제시되었고 그 후 그것이 실현되었다. 그리고 민선 5기에 접어들어 '충청남도 농정혁신위원회'가 본격 가동되고 학교급식지원센터에 대한 논의가 처음 시작되었다. 이후 2012년부터 충청남도 '3농혁신'이 추진되고 '3농혁신위원회'가 본격적으로 활동하면서 30대 중점사업 내에 '시군과 연계하는 충남 학교급식지원체계 구축'이 선정되었다. 그리고 2016년까지 도내 15개 시군에 14개 센터를 설립하는 것을 목표로 본격적으로 추진되었다.[5]

2011년 7월 처음으로 당진시에 지원센터가 설립되어 운영을 시작했고, 2012년 12월에 아산시 지원센터가 설립되어 운영되었다. 또 2013년 7월 충남도청 농정과에서 농산물유통과가 분리되면서 학교급식 관련 업무는 더욱 탄력을 받게 되었으며 현재는 농산물유통과 내 학교급식팀이 전담해 광역 학교급식지원정책을 총괄하고 있다. 2016년부터 충청남도 교육청에서 영양교사가 도청 학교급식팀으로 파견되어 현장 중심의 행정 업무를 수행하고 있으며 전국 최초로 자체 개발한 수·발주 프로그램 '로컬푸드 연계형 학교급식운영시스템'을 지원하고 있다(〈표 3-3〉). 현재는 충청남도 14개 시군〔천안, 논산(계룡), 보령, 아산, 공주, 서산, 당진, 예산, 부

---

5   그러나 2016년까지 충남 15개 시군에 14개 지원센터가 설립되는 것은 현실적으로 어려워 현재(2018년)는 금산을 제외한 14개 시군에 13개 지원센터가 설립·운영되고 있다.

표 3-3

충청남도 학교급식지원정책 변천 과정

시기	추진 내용
2010년	민선5기 지방선거 무상급식 이슈화 및 공약 제시
2011년	'충청남도 농정혁신위원회'에서 학교급식지원정책 관련 첫 논의 시작
2011년 3월	당진시 학교급식지원센터 설립
2012년 10월	광역급식지원센터 구성 논의
2013년 1월	광역급식지원센터 3농혁신 주요과제 선정
2013년 3월	아산시 학교급식지원센터 설립
2013년 6월	'로컬푸드 연계형 학교급식운영시스템' 구축
2013년 7월	농산물유통과 신설(학교급식팀 신설)
2013년 8월	광역급식지원센터 설치 계획(안) 마련
2013년 11월	광역급식지원센터 운영위원회 구성
2013년 12월	광역급식지원센터 발족식 및 1차 운영위원회 개최
2014년 3월	홍성군 학교급식지원센터 설립
2014년 4월	청양군 학교급식지원센터 설립
2015년 4월	'로컬푸드 연계형 학교급식운영시스템' 고도화
2015년 5월	부여군 학교급식지원센터 설립
2016년 1월	도교육청 영양교사 도청(학교급식팀) 파견
2016년 3월	천안시 학교급식지원센터 설립
2016년 3월	논산(계룡) 학교급식지원센터 설립
2016년 3월	서산시 학교급식지원센터 설립
2016년 4월	공주시 학교급식지원센터 설립
2017년 3월	보령시 학교급식지원센터 설립
2017년 3월	서천군 학교급식지원센터 설립
2017년 3월	예산군 학교급식지원센터 설립
2017년 3월	태안군 학교급식지원센터 설립

주: 김호, 「학교급식과 지역농업」, 『3농혁신대학 자료집』(2013)을 참고해 작성했다
자료: 김종화·김정하(2016).

여, 청양, 홍성, 서천, 태안]에서 13개 지원센터가 운영 중이며 혜택 받는 학
생 수만 약 25만 명에 달한다.

2) 충청남도 광역급식지원센터

광역급식지원센터는 지역 학교급식 관련 정책 개발 및 의사결정, 컨
설팅 등을 담당하는 거버넌스 형태의 협의체이다. 2012년 10월 '3농대학
학교급식과정'에서 처음 구성이 논의되었으며, 2013년 1월에 3농혁신의
주요 과제로 선정되었다. 그해 8월에는 광역급식지원센터 설치계획(안)
이 마련되었고, 2013년 9~11월에 실무협의회 및 운영위원회가 구성되었
다. 그리고 12월 7일에 광역급식지원센터가 정식으로 출범했다. 광역급
식지원센터의 운영위원회는 생산자 조직 및 단체, 학부모, 영양(교)사, 시
민단체, 시군 지원센터, 학계·연구계, 도청 및 도교육청 등 총 17명으로
구성되어 있으며, 운영위원 중 8명을 선발해 실행위원회를 별도로 구성
하고 있다. 광역급식지원센터는 궁극적으로 광역 로컬푸드 체계를 구축
하고 지역농업과 연계된 식생활교육을 추진하며 시군 지원센터 간 네트
워크를 조직하는 등 충청남도 학교급식지원정책의 중추적 역할을 담당
하고 있다.[6]

---

6   김호, 「충청남도의 광역학교급식지원센터 설치」, ≪한국농정≫ (2013.12.9).

4. 충청남도 학교급식지원센터의 대표 사례

1) 당진시 지원센터(위탁형)

(1) 추진 과정[7]

당진시 지원센터는 충청남도에서 가장 먼저 운영된 곳으로, 충청남도가 학교급식지원정책을 본격적으로 추진하는 계기가 되는 마중물 역할을 했다. 지역의 거점 APC(농산물유통센터)를 활용한 물류 중심의 지원센터로서 학교급식에 공급되는 모든 식재료를 일괄적으로 처리하는 운영 모델을 채택하고 있다.

당진시는 관내 친환경 및 우수 농산물을 지역 학교 및 학생들에게 연중 공급하기 위해 지원센터 설립을 추진했다. 이는 당시 추진 중이던 거점 APC 사업을 활용한 유통 중심의 지원센터이었다. 당시 당진군에서는 행정안전부의 '소도읍 가꾸기 지원사업'을 통해 농산물산지 유통시설 설립을 추진 중이었으며, 그 시설을 기반으로 급식지원시설을 추가했다.

지원센터 설립 과정을 보면, 먼저 2005년 당진군이 '소도읍 가꾸기 지원사업'에 선정되면서 시작되었다. 이 사업과 관련해 2007년 당진군 관내 12개 농협이 거점 APC 설립을 위해 참여 및 출자를 확정했고, 2008년에는 관련된 사업부지 매입이 완료되었다. 2009년에는 거점 APC 설계용역이 완료되고 2011년 준공되었다.

현재 당진시 지원센터 운영 주체인 당진농협해나루조합공동사업법인은 관내 12개 농협과 축협, 낙협이 공동출자해 설립되었으며 2011년 7월 농림수산식품부로부터 법인 설립을 인가받았다. 학교급식 관련 사업

---

7   당진시, 「당진시 농산물유통 학교급식지원센터 현황 자료」(2012)를 참고해 작성했다.

표 3-4

당진시 학교급식지원센터 추진 과정

시기	추진 내용
2008년	당진군 교육청이 학교급식지원센터 설치를 당시 당진군수에게 건의
2010년	당진군 학교급식지원센터에 관한 조례 개정 (시민단체 주민발의)
	– 학교급식지원센터를 통한 현물 지원
2011년	학교급식심의회 개최
	– 학교급식지원센터 지정 및 학교급식 보조금 현물 공급
2011년	학교급식지원센터 개소 및 학교급식 업무 개시
2013년	학교급식지원센터 흑자 전환
2017년	학교급식지원센터 직영 전환 검토 중

주: 당진시(2012)를 참고해 작성했다.
자료: 김종화·김정하(2016).

은 2011년 3월에 시작했고, 그해 5월에는 감자, 고구마, 꽈리고추, 양파 등 농산물 연합사업이 시작되었다

당시 당진군에서 학교급식지원센터를 설치하게 된 계기는 2008년 당진군 교육지원청이 지원센터 설치를 당시 당진군수에게 건의한 것부터 시작한다. 그 후 지역 시민단체 및 주민 발의로 지원센터를 통한 현물지원에 관한 내용을 담은 '당진군 학교급식지원에 관한 조례'가 개정되었고, 2011년 2월에 첫 학교급식지원심의회를 개최해 지원센터 지정 및 학교급식 보조금 현물공급을 결정했다. 2011년 3월부터 지원센터 업무를 시작해 현재까지 관내 유·초·중·고교 88개교(2만여 명), 어린이집 40개소에 전 품목을 공급하고 있다. 또 서울시, 성남시, 공공기관, 기업체 등에 당진시 농산물을 공급하고 있다. 당진시 지원센터는 2011년과 2012년에는 적자를 냈으나 2013년부터는 흑자로 전환되어 경영이 안정화되었다. 최근에는 당진시 학교급식지원센터의 운영 방식을 지역농협에 위탁하는 방식에서 시(市)가 직영하는 방식으로의 전환을 모색하고 있다(〈표 3-4〉).

그림 3-1

당진시 학교급식지원센터 운영체계

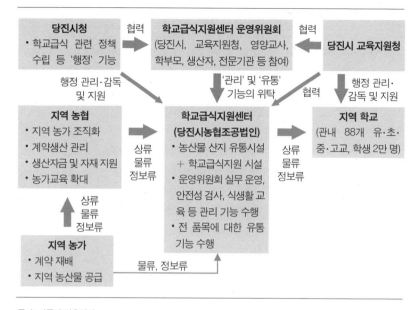

주: 농산물만 적용된다.
자료: 김종화·김정하(2016)

(2) 운영체계

당진시 지원센터의 운영체계는 '관리위탁형', '유통위탁형'으로 볼 수 있다. 당진시 지원센터는 운영 주체가 당진시농협조공법인이고, 학교급식지원센터 운영위원회 실무 운영, 식재료 안전성 검사, 농가 조직화 및 농업인 교육 등 '관리' 업무를 수행하고 있어 '관리위탁형'으로 구분할 수 있다. 그리고 식재료 유통과 관련하여 거점 APC를 활용한 물류시설을 보유하고 있고, 농산물 전처리시설, 소분 및 분류, 집하 시설을 갖추고 운영하는 등 실질적인 거래 주체로서 역할을 담당하는 '유통위탁형'으로 볼 수 있다. 당진시 지원센터는 '관리'와 '유통' 기능을 모두 당진시로부터 위탁받아 실행하는 전형적인 위탁형 지원센터라고 할 수 있다.

〈그림 3-1〉과 같이 당진시 지원센터는 학교급식과 관련 민관 거버넌스인 '학교급식 운영위원회'으로부터 권한을 부여받아 당진시의 '행정' 기능을 보조하는 '관리' 기능을 수행하고 있으며, 거점 APC를 중심으로 학교급식 유통체계를 구축하고 있다. 특히 '농가-지역농협-지원센터' 간의 상업적 관계 형성을 통해 지역 농산물 수급 기반을 조성하고, 농가에 시드머니(seed money) 제공 및 친환경 원자재 지원 등 정책사업도 추진하고 있다.

유통의 관점에서 지원센터는 지역 농협과 농가로부터 농산물을 공급받고 있다. 지역농협은 농가 조직화 및 계약생산을 통해 물량을 확보하고 이를 지원센터에 납품한다. 또 지역농협이 취급하지 않는 농산물이나 적은 물량이 필요할 때는 지원센터와 지역농협 간의 양자거래를 통해 조달한다(김종화·김정하, 2013). 당진시 지원센터의 기본적인 유통의 흐름은 '지역 농협 → 지원센터 → 지역 학교'로 이동하나, 경우에 따라서는 '지역 농가 → 지원센터 → 지역 학교'로 상류, 물류, 정보류가 이동하기도 한다.[8]

---

8 상류는 생산에서 소비를 잇는 과정 속에서 생산자로부터 소비자에게 소유권이 이동하고, 그것을 자유롭게 처분할 수 있는 권리의 이동을 나타내는 매매거래의 흐름을 의미한다. 물류는 상품의 장소와 시간상의 분리에 대처하는 수단으로 수송과 보관을 의미한다. 정보류는 분업의 측면에서 생산자와 소비자의 정보흐름이 분리된 상황에서 쌍방의 정보를 양쪽에 전달하는 흐름을 의미한다(渡辺達朗 외, 2008).

2) 홍성군 지원센터(직영형)

(1) 추진 과정[9]

홍성군 지원센터는 군(郡)이 행정조직을 이용해 운영하는 직영형이다. 직영형으로서 전국적인 인지도를 보유하고 타 지자체에서 벤치마킹을 할 정도로 국내 우수 사례로 손꼽히고 있다. 특히 군에서 직접 운영하므로 공익성·공공성이 확보되었고, 군 직원이 센터장 등으로 근무하면서 인건비, 시설비 등을 절약해 지원센터의 수익성 측면에서도 유리함을 증명했다.

홍성군은 지역의 친환경 및 우수 농축수산물을 학교급식에 공급함으로써 성장기 학생의 건강 증진 및 건전한 정서 함양을 도모하고 농가 소득 증대에 기여하고자 2014년 3월부터 지원센터를 직영으로 운영하고 있다. 홍성군에서는 2005년 '홍성군 학교급식지원에 관한 조례'가 제정되었으나, 2014년 지원센터가 본격적으로 추진되면서 전부개정을 통해 지역 학교급식지원체계를 구축했다.

홍성군에서는 2012년 친환경농정발전기획단 유통분과에서 로컬푸드 활성화를 위한 유통체계 구축의 일환으로 지원센터 설립이 본격적으로 검토되었다. 2013년에 학교급식 식재료 공급을 위한 시범사업을 추진했으나 홍성군 교육지원청이 학교와 계약 문제, 기존 급식 식재료업체의 반발 등으로 난색을 표시해 원활히 추진되지 못했다. 한편, 2013년 친환경농정발전기획단 유통분과에서 강원도 횡성군 지원센터를 벤치마킹해 지원센터 설립을 강력하게 건의하고, 이후 교육지원청, 학교, 급식 식재료업체 등 관련 기관

---

9   「홍성군 업무 자료」를 참고해 작성했다.

표 3-5

홍성군 학교급식지원센터 추진 과정

시기	추진 내용
2005년	홍성군 학교급식지원에 관한 조례 제정
2012년	홍성군 친환경농정발전기획단(유통분과)에서 학교급식지원센터 설립 검토
2013년	학교급식 식재료 공급체계 구축을 위한 시범사업 추진
2013년	홍성군 친환경농정발전기획단(유통분과) 주도의 학교급식지원센터 설립 추진
2014년 2월	홍성군 로컬푸드 학교급식지원센터 운영 계획 설명회 개최
2014년 3월	홍성군 로컬푸드 학교급식지원센터 개장
	－ 위치: 구항면 거북이마을
2017년 9월	서울시 공공급식 공모를 통하여 노원구에 급식 식재료 공급
2018년 3월	홍성군 관내 사립 어린이집 6개소(약 520명)에 급식 식재료 공급

주: 김오열·김호(2016)을 참고해 작성했다.
자료: 김종화·김정하(2016).

및 업체와의 간담회 등을 통해 토론 및 협의를 거쳐 2014년 3월부터 전 품목을 대상으로 하는 식재료 공급이 추진되었다(김오열·김호, 2016).

지원센터 설립 당시에는 세 가지의 원칙을 정했는데 '첫째, 큰 건물을 짓지 않는다. 둘째, 처음부터 전 품목을 취급한다. 셋째, 고등학교까지 공급한다'이다. 이에 따라 홍성군 내 마을권역사업을 추진했던 거북이마을 시설을 활용해 설립 비용을 절감시키고, 전 품목 취급 및 전 학교 공급을 통해 경영수익을 내고 있다. 또 지원센터는 경영·회계 측면에서 매년 합리적으로 운영비를 산정하고 경상수익을 지역사회에 환원해 취급 수수료를 낮추고 있다. 2014년 개장 당시에 12~15% 수준에서 현재(2016년)는 8.5%까지 낮추고 연간 2200만 원의 흑자를 내고 있다(〈표 3-5〉).

그림 3-2

홍성군 학교급식지원센터 운영체계

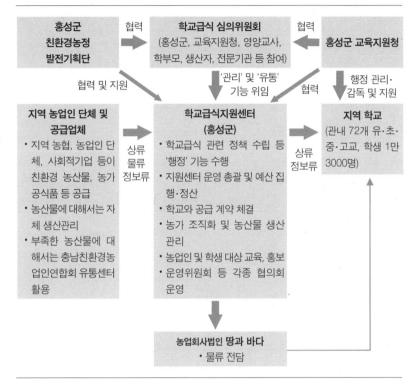

주: 농산물만 적용된다.
자료: 김종화·김정하(2016).

(2) 운영체계

홍성군 지원센터의 운영체계는 '관리직영형', '유통직영형'으로 볼 수
있다. 홍성군 지원센터는 홍성군청이 운영 주체로서 직접 참여하고 지역
농업인단체와 협력해 농가 조직화, 작부체계 구축, 생산관리를 추진하고
있다. 또 식재료 안전성 검사, 식생활교육, 농촌체험 등과 같은 업무를 수
행하고 있어 '관리직영형'에 해당된다. 그리고 지역 내 마을 권역사업으로

설치된 시설을 활용해 사무실, 회의실, 냉장·냉동창고, 저장창고 등을 갖추었고, 학교와의 실질적인 거래 주체로서 역할을 담당하므로 '유통직영형'으로 구분할 수 있다. 하지만 유통 업무를 전반적으로 총괄하고 있으나 물류는 지역업체에 위탁을 맡겨 활용함으로써 물류 효율성을 높였다.

〈그림 3-2〉와 같이 홍성군 지원센터는 지역 농협, 농업인단체, 사회적기업 등으로부터 식재료를 공급받고 있다. 친환경 쌀은 홍동농협, 천수만 RPC, 하누리회관에서 공급받고, 친환경 농산물은 홍성유기농영농조합, 일반농산물은 홍성군직거래영농조합, 전처리농산물은 사회적기업 ㈜지랑에서 공급받는다. 지역 가공식품은 홍성풀무, 찰떡궁합, 다살림, 홍성유기농영농조합에서 공급받고 있다.[10] 물류는 지역업체인 ㈜땅과바다에서 5명이 담당하고 있으며 12대의 배송차량이 운행 중이다.

유통의 관점에서 보면, '지역 농업인단체 및 공급업체 → 지원센터 → 지역학교'의 경로로 상류, 물류, 정보류가 이동한다. 그 외 축산물, 수산물, 가공식품 등은 지역 식재료업체를 통해 공급받는다.

5. 충청남도형 학교급식지원센터 모델 제안

1) 충청남도형 모델의 특징

이상의 내용을 바탕으로 충청남도 학교급식지원센터 모델의 특징을 제시하면 다음과 같다. 첫째, 지역적 특성에 맞는 운영 모델을 채택한다.

---

10   홍성풀무와 찰떡궁합은 떡을, 다살림은 빵과 쿠키를, 홍성유기농영농조합은 두부를 공급한다.

충청남도 내에서도 도시의 규모, 산업적 특징, 지리적 여건 등에 따라 도시(천안, 아산, 당진 등), 도농복합(서산, 공주 등), 농어촌(청양, 부여, 서천 등)으로 구분할 수 있다. 충청남도의 지원센터는 그 지역의 특성을 고려한 최적의 유형 및 운영 형태를 채택하고 있다.

둘째, 민관 거버넌스 중심의 의사결정으로 농업의 가치를 전파한다. 지원센터가 단순히 식자재를 공급하는 물류 기능만을 보유하지 않고, 지역 학교급식 관련 전반을 협의하고 결정하는 민관 의사결정의 협의체 성격을 담당한다. 또 지역의 친환경 농산물, 로컬푸드 소비 촉진을 비롯해, 농업·농촌의 가치를 학생들에게 전파하는 매개체적 역할을 한다.

셋째, 지역 농업정책과 연계한다. 기존의 지역 농산물 유통정책은 도매시장, 대형유통업체 등과의 거래에 초점이 맞추어져 있던 반면, 지원센터가 설립되면서 지역 내 소비처가 발굴되어 로컬푸드 정책의 핵심 사업으로 자리매김했다. 또 친환경 농산물 및 로컬푸드의 지역 내 판로가 확보되어 생산, 유통, 가공, 관광 등에 이르는 농업 밸류체인(value chain)의 전 과정에서 농업구조 재편이 가능해졌다.

넷째, 위생적이고 안전한 급식 식재료가 공급되었다. 그동안 종종 발생했던 급식 식재료의 저가품 사용, 식자재 유통 비리, 품질 및 위생 부실 등 문제를 지원센터가 최종적으로 검수·관리해 납품하는 체계를 갖춤으로써 식재료의 질적 향상이 가능해졌다.

다섯째, 급식 식재료의 투명한 거래를 촉진시킨다. 충청남도에서 개발한 수·발주 시스템을 통해 농축산물뿐만 아니라 학교급식에 사용되는 전 품목의 거래를 전산화함으로써 식재료의 투명한 거래를 장려할 수 있다. 또 업체, 포장, 표기언어별로 10만 개가 넘는 식재료 품목을 6000개로 표준화·간소화할 수 있다.

표 3-6

충청남도형 모델의 특징

구분	충청남도형 모델의 특징
지역적 특성에 맞는 운영 모델	• 충청남도의 지원센터는 그 지역적 특성을 고려한 최적의 유형 및 운영 형태 채택
민관 거버넌스 중심의 의사결정	• 지역 학교급식 관련 전반을 협의하고 결정하는 민관 의사결정의 협의체 성격 • 지역의 친환경 농산물, 로컬푸드 소비 촉진을 비롯해, 농업·농촌의 가치를 학생들에게 전파하는 매개체적 역할
지역 농업정책과 연계	• 지역 내 소비처가 발굴되어 로컬푸드 정책의 핵심사업으로 자리매김 • 친환경 농산물 및 로컬푸드의 지역 내 판로가 확보되어 생산, 유통, 가공, 관광 등에 이르는 농업 밸류체인의 전 과정에서 농업구조 재편 가능
위생적이고 안전한 급식 식재료 공급	• 급식 식재료의 저가품 사용, 식자재 유통 비리, 품질 및 위생 부실 등 문제를 지원센터가 최종적으로 검수·관리해 납품하는 체계 구축
식재료의 투명한 거래 촉진	• 충남에서 개발한 수·발주 시스템을 통해 급식 전 품목의 거래를 가능하게 하고, 품목을 6000개로 표준화·간소화 가능

2) 충청남도형 모델의 공익성·공공성 강화

충청남도의 학교급식지원센터 모델은 이미 타 지자체가 벤치마킹할 정도로 높게 평가되고 있으나, 좀 더 공공성·공익성이 강화된 발전적 모델을 구축하기 위해 〈표 3-7〉과 같이 제안한다.

첫째, 조건불리지역의 지원센터에 대한 운영비 지원 방안이 마련되어야 한다. 농어촌지역은 인구 과소화에 따른 학령인구 감소, 긴 배송거리로 지원센터 운영에 비효율적인 구조를 갖고 있는 지역도 있다. 그리고 이러한 지역은 지원센터의 운영비조차 충당할 수 없는 만성 적자 상태이다. 이와 같이 조건불리지역의 지원센터는 시설유지비, 인건비 등일부 운영비에 대한 실질적인 지원으로 경영의 지속가능성을 제고해야한다. 또 이는 지원센터의 공공성·공익성 측면과 부합되는 조치로서 중

표 3-7

충청남도형 모델의 공익성·공공성 강화 방안

구분	필요성	정책 제안
조건불리지역 지원센터 운영비 지원	농어촌의 학령인구 감소, 긴 배송거리 등 지원센터 운영의 비효율성	조건불리지역에 대한 운영비 일부 지원으로 공공성·공익성 확보
지원센터의 '관리' 기능 강화	전국의 지원센터는 '유통' 기능 중심으로 집하, 분류, 배송 등의 역할 담당	지원센터 '관리' 기능 강화를 통해 지역 식생활·영양 교육, 농촌체험·학습, 농가 조직화, 농업인 교육 강화
급식 농산물 공급 우선순위 설정 및 작부계획 수립	지역에서 생산된 농산물을 최대한 소비할 수 있는 구조적 체계 구축 필요	농가 조직화, 계약 재배, 최소·최대 가격 설정, 우선공급품목 지정 등
지역사회 참여형 학교급식지원정책 추진	학교급식에 대한 주민의 이해의 폭을 넓혀 지역사회의 합의 도출	시군 중심의 민관 거버넌스 체계 강화
광역지원센터의 역할과 기능 강화	현재는 거버넌스 기능에 치중하고 있으나 향후에는 실질적인 광역단위 중간지원조직 역할 수행	광역 중간지원조직으로 자체 사업 추진을 위한 예산 및 정책 지원 필요
전국 지원센터 네트워크 조직 구성의 구심점	지역 지원센터 간의 교류 단절로 인해 학교급식의 철학·정책 공유 불가능	충청남도의 선진적인 학교급식 모델을 통해 투명한 급식체계 구축, 농업 가치 증진 기여

자료: 김종화·김정하(2016).

앙정부 차원의 적극적인 지원이 필요하다.

둘째, 지원센터의 '관리' 기능 강화를 유도해야 한다. 현재 전국적인 지원센터의 기능은 주로 '유통'으로 급식 식재료의 집하, 분류, 배송 등의 역할을 담당한다. 지원센터 기능이 식재료 유통에 머물지 않고 '관리' 기능 강화를 통해 지역 식생활·영양 교육, 농촌체험·학습, 농가 조직화, 농업인 교육 등을 지원하는 중간지원조직으로 성장할 수 있도록 기반을 마련해야 한다.

셋째, 학교급식 농산물 공급의 우선순위를 설정하고, 이에 따른 작부계획을 수립해야 한다. 앞서 언급했듯이 지역 친환경 농산물 및 로컬푸드에 대한 공급 우선순위를 정하고 지역에서 생산된 농산물을 최대한 지역에서 소비할 수 있는 구조적 체계를 갖추어야 한다. 물론 지역산 친환경농산물을 최우선으로 공급해야 하나, 불가피할 경우에는 지역산 농산물, 광역 농산물로 확대해 공급할 수 있는 방안이 마련되어야 한다. 이를 위해서는 농가 조직화뿐만 아니라 계약 재배, 최소·최대 공급가격 설정, 우선 공급품목 지정 등 실천적 조치가 뒤따라야 한다.

넷째, 지역사회 참여형 학교급식지원정책 추진이 필요하다. 지역 학교급식이 관계 공무원, 영양(교)사, 학부모, 학생들만의 문제가 아니라 지역주민 모두가 함께 참여하고 해결해야 하는 문제임을 부각하고, 지역 학생들에게 좀 더 양질의 급식을 제공할 수 있는 방안을 마련해야 한다. 이를 위해 학교급식 관련 주체뿐만 아니라 지역 내의 정치, 경제, 사회 등 각 분야의 구성원이 함께 참여해 문제점을 개선하고 발전 방안을 모색하는 시군 중심의 민관 거버넌스 체계가 강화되어야 한다.

다섯째, 광역급식지원센터의 역할과 기능을 강화해야 한다. 충청남도의 광역급식지원센터는 거버넌스 역할에 집중하고 있다. 하지만 앞으로는 광역단위 작부체계 구축, 농가 조직화 및 교육, 시군 지원센터 컨설팅, 식생활·영양 교육 등 실질적인 광역 중간지원조직으로서의 역할과 기능을 수행해야 한다. 그러기 위해서는 자체 사업 추진을 위한 행정 조직화 및 인력 배정이 필요하고, 이에 따른 예산 책정이 뒷받침되어야 한다. 또 장기적으로 광역급식지원센터를 민간 주도로 전환해 상향식 정책 결정이 이루어질 수 있는 기반을 마련해야 한다.

여섯째, 전국 지원센터 네트워크를 구성해야 한다. 학교급식지원정책의 대상이 지역 학생들이라고 해도 타 지역과의 교류 관계는 계속 유지되어야 한다. 그래야 각 지역 간 학교급식의 정책과 철학의 공유를 통해 좀 더 합리적이고 공익적인 지원센터 모델을 구축할 수 있다. 또 지역 간 학교급식 정책을 공유함으로써 부족한 부분을 상호 보완해주고, 우수한 지원센터 모델을 공유함으로써 투명한 급식체계 구축, 농업·농촌 가치 증진에 기여할 수 있다.

6. 정책 제안

충청남도의 학교급식지원정책과 지원센터 모델은 전국적으로도 유래가 없는 실험적인 모델이다. 그리고 이러한 실험적 모델이 조금씩 정착해가는 과정을 살펴보면 국가 또는 타 지자체 정책에 시사하는 바가 크다. 또 학교급식 추진을 위해 도 차원에서 '농산물유통과' 및 '광역학교급식지원센터'를 신설하고, 각 시군에서도 지원센터 설립·운영, 민관 거버넌스 체계를 구축하는 등, 도·시군 간의 정책 철학의 공유 및 협력이 이루어져 왔다. 하지만 학교급식에 교육, 경제, 사회, 농업, 영양·보건 등 다양한 분야가 얽혀 있고, 이에 따른 이해관계자 간의 입장이 달라 사회적 갈등 요소를 내포하고 있는 점은 해결해야 될 과제이다.

충청남도의 학교급식지원센터는 그 유형이 명확하고, 경영 형태, 운영 방식, 역할 및 기능이 나름대로 정형화되어 있다. 또 지역적 특성을 반영해 최적화된 운영 모델을 찾고자 했으며, 이는 현재도 진행 중이다. 하지만 충청남도와 시군, 교육청과 교육지원청이 함께 정책을 만들어가면서 학교급식을 통해 교육적 목적을 달성하고, 지역 농업·농촌의 가치 홍보와 소비 촉진을 이루고자 하는 점은 시사하는 바가 크다. 또 행정의 일방적인 하향식 정책이 아닌 광역 또는 기초 단위에서 민관 거버넌스를 통해 공감대를 형성하는 상향식 정책의 표본이 될 수 있을 것이다.

현재 충청남도의 학교급식지원센터 모델은 지금도 수정되고 발전하는 과정에 있으나 그것이 추구하는 가치, 도달하고자 하는 목표는 우리 미래의 주역을 위한 것이다. 이러한 가치와 목표를 국가와 타 지자체도 함께 공유하여 미래의 주역인 어린이·청소년이 건강하고 바른 사회의 구성원으로 성장할 수 있도록 노력해야 할 것이다.

참고문헌

교육부. 2014. 「학교급식지원센터 가이드라인」.
교육인적자원부. 2006a. 「학교급식 개선 종합대책(2007~2011년)」.
_____. 2006b. 「학교급식지원조례 개정 표준안」.
김오열·김호. 2016. 「지자체 직영형 친환경 학교급식지원센터의 운영실태에 관한 사례연구: 홍성군 학교급식지원센터를 중심으로」. ≪한국유기농업학회지≫, 24권 1호. 45~59쪽.
김종화·김정하. 2016. 「충남 학교급식지원센터 실태분석 및 발전방안」. ≪전략연구≫, 2016-16.
당진시. 2012. 「당진시 농산물유통 학교급식지원센터 현황 자료」.
이덕난·한지호·최윤정. 2011. 「2010년 미국 학교급식 경비지원 관련법률 제·개정의 의미 분석」. ≪교육행정학연구≫, 29권 2호. 289~311쪽.
조혜영·김미영·권수연·윤지현. 2013. 「학교급식지원센터의 현황 및 발전을 위한 제언」. ≪식품유통연구≫, 30권 3호. 139~165쪽.

渡辺達朗·原頼利·遠藤明子·田村晃二. 2008. 『流通論をつかむ』. 有斐閣.

2부

_____

환경·에너지 혁신 정책 제안

4장

미세먼지 저감

명형남 | 충남연구원 환경생태연구부 책임연구원

1. 문제 제기

미세먼지 농도 수준을 확인하는 것은 이제 국가적인 관심사가 되었다. 특히 어린아이를 키우는 엄마들은 자녀의 외부 활동과 현장 견학이 있는 날이면 시간대별로 미세먼지 농도 수준을 확인하고, 그 농도가 높을 경우에는 어린이집, 유치원, 학교 등에 전화를 걸어 일정 취소를 요청하기도 한다. 그리고 엄마들이 자발적으로 '미세먼지 대책을 촉구합니다'(미대촉) 등의 카페를 만들어 관련 정보를 공유하면서 미세먼지 대책 수립을 촉구하는 1인 시위나 토론회 등을 개최하는 경우도 있었다. 엄마들의 이러한 관심은 최근에 미세먼지 농도가 '나쁨' 이상인 날 천식·아토피·알레르기·호흡기질환·심혈관질환 등의 미세먼지 민감군 학생들에게 '질병결석'을 인정하겠다고 발표한 교육부의 '학교 고농도 미세먼지 대책'(2018.4.6)을 수립하는 데 영향을 끼쳤다. 심지어 최근에는 미세먼지경보가 발령되면서 수도권에서 프로야구 경기 일정을 전면 취소하는 일이 벌어지기도 했다(≪연합뉴스≫, 2018년 4월 6일 자).

'미세먼지'는 이제 이처럼 우리의 생활 속에 깊숙이 파고든 생활환경 문제가 되었다. 실제로 우리는 2016년부터 이미 전국적으로 고농도 미세먼지의 지속 일수가 많아진 사실을 확인했고, '수도권 대기특별법'과 관련해 감사원 보고서와 미국항공우주국(NASA)의 자료가 언론에 집중적으로 보도되기도 했다. 그리고 이 과정에서 수도권의 대기질을 악화시키는 원인 가운데 하나로 충청남도의 석탄화력발전소로 인한 미세먼지가 전국민적 관심을 끌기도 했다(〈그림 4-1〉).

사실 미세먼지에 따른 건강 문제는 대기오염에 대한 심각성을 알리는 연구 결과들로 인해 국외에서도 최근 환경보건학적으로 커다란 이슈가 되고 있다. 세계경제포럼(WEF)은 리포트를 통해 지난 20년 동안 전 세계에서 안전하지 않은 식수로 인해 사망한 사람의 수가 꾸준히 감소했다고 발표했다. 그런데 오염된 공기로 인해 사망한 사람의 수는 오히려 증가하고 있는 추세라고 발표했다. 전 세계 인구의 절반인 35억 명은 공기질이 오염된 나라에서 살고 있고, 이 가운데 13억 명은 동아시아 및 태평양 지역에 살고 있다고 분석했다.

세계경제포럼이 2년마다 발표하는 환경성과지수(EPI)는 환경 분야의 국제적인 지표 가운데 하나이다. 환경성과지수의 평가 지표는 환경보건(Environmental Health)과 생태계지속성(Ecosystem Vitality)의 두 가지로 구성되는데, 한국은 2008년 51위, 2010년 94위, 2012년 43위, 2014년 43위, 2016년 80위로 환경 수준이 크게 낮은 것으로 나타났다(〈표 4-1〉). 특히 2016년에는 미세먼지($PM_{2.5}$) 등 대기오염으로 인한 질병 부담이 높은 것으로 평가되어 환경보건 부문인 건강영향(Environmental Risk Exposure)과 대기질(Air Pollution – Average Exposure to $PM_{2.5}$, Air Pollution – $PM_{2.5}$

그림 4-1

충청남도 석탄화력발전이 수도권 대기오염에 미치는 영향

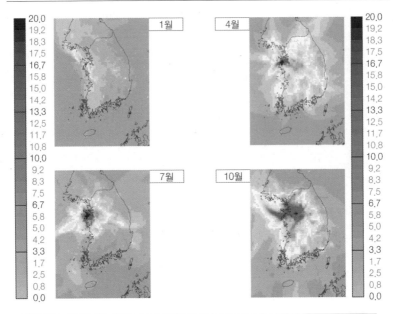

PM2.5	1월	4월	7월	10월
기본모사	93.4	63.6	61.9	101.4
최대 기여 농도	3.5	17.0	17.5	20.9
기여도	4%	27%	28%	21%

단위: μg/m³

자료: 감사원 보고서(2016).

Exceedance, Average Exposure to Nitrogen Dioxide-NO₂, Household Air Quality)의 평가 점수가 크게 하락함으로써 한국의 전체 순위가 급락한 것으로 분석되었다. 대기질(미세먼지 노출도+질소산화물노출도+실내 공기질 노출도) 지수(100점 만점)는 전체 180개국 가운데 한국이 45.5점으로 173위

표 4-1

한국의 부문별 순위 변화

부문		EPI 순위	
		2014	**2016**
환경보건	건강영향	29	103
	대기질	166	173
	식수 및 위생	37	35
생태계지속성	수자원	18	19
	서식지	108	126
	에너지	93	83
	농업	152	133
	산림	62	32
	어업	69	33
종합		43	80

자료: EPI(2014, 2016)에서 정리

를 차지했다.

경제협력개발기구(OECD)는 2016년에 대기오염에 의한 경제적 결과(the economic consequences of outdoor air pollution)와 관련해, 대기오염에 의한 조기 사망자와 질병 부담률 등을 발표했다. 이에 따르면, 대기오염(PM2.5, 오존)에 의한 조기 사망자 수는 2010년에 300만 명 수준이고 2060년에 600만~900만 명에 이를 것으로 전망했다. 그리고 한국의 경우는 조기 사망자 수가 2010년에 인구 100만 명당 359명이라고 보았다. 그렇지만 대기오염에 대응하지 않을 경우에는 2060년에 1109명으로 3.1배 증가할 것으로 전망했다. 이는 중국과 인도를 제외한 OECD 국가 가운데 가장 높은 것이다.

세계보건기구(WHO)는 미세먼지 노출로 인해 만성 폐쇄성폐질환, 허

혈성 심장질환, 뇌졸중, 폐암, 급성 하부 호흡기 감염 등의 위험이 증가됨에 따라 미세먼지를 1급 발암물질로 규정했다. 그리고 전 세계 도시들의 미세먼지 오염도 자료를 분석하고 있다. 2008~2015년 전 세계의 미세먼지 연평균 농도를 분석한 결과, 전체를 6개 등급으로 구분했을 때 1등급으로 구분된 나라는 미국, 캐나다, 스웨덴, 노르웨이, 뉴질랜드, 오세아니아 등이다. 미세먼지 대기질이 상대적으로 나쁜 6등급으로 구분된 나라는 이집트, 인도, 중국 등인 것으로 나타났다. 한국은 27.5μg/m^3 로 3등급에 해당되었다.

이처럼 국내외 연구기관들이 미세먼지와 건강에 대한 추정 방법에 약간의 차이를 보이고 있다. 그렇지만 모든 연구기관이 향후 미세먼지에 노출되는 인구와 그로 인한 건강 피해가 증가할 것으로 전망하고 있다는 점에 주목해야 한다.

2. 미세먼지 현황과 문제점

1) 미세먼지 발생 과정과 건강영향

미세먼지(particulate matter)는 말 그대로 사람의 머리카락 직경 50~70 μm의 1/20~1/30의 크기보다 작은 입자를 말하며, 사람 눈에 보이지 않는 먼지에 해당한다. 그 입자의 직경에 따라 2.5μm까지는 PM$_{2.5}$로 구분하고 10μm까지는 PM$_{10}$으로 구분한다.

미세먼지가 발생되는 과정은 자연발생과 인위적 발생으로 구분할 수 있다. 그런데 인체에 위해한 것은 인위적 발생으로 만들어지는 미세먼지이다. 인위적으로 발생하는 미세먼지는 다시 1차와 2차 미세먼지로 구분된다. 1차 미세먼지는 산업시설, 자동차 배기가스, 비산 먼지 등과 같이 배출원에서 직접 배출되는 미세먼지이다. 그리고 2차 미세먼지는 가스 형태의 물질들이 대기 중으로 배출될 때 기온의 영향으로 냉각·응결되면서 생성되는 것과 황산화물(SOx)·질소산화물(NOx)·휘발성유기화합물(VOCs)·암모니아(NH₃) 등과 같은 대기오염물질이 대기 중에서 전구물질로 작용해 물리·화학적 반응을 통해 생성되는 미세먼지를 포함한다.

미세먼지의 입자들은 탄소(C)물질, 다핵 방향족 탄화수소(PAH), 납(Pb), 카드뮴(Cd), 니켈(Ni), 황산염(SO_4^{2-}), 질산염(NO^{3-})과 같은 중금속과 이온 성분 등의 오염물질이 축적되면서 구성된 것이다. 미세먼지는 입자의 크기, 표면적, 화학적 성분 조성에 따라 건강영향을 결정하는 것으로 알려져 있다.

미국환경보호청(EPA)에서는 다양한 수준의 연구 대상, 연구 방법, 연구 결과를 보이는 미세먼지와 관련된 수많은 역학 연구들에 대해 종합적으로 평가한 바 있다. 그 결과, 미세먼지와 건강영향의 관계를 인과관계가 분명(Causal), 인과관계가 분명해 보이나 일부 불일치(Likely to be), 인과관계일 가능성 높음(Suggestive), 인과관계를 논하기에 자료가 부족(Inadequate)과 같이 4단계로 구분했다. 그리고 단기간 노출한 경우에는 사망률과 심혈관계 질환에 의한 응급실 방문·병원 입원과 분명한 인과관계가 있고, 장기간 노출한 경우에는 심혈관계 및 폐암 사망률과 분명한 인과관계가 있다고 평가했다(〈표 4-2〉).

2) 미세먼지 배출량과 연평균 농도는 감소, 고농도 지속 일수는 증가

2005년부터 2014년까지 전국의 미세먼지(PM₁₀) 배출량 추이를 보면, 2007년부터 배출량이 증가하는 경향을 보이다가 2014년에 감소한 것으

표 4-2

미세먼지(PM2.5)의 장·단기간 건강영향

구분	건강영향	세부 영향	인과 관계
단기간	사망률	심혈관계 질환 및 호흡기계 질환 사망률	인과관계가 높음
	심혈관계 영향	심혈관계 질환에 의한 응급실 방문 및 입원	인과관계가 높음
	호흡기계 영향	만성폐쇄성폐질환(COPD), 호흡기염증으로 인한 응급실 방문 및 병원 입원, 천식으로 인한 응급실 방문 및 병원 입원	인과관계가 분명해 보이나 일부 불일치
장기간	사망률	심혈관계 질환 사망률, 폐암 사망률	인과관계가 높음
	심혈관계 영향	심혈관계 질환 사망률	인과관계가 높음
	호흡기계 영향	폐 기능 성장 감소, 폐 증상 증가, 천식 등	인과관계가 분명해 보이나 일부 불일치
	생식과 발생 영향	체중, 영아사망률	인과관계일 가능성 높음
	암, 돌연변이 등	폐암 사망률	인과관계일 가능성 높음

자료: 명형남·김순태(2016)에서 재인용

로 분석되었다. 2007년 이후 미세먼지(PM10)의 배출량이 급격하게 증가한 이유는 누락되었던 수입 무연탄을 활용하는 제조업 연소에서의 배출량이 포함되었기 때문이다. 그리고 2014년의 미세먼지(PM10) 배출량은 전년대비 26.0% 감소, 미세먼지(PM2.5) 배출량은 전년대비 27.1% 감소했다. 이는 제조업 연소 부분[1]의 배출량 감소가 주원인인 것으로 분석되었다(〈그림 4-2〉).

---

[1] 전국적으로 미세먼지 PM10를 가장 많이 배출시키는 발생원은 제조업 연소(61.3%), 비도로이동 오염원(15.2%), 도로이동 오염원(10.2%)의 순서였다. 미세먼지 PM2.5 역시 제조업 연소(47.9%), 비도로이동 오염원(21.6%), 도로이동 오염원(14.6%)의 순서였다.

그림 4-2

미세먼지(PM10, PM2.5) 배출량 추이

단위: 톤

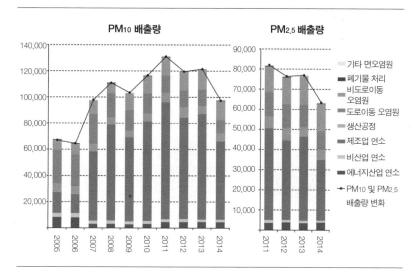

자료: 국립환경과학원(2016).

1995년부터 2016년까지 국내 미세먼지(PM10)의 연평균 농도는 1995년 이후로 감소하다가 1999년을 기점으로 약간 증가했지만 2002년부터 감소하는 추이를 보이고 있다. 2016년에도 $47\mu g/m^3$로 2015년에 비해 약간 감소했다(〈그림 4-3〉).

이처럼 미세먼지 배출량과 미세먼지의 연평균 농도는 감소하는 경향을 보이고 있다. 그러나 문제는 국내외 오염물질이 국내 상공의 안정된 고기압의 영향권에서 대기정체로 빠져나가지 못하면서 건강에 영향을 주는 고농도의 미세먼지 지속 일수가 증가하고 있다는 점이다. 특히 2018년 3월에는 수도권, 충청권, 전라권을 중심으로 미세먼지(PM2.5) 관측 이래, 최고의 고농도인 $100\mu g/m^3$(24시간 기준)을 초과하는 농도가 약

그림 4-3

미세먼지(PM₁₀) 연평균 농도 분포

단위: μg/m³

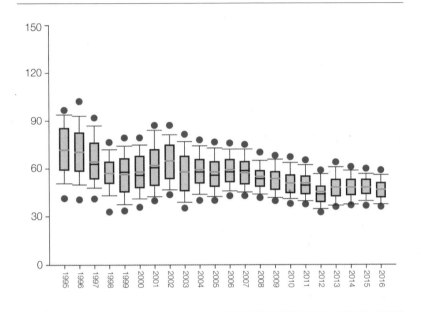

자료: 국립환경과학원(2017).

일주일 동안 지속적으로 보였다. 이는 세계보건기구 권고치인 25μg/m³ (24시간 기준)의 약 4배를 넘는 것이다.

3) 느슨한 미세먼지 환경기준

환경기준이 설정되는 대상 물질과 농도 수준은 오염 현황, 인체에 미치는 영향 등을 고려해 선정한다. 현재는 국가별로 자국의 사정과 미세먼지의 현황을 고려하면서 세계보건기구(WHO)의 권고 기준과 잠정 목

표 4-3

세계보건기구의 미세먼지 권고 기준과 잠정 목표

구분	기준 시간	권고 기준	잠정 목표 3	잠정 목표 2	잠정 목표 1
PM_{10}	24시간	50	75	100	150
($\mu g/m^3$)	1년	20	30	50	70
$PM_{2.5}$	24시간	25	37.5	50	75
($\mu g/m^3$)	1년	10	15	25	35
비고	-	-	미국, 일본	한국	중국

표를 참고해 설정한다. 미국과 일본의 경우는 세계보건기구의 잠정 목표 3에 맞추어 미세먼지 환경기준을 연평균 $30\mu g/m^3$(PM10), $15\mu g/m^3$(PM2.5)의 수준으로 관리하고 있다.

반면, 한국은 세계보건기구의 잠정 목표 2를 채택해 미세먼지 환경기준을 연평균 $50\mu g/m^3$(PM10)와 $25\mu g/m^3$(PM2.5)의 수준에서 관리하고 있다. 따라서 2016년에 한국의 미세먼지(PM10)의 연평균 농도가 $47\mu g/m^3$인 것으로 나타난 것(〈그림 4-3〉)은 국내 기준으로 하면 미세먼지 환경기준에 만족한 것이 되지만, 미국과 일본의 기준인 $30\mu g/m^3$를 적용하면 기준을 초과한 것이 된다. 그리고 세계보건기구의 권고 기준인 $20\mu g/m^3$를 적용하면 환경기준을 2배 이상 초과한 것이 된다. 그러므로 한국도 향후 선진국 수준인 잠정 목표 3 이상으로 미세먼지 환경기준을 강화할 필요가 있다.[2]

---

2   이러한 점을 고려해 환경부는 2017년 미세먼지 종합대책을 수립하면서 미세먼지의 환경기준을 중·장기적으로 선진국 수준($50\mu g/m^3$ →$35\mu g/m^3$)으로 강화하겠다고 발표했다(2018년 3월 27일부터 시행).

4) 정확한 미세먼지 배출량 산정과 배출원별 기여도 파악 부재

미세먼지의 효율적 관리를 위해서 가장 우선적으로 진행되어야 할 정책은 미세먼지 배출원 분포와 정확한 배출량 산정, 그리고 배출원별 기여도를 파악하는 것이다. 그런데 미세먼지를 가장 많이 배출하는 주요 배출원과 배출 형태는 지역별·권역별로 다르다. 따라서 과학적인 미세먼지 대책을 수립하기 위해서는 지역별·권역별 미세먼지의 발생 현황을 정확하게 파악하는 것도 선행되어야 한다. 사실, 미세먼지의 배출원별 배출량 산정과 기여도를 파악하는 것은 어려운 작업이다. 그러나 지역별 여건에 맞는 실효성 있는 미세먼지 대책을 수립하기 위한 기본적인 연구이기 때문에 반드시 선행되어야 한다.

현재 미세먼지의 배출원별 배출량 산정은 환경부(국립환경과학원)에서 진행하고 있다. 여기에는 노천 소각, 선박, 비산 먼지 등 미산정 배출원이 여전히 존재하고 있어 배출량이 과소평가되어 있다. 따라서 과소평가된 배출원별 배출량과 기여도는 지역별·권역별로 정확히 산정해 미세먼지 대책을 수립하는 데 활용할 필요가 있다. 이를 위해서 각 지역의 미세먼지 시·공간적 배출량 분석과 배출원별 기여도를 분석하고, 농도에 영향을 주는 주요 배출원과 성분별 배출 특성을 파악하는 배출원 인벤토리를 구축해야 한다.[3]

미세먼지의 배출량 산정과 기여도 분석은 1차 생성뿐만 아니라 2차 생성의 배출량과 기여도까지 분석되어야 한다. 그러므로 2차 생성의 미세먼지에 대한 영향을 고려해 반드시 전구물질인 질소산화물과 황산화물 등도 함께 파악되어야 한다. 미세먼지 농도는 기상 요인에 의해 영향

---

3   서울시는 2016년에 전국 최초로 25개 자치구별 미세먼지 배출 인벤토리를 작성했다.

을 받기 때문에 이동과 확산 영향을 고려해 기여도를 해석해야 한다.

5) 충청남도에 몰려 있는 대기오염물질 다량배출사업장

충청남도는 수도권과의 인접성, 석탄 수입의 용이성 등으로 인해 국내 석탄화력발전량의 약 50%를 차지할 정도로 석탄화력발전소가 집중되어 있다. 실제로 환경부에서 전국의 대기오염물질 다량배출사업장을 조사했는데, 전국 상위 5위까지 모두 석탄화력발전소가 차지했다. 그리고 그 안에서 충청남도 태안화력·보령화력·당진화력이 2~4위를 차지했다. 그뿐만 아니라 현대제철도 전국 상위 7위 안에 포함되어 있었다.

대기오염물질 다량배출사업장이 이처럼 충남에 집중되어 있다 보니, 충남은 대기오염물질 총배출량에서 전국 상위권을 차지하고 있다. 2014년도 대기오염물질 배출량 통계를 보면, 경기도가 50만 9802톤(14.2%)으로 전국 1위를 차지했고 충남은 43만 8933톤(12.3%)으로 그 뒤를 이었다(〈그림 4-4〉).

전국의 오염원별 배출량은 도로이동 오염원이 가장 많았고 그다음은 유기용제 사용, 비도로이동 오염원, 제조업 연소 순서로 많았다. 반면, 충남은 석탄화력발전소가 집중되어 있다 보니 에너지산업 연소 부분이 전체 배출량의 약 28.8%를 차지해 가장 많은 대기오염물질 배출 오염원인 것으로 나타났다(〈그림 4-5〉).

6) 수도권 중심의 대기환경 개선정책

'수도권 대기환경개선에 관한 특별법'이 처음 제정된 것은 2003년이었다. 대기오염이 심각했던 수도권 지역은 이를 계기로 대기오염원에 대

그림 4-4

전국 대기오염물질 배출량(2014년 기준)

단위: 톤

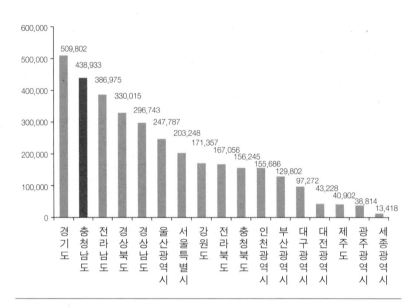

자료: 국립환경과학원(2016) 자료 재구성.

해 체계적으로 관리할 단서를 마련할 수 있었지만, 대기오염 측정망이 이때부터 수도권에 집중적으로 배치되기 시작한 것도 부인할 수 없었다. 그 결과, 수도권은 대기오염 측정망을 통해 측정된 데이터에 근거해 관련 질환과의 연관성을 규명하는 연구가 이루어지기도 했고, 이를 바탕으로 대기환경을 개선할 수 있는 대책들이 마련되기도 했다. 그래서 대기환경 개선정책도 결국 수도권 중심의 정책 수립이 반복되는 상황을 초래했다.[4]

수도권은 '수도권 대기환경개선에 관한 특별법'이 시행되면서 실제

그림 4-5

충청남도의 오염원별 대기오염물질 배출량(2014년 기준)

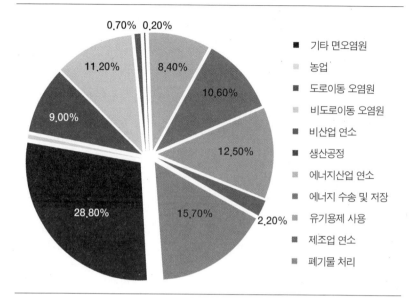

자료: 국립환경과학원(2016) 자료 재구성.

로 대기오염총량제가 적용되었고 배출허용기준도 강화되었다. 이에 따라 수도권에 있는 영흥화력은 관련 시설을 집중 정비하고 비수도권 지역에 비해 2~5배 엄격한 배출허용기준을 준수하게 되었다.

대기배출부과금 제도의 운영 역시 대기환경 개선정책이 중앙정부 위주로 추진되고 있다는 사실을 잘 말해준다. 지역의 대기배출부과금이 중앙정부의 환경개선 특별회계로 편입되어 해당 지역의 대기개선사업에

---

4   환경부의 2013년~2015년의 대기환경개선 사업비를 기준으로 보면, 수도권 대기개선사업 사업비는 2633억 원에 이르렀다. 이것은 비수도권 대기개선사업비 477억 원에 비해 약 5.5배가 많은 것이다.

그림 4-6-1

전국 대기배출부과금 징수율

단위: %

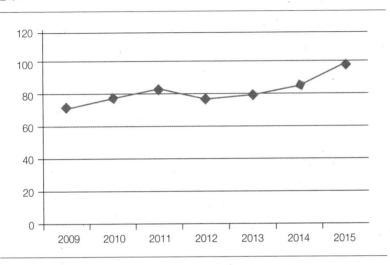

자료: 기획재정부(좌) 자료 재구성

그림 4-6-2

전국 대기배출부과금 부과징수 실적

단위: 100만 원

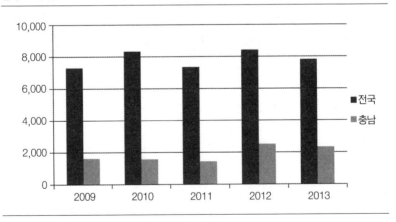

자료: 환경부 자료 재구성

활용되지 못한다는 점에서 그렇다. 실제로 충청남도는 대기배출부과금(기본부과금＋초과부과금)의 징수액이 전국에서 가장 높다. 그럼에도 불구하고 그것은 충청남도의 대기개선사업에 활용하지 못하고 중앙정부의 예산에 편입되어 활용되고 있다(〈그림 4-6〉).

3. 미세먼지를 줄이기 위한 충청남도의 노력

충청남도는 앞에서 살펴본 것처럼 전국의 석탄화력발전량 약 50%를 차지할 정도로 석탄화력발전소가 집중되어 있고, 철강단지·석유화학단지 등 대규모의 환경오염시설까지 집중되어 있다. 또한 산업용지 면적은 6555만 6000m²로서 전국에서 다섯 번째로 넓은 면적을 차지하고 있다. 산업단지가 이처럼 조성되면서 사회경제적으로 긍정적인 이익을 가져온 것도 사실이지만, 대기오염과 건강 피해에 대한 도민들의 우려가 지속적으로 커지고 있는 것도 사실이다.

충청남도는 이러한 문제의 해결을 위해 많은 노력을 기울여왔다. 2016년에는 '석탄화력발전과 미세먼지' 이슈가 대두된 것을 계기로 미세먼지 저감을 위한 중장기대책까지 수립·시행했고, 중앙정부에 지속적으로 관련된 정책들을 건의하고 있다. 〈그림 4-7〉은 충청남도에서 미세먼지 저감을 위한 관리 방안으로 단기와 중장기 주요 대책, 그리고 중앙부처에 협력 사업을 제안한 내용이다.

단기 주요 대책으로는 2016년에 이미 환경부·충청남도·석탄화력발전소가 미세먼지 저감을 위해 자발적 협약을 체결했다. 산업계, 시민단체, 관계기관, 환경전문가, 학계 등의 전문가가 참여하는 거버넌스 기구를 구성해 충청남도에서 추진 중인 미세먼지 대책 자문과 대안 등을 제

그림 4-7

충청남도의 미세먼지 저감을 위한 주요 관리 방안

충청남도의 미세먼지 저감을 위한 관리 방안

단기 주요 대책
- 대기오염 측정망 확충(모니터링 강화)
- 석탄화력발전소 주변 가정 실내 공기질 측정
- 미세먼지 자발적 감축 협약 체결
- 미세먼지 대책 추진 협의회 구성·운영
- 충청남도 대기오염물질 배출허용기준에 관한 조례 제정

중장기 주요 대책
- 대기환경개선 5개년 종합계획 수립
- 화력발전소 주변 노면 청소차량 추가 확충 운영
- 친환경자동차 및 중소사업장 저녹스버너 추가 보급
- 석탄화력발전소 주변지역 기후환경조사·평가 추진
- 석탄화력발전소 주변지역 건강영향조사 추진
- 대기오염 집중측정소 설치 추진
- 석탄화력발전소 주변지역 대기 개선을 위한 특별법 제정

중앙부처 협력 사업
- 기존 석탄화력발전소의 저감설비 성능 개선
- 노후 석탄화력발전소 폐쇄와 LNG 발전 전환
- 신규 석탄화력발전소 증설 계획 철회
- 수도권과 동일한 석탄화력발전 배출허용기준 설정
- 수소연료전지차 등 친환경에너지 기반 산업 육성
- 분산형 발전 및 신재생에너지 시스템 구축
- 전략 생산·소비의 사회적 비용을 반영한 공정한 전기 요금 체계 개편

시하는 '미세먼지 대책 추진협의회'를 구성·운영하기도 했다. 또한 충청남도 서북부 지역에 집중되어 있던 대기오염 측정망을 2017년까지 15개 시군으로 확대하여 약 30개의 측정망을 확충해 모니터링을 강화했다. 그리고 2017년 6월부터는 질소산화물, 황산화물, 미세먼지 등에 대한 배출허용기준을 강화시킨 조례를 제정해 시행 중이다. 그리고 석탄화력발전소 주변(반경 2km 이내) 거주 가정들을 대상으로 실내 공기질을 측정하고 있으며 결과 분석 후 사후 대책을 마련할 계획이다.

중·장기 주요 대책으로는 지역별·배출원별 배출량과 성분농도 등을 고려한 미세먼지 관리 전략을 수립하기 위해 '대기환경개선 5개년 종합계획(2017~2020년)'을 수립했다. 석탄화력발전소 주변 노면 청소차량을 추가 확충 운영하고 2020년까지 천연가스자동차 16대, 전기차 16대, 수소차 8대, 저녹스버너 2대 등 친환경자동차 및 사업장 저녹스버너를 추가 보급할 예정이다. 그리고 2020년까지 총 40억 원의 사업비를 투입해 화력발전소 주변 기후와 대기환경 수준을 평가하고 정책을 개발하는 '석탄화력발전소 주변지역 기후환경조사·평가 연구 사업'을 추진하고 있다. 또한 2020년까지 약 15억 원의 사업비를 투입해 석탄화력발전소 주변지역 주민건강영향조사를 진행하고, 그 결과를 정책 개발과 연계할 계획이다. 또한 중국에서 유입되는 물질과 서해안 지역의 대기오염원인 물질의 분석·규명을 위해 '대기오염집중측정소'를 설치할 계획이다.

수도권 인접 지역이며 대형 대기오염물질 사업장이 집중되어 있는 충청남도는 2025년까지 도내 화력발전소, 사업장 등에서 배출되는 대기오염물질 배출량의 약 50% 저감을 목표로 도내 대규모 배출 시설 11개와 자발적 협약을 체결했다.

충청남도 당진시는 산업통상자원부에 건의해 2018년부터 전국 최초로 '화력발전소 민간환경감시기구' 시범사업을 추진하고 있다. 당진 화력발전소 감시기구는 감시위원회와 감시센터로 구성되는데, 감시센터는 발전소 주변지역 환경오염물질 분석 및 DB 구축, 대기오염물질 감시 활동 및 주민 홍보, 발전소 사고 예방 감시 활동 및 발생 시 신속 대응체계 구축 등을 중점적인 활동 내용으로 한다.

중앙부처 협력 사업으로 제안한 주요 내용으로는 2018년까지 기존 석탄화력발전소의 환경설비개선을 추진하고, 2030년까지 저감설비 성능을 개선하도록 산업통상자원부에 건의한 것이 있다. 30년 이상 노후 화

그림 4-8

충남 석탄화력발전소 주변지역 주민건강영향조사 로드맵

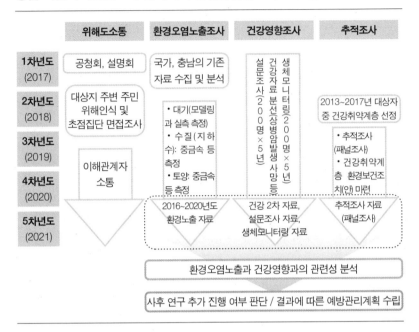

력발전소 11기를 조기 폐쇄하되(충청남도 4기), 그 사전 단계로 미세먼지와 황사의 영향이 비교적 큰 봄철에 일시 가동 중단할 것을 건의하기도 했다. 노후 석탄화력발전소 폐지에 따른 에너지 생산량 감소분을 LNG발전으로 대체할 것도 제안했다. 제7차 전력수급 기본계획에 충청남도 내 석탄화력발전소 9기 증설 계획을 철회하고 석탄화력발전 배출허용기준도 수도권과 동일하게 강화할 것을 중앙정부에 제안했다.

충청남도의 미세먼지와 관련된 대책 중에서 특히 석탄화력발전소 주민건강영향조사는 해당 지역 도민들에게서 대기오염과 건강 피해 우려가 지속적으로 증대되면서 전국지자체 최초로 2013년부터 진행되어왔다. 2017년부터는 한층 더 과학적이고 체계적인 연구를 통해 환경노출과 주민건강과의 상관성·인과성을 규명하기 위해 5차년도 로드맵을 수립해 연구를 진행하고 있다(〈그림 4-8〉). 주민건강영향조사는 2017년부터 2021년까지 주민과의 위해도소통과 환경오염노출조사, 건강영향조사, 추적 조사 등 네 개의 방향으로 진행되고 있다. 대상 지역 주민의 약 1000명을 조사할 계획이며, 2013년부터 2017년까지의 대상자 중에서 건강취약계층을 선정해 별도로 추적조사도 추진할 계획이다.

4. 정책 제안

충청남도가 그동안 제시한 석탄화력발전소의 환경설비개선과 저감설비 성능 개선, LNG 발전 대체, 노후 석탄화력발전 일시 가동 중단 등의 제안들은 중앙부처에 의해 받아들여져서 시행되고 있다. 특히 전국의 30년 이상 노후 석탄화력발전소 조기 폐쇄와 그 사전 단계로서의 일시 정지는 전국의 8기를 대상으로 2017년에 시범사업이 진행되었다(충청남도 4기 대상). 그리고 2018년부터는 매년 3~6월 동안 일시 가동 중단이 정례적으로 진행될 예정이다.

이 외에 미세먼지를 줄이기 위해 충청남도가 중앙부처에 제안한 주요 내용은 다음과 같다.

1) 석탄화력발전소 배출허용기준 강화 및 증설 철회

충청남도는 '대기환경보전법'을 개정해 석탄화력발전소에 대한 배출허용기준을 영흥화력 수준으로 강화할 것을 제안했다. 현행 '대기환경보전법'의 배출허용기준은 질소산화물이 140ppm, 황산화물이 100ppm,

표 4-4

'대기환경보전법'과 영흥화력 배출허용기준 비교

구분	배출 시설 평균 농도		
	질소산화물(NO2)	황산화물(SO2)	먼지(TSP)
'대기환경보전법' 배출허용기준	140ppm	100ppm	25mg/Sm³
영흥화력 배출허용기준	15ppm	25ppm	5mg/Sm³

먼지가 25mg/Sm³이다. 반면, 영흥화력 배출허용기준은 질소산화물이 15ppm, 황산화물이 25ppm, 먼지가 5mg/Sm³이다(〈표 4-4〉). 배출허용기준을 이와 같이 강화하면, 도내 화력발전 시설의 배출량은 2013년 10만 5554톤/년에서 2025년에 4만 554톤/년으로 약 62%를 저감할 수 있다. 이 제안은 2017년 1월부터 신규 시설에 대한 배출허용기준을 강화하는 '대기환경보전법' 시행규칙의 개정으로 반영되었다. 이 외에도 충청남도는 질소산화물 배출부과금 부과, 지역자원시설세 상향, 제7차 전력수급 기본계획상에 예정된 석탄화력발전소 증설계획 철회 등도 건의했다.

2) 대형 사업자 배출 기준 강화 및 대산석유화학단지 대기환경 규제 지역 지정

충청남도는 환경부에 대형 사업자의 배출허용기준 강화를 위해 '대기환경보전법'을 개정하고 환경기준을 초과했거나 초과할 우려가 있는 대기환경 규제지역을 지정하도록 제안했다. 이와 관련해 대산석유화학단지 등 환경취약지역의 대기오염물질 총량제와 대기환경 규제지역 지정 등을 충청남도에 적용하기 위해 '미세먼지 저감 및 관리에 관한 특별법안'과 '수도권 등 대기관리권역 대기질 개선에 관한 특별법안'이 의원

발의된 상황이다(2017년 6월23일).

'미세먼지 저감 및 관리에 관한 특별법안'의 주요 내용은 다음과 같다. 첫째, 대통령을 위원장으로 하는 '미세먼지 특별대책위원회' 및 미세먼지의 효율적 관리를 위한 '미세먼지 종합정보센터' 설치, 둘째, 승용자동차 2부제 운영 및 공공기관이 운영하는 배출 시설의 조업시간 단축 등의 긴급조치 명령과 발전 시설에 대한 가동률 조정 요청, 셋째, 미세먼지 관리 청정구역 지정, 노후 경유차의 운행 금지, 사업장의 조업단축 명령 등이다.

'수도권 등 대기관리권역 대기질 개선에 관한 특별법안'은 현재 시행되고 있는 '수도권 대기환경개선에 관한 특별법'의 대안 법안으로 제시된 것으로서, 주요 내용은 다음과 같다. 첫째, '대기관리권역' 내에 오염물질 총량관리[5]를 시행하고 자동측정기를 부착한다. 둘째, 노후 건설기계 저공해화 계획을 수립해 시행하고, 공공기관은 토목·건축사업에서 저공해 건설기계를 사용한다. 셋째, 대기관리권역 내에 위치한 항만에 정박한 선박은 연료유의 황 함유기준을 강화하고, 항만 운영자 배출가스 시설에 대한 대기개선계획을 수립하는 것 등이다. 대기관리권역은 당진·태안 등 충청권과 울산·창원 등 동남권, 여수·광양 등 광양만권 등이 포함된다. 이곳에 수도권과 같이 대기오염물질 총량제를 실시한다는 내용이 핵심이다.

---

5   사업장에 연도별로 배출허용총량을 할당하고 잔여 배출허용총량을 사업장 간에 거래하도록 한 제도이다(1~3종). 현재 서울, 인천 옹진군을 제외한 전 지역, 경기도 김포시 등의 28개 시가 대기관리권역으로 지정되어 있다.

3) 석탄화력발전소 주변지역 대기환경개선 특별법 제정

국내 석탄화력발전 주변지역은 환경과 건강 피해 우려로 인한 주민들의 민원이 끊임없이 지속되어왔다. 그동안 석탄화력발전은 수도권 이외 지역에 건설되어왔지만 국가산단지역과 같은 관리 지역으로 지정받지 못했다. 그래서 충청남도 이외의 지역은 환경과 건강영향조사도 수행되지 못했다. 이런 점을 고려해서 마련된 '석탄화력발전소 주변지역 대기환경개선 특별법안'은 국내 석탄화력발전소 주변지역의 환경과 건강영향조사를 실시하고 해당 지역의 대기환경개선을 위해 10년마다 기본계획을 수립토록 하는 것이 핵심 내용이다.

이 법안은 대기오염물질 배출총량제를 도입해서 이를 초과할 경우에는 초과부과금을 부과·징수하도록 했고, 환경영향과 건강영향조사를 사업자가 실시하도록 하는 내용이다(2017년 3월 발의).

4) 기타

2016년에 '수도권 대기특별법'과 관련해 감사원 및 미국항공우주국의 자료가 언론에 보도되면서, 충청남도 지역 석탄화력발전소의 미세먼지는 수도권의 대기질을 악화시키는 요인으로 밝혀졌다. 이와 함께 석탄화력발전소가 집중되어 있는 충청남도에는 미세먼지가 더 심각한 영향을 미칠 수 있다는 사실도 알게 되었다.

충청남도는 석탄화력발전, 석유화학단지, 철강단지 등의 대형 배출사업장의 집중으로 대기오염물질 다량배출지역이다. 따라서 충청남도는 지역 차원에서 미세먼지를 줄이기 위한 사업과 제도·정책 개선에 노력을 기울여왔다. 그뿐만 아니라 수도권에 비해 느슨한 배출허용기준, 대기오염총량제 등의 수도권 중심 정책 및 환경·건강 피해 등의 사회적 비용을 부담하는 지역 간 불평등의 문제와 이에 대한 제도·정책 개선을 지속적으로 중앙정부에 건의하고 있다.

마침 2017년에 새 정부가 출범하면서 미세먼지 문제 해결을 최우선 국가 의제로 설정하고 '미세먼지 관리 종합대책'을 수립했다. 이 종합대책의 기본 방향은 기존의 수도권·대도시 중심 관리 및 개별적 오염물질 관리 등의 패러다임에서 벗어나, 오염도 높은 '우심지역'의 중점 관리 및 통합적 관리, 인체 위해성 중점 관리 등과 같은 체감형·통합형 패러다임으로 전환했다는 특징을 갖고 있다. 여기에서 노후 석탄화력발전 폐지, 일시 가동 중단 등 석탄발전 비중을 축소하고 재생에너지 보급을 확대한다는 발전 부문의 계획은 대부분 충청남도에서 제안한 내용을 반영한 것이다. 이 '미세먼지 관리 종합대책'은 배출원 관리뿐만 아니라 인체 위해성 중점 관리 정책 방향까지 제시했다는 점에서 의의가 있다.

그러나 정책의 실효성을 제대로 평가하기 위해서는 배출원 중심의 미세먼지 배출량과 농도의 개선 평가로 이루어지는 기존의 방식으로는 한계가 있다. 주민들이 실생활에서 좀 더 체감할 수 있는 방식의 평가가 필요하다. 이를 위해서는 미세먼지 저감 정책이 건강 편익에 끼치는 영향에 대한 더 구체적이고 과학적인 평가가 필요하다.

미국이나 유럽 등 환경보건 선진국에서 미세먼지를 포함한 대기오염 저감으로 인해 발생되는 건강 편익, 즉 인체 위해성 중심 방식으로 미세먼지 저감 정책의 실효성을 평가하고 있는 것도 참고할 만하다. 미국은 새로운 대기기준(안)을 설정하고 이 기준(안) 수행을 통해 어느 정도의 건강 편익이 발생하는지 분석해 정책 효과를 산출하고 있다. 그리고 그 결과는 다시 지역별 대기오염 정책의 관리 목표 설정에 활용함으로써, 대기오염 관리와 건강 관리의 통합 관리가 이루어지도록 하고 있다. 나아가 그것을 주민들에게 홍보하여 위해도에 대해 소통함으로써 막연한 불안감이나 과도한 낙관을 피하고 있다. 이는 정책 개선에 대한 홍보뿐만 아니라, 주민들이 공감하고 체감하는 미세먼지에 대한 위해도 소통에도 도움이 된다. 또한 미세먼지 노출로 인한 건강 상태를 지속적으로 모니터링하고, 그것을 지역별 미세먼지 배출량 및 농도 관리의 목표와 연계해서 관리한다면 미세먼지와 건강의 통합 관리에 따른 정책 효과도 창출할 수 있을 것이다.

참고문헌

국립환경과학원. 2016. 「2014 국가 대기오염물질 배출량」. 국립환경과학원.
_____. 2017. 『대기환경연보』. 국립환경과학원.
노상철·명형남·권호장·하미나 외. 2017. 「충청남도 주변지역 석탄화력발전소 주민건강영향조사(1차년도)」. 충청남도.
명형남. 2017a. 「환경복지 관점에서 대기오염 지역 간 불평등 개선방안: 충남 석탄화력발전소 사례 중심으로」. 제4차 환경복지증진을 위한 KEI 정책연구 전문가회의 발표 자료.
_____. 2017b. 「충남의 미세먼지와 건강」. 제3차 환황해포럼 발표 자료.
_____. 2018. 「미세먼지관리와 건강관리의 선순환정책이 필요하다」. ≪공공정책≫, 149호 (2018년 3월호).
명형남·김순태. 2016. 「전국과 충남의 미세먼지 현황과 정책제언」. ≪충남리포트≫, 231호.
명형남·김재식·정금희·이병창·이재중. 2017. 「석탄화력발전소 가동중단에 따른 충남 대기질과 주민건강실태·정책인식조사 연구」. 충남연구원 정책연구보고서.
충청남도. 2018. 「충남 미세먼지 저감대책 추진현황」. 충청남도 내부 자료.
환경부. http://www.me.go.kr

EPI(Environmental Performance Index). 2016. 2016 EPI REPORT. Yale. http://epi2016.yale.edu/sites/default/files/2016EPI_Full_Report_opt.pdf
_____. 2014. 2014 EPI REPORT. Yale. http://archive.epi.yale.edu/files/2014_epi_report.pdf
OECD. http://www.oecd-ilibrary.org/environment/data/air-quality-and-health/exposure
WHO. http://gamapserver.who.int/gho/interactive_charts/phe/aap_mbd/atlas.html

5장

탈석탄 에너지전환

여형범 | 충남연구원 환경생태연구부 연구위원

1. 문제 제기

충청남도가 당면한 에너지 정책 문제는 대규모 석탄화력발전소 입지로 인한 에너지 불평등 강화 및 산업 부문의 에너지 소비 증가이다.

먼저, 충청남도는 전국 발전 용량의 19.6%, 전국 전력 생산량의 23.4%를 차지하면서, 전력 생산량의 62.5%를 충청남도 외 지역으로 공급하고 있다. 이에 따라 석탄화력발전소 운영으로 인한 사회적·환경적·건강적 피해가 집중되고 있다. 대규모 초고압 송전 설비로 인해 주민 재산 피해 및 건강 영향도 우려되고 있다.

※ 이 글은 필자가 수행한 연구(여형범, 2016, 2017; 여형범·차정우, 2017)와 충청남도가 발간한 자료(충청남도, 2017a, 2017b)에서 충청남도의 에너지 정책 현황 및 과제, 탈석탄 국제에너지컨퍼런스, 충남에너지전환비전 수립, 충남에너지센터 설립 등의 내용을 정리해 작성했으며, 따로 인용을 표시하지 않았다.

다음으로, 충청남도는 에너지 다소비업체 입지로 인해 산업 부문이 에너지 소비의 대부분을 차지하고 있으며, 산업 부문의 성장에 따라 에너지 소비가 전국에서 가장 빠르게 증가하고 있다.[1] 국가 수준에서는 GDP당 최종에너지소비량이 감소하는 추세인 반면, 충청남도에서는 GRDP당 최종에너지소비량이 늘어나는 추세이다. 충청남도의 최종에너지소비의 대부분을 차지하는 산업 부문의 좀 더 적극적인 에너지 효율 개선 및 에너지 절약이 필요하다는 점과, 충청남도 지역산업구조의 에너지 의존성을 줄여나가기 위한 정책적 개입 필요성을 강조할 수 있다.

충청남도가 당면한 에너지 문제는 분명한 데 반해, 누가 어떻게 이 문제를 해결해나갈 것인가는 분명하지 않다. 충청남도는 문제를 해결하고자 하지만 권한과 책임이 없고, 국가는 권한과 책임을 가지고 있지만 반드시 해결해야 할 문제로 여기지 않았다.

국가의 에너지 계획은 국가에너지 기본계획을 기본으로 전력수급 기본계획, 신재생에너지기술개발 및 보급계획 등 공급 측면의 계획과 에너지이용합리화 기본계획 등 수요 측면의 계획으로 구분할 수 있다. 국가의 에너지 계획은 그동안의 안정적인 에너지 공급이라는 에너지 정책 목표를 반영하여 대부분 공급 계획이다. 또한 지자체별 에너지 정책 목표나 전략 등을 고려하지 않는다. 예를 들어, 충청남도는 석탄화력발전소가 집중되면서 입는 피해가 큰데, 국가 계획에서는 특정 지역에 대규모 발전소가 집중되는 것에 대한 문제의식이 없었다. 마찬가지로 신재생

---

1   2015년을 기준으로 제철소의 연료로 사용되는 유연탄이 633만TOE(tonnage of oil equivalent)으로 충청남도 석탄소비량의 81.83%를 차지하고, 석유화학 공정의 원료로 사용되는 납사(naphtha)가 1593만 9000TOE로 충청남도 석유제품 소비량의 82.36%를 차지한다. 2005년 대비 2015년의 최종에너지소비량은 전국이 28.0% 증가한 반면, 충청남도는 127.9% 증가했다.

에너지 보급 목표 또한 국가 전체적으로 제시될 뿐, 어떤 신재생에너지를 어느 지역에 얼마나 보급할 것인지에 대한 목표는 제시되지 않는다.

충청남도에서 진행하는 에너지사업들은 충청남도 지역에너지 종합계획(2015~2020)을 기초로 하고 있으며, 매년 신규 사업들이 추가되고 있다. 현시점에서 충청남도가 실행할 수 있는 사업들에 집중되어 있기 때문에, 이 사업들이 앞에서 언급한 충청남도의 에너지 문제를 해결하는 데 충분한지는 의문의 여지가 있다.

이 글에서는, 이렇게 교착된 상황을 넘어서 충청남도가 어떻게 탈석탄 에너지전환 정책의 필요성을 앞장서서 제기하고 추진해왔는지를 정리해 보여주고자 한다.

2. 충청남도 에너지 정책의 현황과 과제

충청남도는 석탄화력발전소로 인한 피해를 보상하고, 석탄화력발전소를 좀 더 친환경적으로 개선하는 데 에너지 정책의 초점을 맞추어왔다. 중앙정부에 대한 제도 개선 요구를 통해 2014년부터 화력발전소에 대한 지역자원시설세를 지방세로 부과·징수해(초기 0.15원/kWh, 2015년부터 0.30원/kWh) 에너지·환경개선 사업에 사용하고 있으며, 환경·건강 피해 등 사회적 비용을 반영한 에너지 세제 개편과 전력요금차등제 도입을 요구하고 있다.

반면, 최근까지도 충청남도는 석탄화력발전소 감축이나 에너지 다소비 산업의 에너지 소비 절감을 위한 정책을 적극적으로 추진하지는 못했다. 지난 정부(이명박 정부, 박근혜 정부)는 석탄화력발전과 원자력발전을 증대하는 정책을 추진했는데, 한국은 에너지 정책에 대한 권한이 중앙정부에 집중되어 있어 지방정부가 에너지 정책에 개입할 여지가 없었다. 현실적으로 실행 가능한 대안으로, 충청남도는 석탄화력발전소에 의한 피해(건강, 환경, 재산 피해 등)를 공정하게 보상하고 석탄화력발전소의 환경 오염을 획기적으로 줄이는 제도 마련에 초점을 맞추었다.

하지만 2017년 이후 충청남도는 석탄화력발전소 설비용량 및 발전량을 줄여야 한다는 탈석탄 목표를 분명히 하면서 중앙정부의 탈석탄 정책 추진 및 지방정부의 역할 강화를 요구하고 있다. 새로운 정부가 100대 국정 과제에 에너지전환을 포함시켰으며, 이전 정부와 달리 탈원전, 탈석탄, 재생에너지 확산 로드맵을 추진하고 있다는 점에서 지자체의 요구가 반영되고 역할이 확대될 가능성이 열렸기 때문이다.

이러한 변화는 2015년 11월 24일에 열린 '지역 에너지전환을 위한 4개 시·도 공동선언'에서 발표한 충청남도의 메시지와 2017년 10월 24~25일 열린 '탈석탄 친환경 에너지전환 국제컨퍼런스'에서 발표한 충청남도의 메시지를 비교해볼 때 분명히 드러난다. 2015년 공동선언에서는 화력발전소 입지로 인한 에너지 불평등을 지적하면서 공정하고 정의로운 에너지 시스템 구축, 에너지 신산업 육성, 신재생에너지 보급 등 정부의 에너지 정책 틀에 머무르는 정책들을 충청남도의 에너지 정책으로 제시했다. 반면, 2017년 국제컨퍼런스에서는 에너지 정책에 대한 지방정부의 권한 강화, 탈석탄 로드맵 수립과 지역분산형 에너지 공급체계로 전환, 탈석탄을 위한 국내외 지방정부 네트워크 구축 등을 제안하면서, 석탄화력발전 의존적인 전력시스템을 재생에너지 기반 시스템으로 전환하는 것이 환경적·경제적·사회적으로 더 지속가능한 경로라는 점과 이를 위해 지방정부의 역할이 좀 더 강화되어야 한다는 점을 분명히 했다.

3. 충청남도 에너지 정책 역량

다만, 여전히 충청남도의 에너지 정책 역량이 새로운 역할을 추진하기에 미약한 수준이라는 점은 분명하다. 충청남도 부서별로 개별적으로 업무가 추진되면서 에너지 정책과 사업의 중복·상충·공백의 문제가 상존하고 있다. 2015년 에너지 문제에 대한 대응을 위해 에너지산업과를 신설했으나, 2017년 에너지전환 추진 업무와 에너지산업 육성 업무를 분리해 담당과를 해체한 바 있다. 더구나 기존 충청남도와 시군의 에너지 담당 인력만으로는 증가하는 에너지 업무 수행이 어려울 수 있다. 일상적 에너지 업무(신재생에너지 보급사업, 발전사업 허가, 에너지복지)와 충청남도의 즉각적인 현안 대응(미세먼지 등), 에너지 민원 및 갈등 대응(태양광발전사업, 집단에너지 등) 업무가 늘어나면서 충청남도의 미래 에너지 비전을 설정하고 사업을 적극적으로 발굴하고 추진할 수 있는 여력이 부족하다.

충청남도의 에너지 정책과 사업을 뒷받침할 에너지 전담 연구·지원 기능도 미약하다. 충남연구원, 충남테크노파트, 충남창조경제혁신센터 등에 에너지 정책 연구와 사업을 전담하는 부서 없이 몇몇 전문가들이 다양한 연구·지원 분야 중 하나로 에너지 정책 연구와 사업을 담당하고 있다. 이러한 한계를 뒷받침하기 위한 유관기관, 연구기관, 민관협력기구(네트워크 조직), 시민사회단체(주민조직) 모두를 묶어내는 협력 체계도 구성되어 있지 않다.

시민사회 그룹 또한 에너지전환을 이끌어갈 역량이 미흡한 상황이다. 2016년에 충남연구원과 충청남도 지속가능발전협의회 등을 중심으로 '충남에너지전환집담회'를 구성해 연구기관, 행정, 시민사회단체, 재생에너지기업 등이 정기적으로 모여 에너지 현안과 이슈를 논의하는 자리를 가졌지만, 충청남도의 정책 개발이나 집행에 영향을 끼치지는 못하고 내부적인 학습 모임 수준으로 정리되었다. 다만, 집담회 참여 회원들이 2017년부터 충남에너지전환비전 수립 연구, 충청남도 녹색성장포럼, 충청남도 지속가능발전협의회 기후에너지분과 등에 참여하면서 충청남도의 에너지전환 비전을 수립하는 데 좀 더 다양한 행위자들이 참여하도록 유도했다. 충남에너지전환집담회는 2018년부터 더 다양한 조직과 단체들이 참여하는 충남에너지전환네트워크로 확장되었으며 전국의 에너지전환네트워크와 교류하고 있다.

충청남도는 2018년 충남에너지센터를 설립해 에너지전환 정책을 가속화할 예정이다. 국가의 에너지사업과 별도로 충청남도 차원에서 부문별, 지역별, 시설별, 주체별 에너지 계획 수립 및 실천을 지원할 예정이다. 에너지센터를 통해 에너지전환을 위한 대규모 사업 지원 프로그램뿐만 아니라, 소규모 그룹·네트워킹·연구·실험·사업 지원 프로그램을 마련함으로써 도민들의 참여를 유도할 수 있다.

4. 충남에너지전환비전 수립

충청남도는 2017년 4월부터 12월까지 '충남에너지전환비전'을 시민들이 참여하는 과정을 통해 수립했다. 지금까지는 국가가 에너지 정책을 주도하고 지방정부와 시민들은 국가의 결정을 수동적으로 따라야 했던 반면, 앞으로는 지방정부와 시민들이 에너지 정책에 대한 권한과 책임을 부여받아 지역의 에너지 문제를 주도적으로 풀어나가겠다는 의지의 표현이었다.

'충남에너지전환비전' 수립 과정에서 충남도민 77명이 에너지기획단으로 참여해 세 차례 워크숍을 통해 세 가지 에너지 시나리오를 검토했다. 세 시나리오는 충청남도에서 에너지 관련 기관 및 조직들이 주로 추진하고 있는 정책 방향을 대표한다. 세 시나리오는 각각 석탄화력발전소를 유지하되 탄소포집저장(CCS), 탄소자원화, 오염저감기술 등에 투자하는 '탄소경제 시나리오', 수소산업 및 대규모 재생에너지 설비를 중시하는 '신에너지산업 시나리오', 분산형, 주민참여형 소규모 재생에너지를 중시하는 '에너지시민 시나리오'이다. 에너지기획단은 각 경로의 장단점, 효과, 장애물 등을 학습하고 토론했으며, 최종적으로 '에너지시민 시나리오'를 선택했다.

'에너지시민 시나리오'는 석탄화력발전소를 2050년까지 폐쇄하고 산업 부문의 에너지 소비가 획기적으로 줄어든다는 가정을 '신에너지산업 시나리오'와 공유하지만 에너지전환의 주체로 시민을 강조하는 차이를 보인다. '에너지시민 시나리오'에서는 가정·상업, 수송, 공공 부문의 에너지 소비가 더 줄어들고 시민들이 직접 투자하는 재생에너지 발전사업이나 자가발전 비율이 더 많이 늘어날 것이다. 에너지 절약을 비롯한 다양한 에너지 실천에 참여하는 도민이나 에너지로 소득을 얻는 시민들도 더욱 늘어날 것이다. 시민들의 참여가 늘면서 에너지전환 정책에 대한 공감이나 지지가 더욱 클 것이다.

이러한 시나리오가 현실화되기 위해서는 장기간에 걸쳐 도민들을 에너지 계획 수립 과정에 끌어들이고, 참여 동기를 부여하고, 직접 투자를 지원하고, 에너지 소비를 줄이고, 불편함을 기꺼이 감수하도록 할 수 있는 세심한 준비가 필요하다. 시민들은 수익만을 보고 참여하지는 않을 것이다. 시민들이 에너지전환에 참여하도록 하려면 자신의 실천에 가치를 부여할 수 있어야 한다.

에너지전환 비전 수립은 만들어지는 과정에서 도민들과 이해당사자들이 함께 참여했으며, 이후 추진 과정도 행정과 전문가들뿐만 아니라 도민과 이해당사들이 한층 더 적극적으로 참여해야 한다. 기초 지자체, 시민단체, 환경단체, 학교, 기업, 발전사업자 등 다양한 행위자들이 에너지전환의 필요성을 인지하고, 탈석탄 및 재생에너지 목표에 합의하고, 에너지전환 정책에 직접 참여할 수 있는 통로 및 장(field)을 만들어야 한다.

연구책임기관인 충남연구원은 도민에너지기획단이 선택한 '에너지시민 시나리오'를 바탕으로 에너지전환 비전으로 "에너지시민이 만드는, 별빛 가득한 충남"을 제시했다. "에너지시민이 만드는"은 충청남도 에너지전환의 과정을 상징하는 말로서, 에너지는 공동체와 지자체의 지속가능한 발전을 위한 자산이며, 시민들은 홍보의 대상이 아니라 적극적인 실천의 주체임을 나타낸다. "별빛 가득한 충남"은 충청남도 에너지전환의 결과를 상징하는 말로써, 에너지 소비 절감으로 빛공해를 방지하고 탈석탄으로 대기질을 개선해, 충청남도 전역에서 하늘 가득히 쏟아질 듯 펼쳐진 별무리를 볼 수 있을 것이라는 희망을 나타낸다.

이러한 비전과 함께 석탄을 줄이면서 재생에너지를 늘리고, 에너지 효율을 개선하면서 소비를 줄이고, 에너지기업과 에너지프로슈머를 늘려나가면서 맑은 공기와 별이 가득한 하늘을 되찾겠다는 원칙을 제시했다. 기존 국가 및 타 지자체의 에너지 비전이나 계획이 소비 절감과 공급 전환에 초점을 맞춘 반면, 충청남도 에너지전환의 원칙은 에너지기업과 에너지시민이 에너지전환의 주체가 되어야 함을 강조하고, 에너지 분권이 이를 위한 필수 조건이며, 기존 에너지, 기후변화, 환경 영역뿐만 아니라 생활 모든 영역에서 에너지전환을 위한 실천이 필요함을 강조한 차이가 있다.

더 구체적으로, 2050년까지 석탄화력발전소 비중을 제로로 하고, 재생에너지 발전량 비중을 47.5%로 높이고, 산업 부문의 에너지 효율을 높여 부가가치당 최종에너지소비량을 절반 가까이 낮추고, 에너지의 투자·

표 5-1

충청남도 에너지전환의 전략, 실천과제, 세부사업

전략	실천과제	세부사업
채움전략	① 탈석탄을 준비하자	• 석탄화력발전소 사회적 수명 연구 • 전환기금 조성 • 정의로운 전환 프로그램
	② 재생에너지를 확대하자	• 충남 재생에너지 보급 계획 수립 • 재생에너지 계획입지 방안 마련 • 신재생에너지 지역보급사업 발굴·지원
키움전략	③ 사람이 에너지다	• 에너지 활동가 지원 프로그램 • 에너지 담당자 교육 프로그램 • 에너지 전문 인력 양성 프로그램
	④ 시민자산을 만들자	• 공동체 에너지 지원 프로그램 • 시민자산화 지원 프로그램
	⑤ 충청남도형 에너지사업을 개발하자	• 에너지 리빙랩 시행 • 에너지전환 거리 조성 • 시군 지역에너지계획 수립
	⑥ 충청남도 에너지 지역기업을 키우자	• 에너지기업 맞춤형 지원 방안 마련 • 에너지 신산업 지역혁신체제 구축
비움전략	⑦ 비산업 부문 에너지 소비를 줄이자	• 제로에너지 빌딩 확대 • 그린 리모델링 확대 • 친환경 자동차 보급 • 제로에너지 관광 프로그램 지원
	⑧ 산업 부문 에너지 소비를 줄이자	• 생태산업단지 구축 • 소규모업체 에너지 효율 개선 • 수요자원관리시장 확대 • 에너지 효율 시장 확대
나눔전략	⑨ 에너지전환에 투자하자	• 시민에너지펀드 조성 • 에너지 투자 플랫폼 구축
	⑩ 에너지복지를 확대하자	• 에너지복지기금 조성 • 노후주택개선 사업 확대 • 적정기술보급 사업 확대

자료: 충청남도(2017b).

표 5-2

충남에너지전환비전 실행을 위한 기반 구축

구분	세부 과제	2018년 추진
에너지 비전을 공유하자	시·군별 에너지계획 수립	2개 시·군 에너지계획 수립 지원
	지자체 에너지전환네트워크 구축	충남에너지전환네트워크, 지자체 에너지포럼 지원
	탈석탄 국제네트워크 가입	언더투연맹(Under 2 Coalition), 탈석탄동맹 가입 추진
	탈석탄 에너지전환 국제컨퍼런스 개최	주제별 실행그룹이 참여하는 2차 국제컨퍼런스 개최(10월)
에너지 거버넌스를 구축하자	에너지위원회 및 실행위원회 구성	에너지위원회 산하 부문별 실행위원회 구성
	에너지 행정 협력 강화	부서 간, 시·군, 유관기관과의 협력체계 구축
에너지 정책역량을 강화하자	에너지기본조례 개정	에너지기본조례 개정
	에너지센터 설립	에너지센터 설립
	에너지기금 조성	정부에 친환경 에너지전환 기금 요구(전기사업법 개정 등)
에너지전환 관리체계를 구축하자	에너지사업 제안·공모전	도민들이 에너지사업 제안 추진
	에너지전환 실행계획 수립	분야별로 진행(2019년 지역에너지계획 수립)
	기후·에너지 백서 제작	기후·에너지 백서 발간 준비
	에너지학교 운영	공무원, 도민, 학생 대상 에너지학교 운영 방안 마련

생산·판매에 참여하는 에너지프로슈머 수를 80만 명까지 키우겠다는 목표를 제시했다. 이러한 에너지전환 과정에서 초미세먼지($PM_{2.5}$)의 농도도 지금의 3분의 1 수준으로 낮아질 것이라는 목표도 함께 제시했다.

충남에너지전환비전과 목표를 달성하기 위해 4대 전략(채움전략, 키움전략, 비움전략, 나눔전략)과 10대 실천과제를 제안했고, 각 전략별 서너 개의 실천과제가 제안되었으며, 실천과제별 세부사업들도 〈표 5-1〉과 같이 제시되었다.

충청남도가 에너지전환 전략, 실천과제, 세부사업을 실행하기 위한 기반을 만들기 위해 에너지 비전의 공유, 에너지 거버넌스 구축, 에너지 정책역량 강화, 에너지전환 관리체계 구축도 제안했다(〈표 5-2〉).

5. 정책 제안

앞으로 국가 및 충청남도의 에너지 정책은 탈석탄·탈탄소 에너지전 환으로 크게 바뀔 것이다. 정부가 2017년에 수립한 '제7차 전력수립 기본 계획'과 '재생에너지 3020계획'은 석탄화력발전과 원자력발전 대신 재생 에너지를 크게 늘리겠다는 목표가 포함되어 있으며, 2018년 '제3차 에너 지 기본계획'을 통해 좀 더 장기적인 에너지전환 로드맵을 마련하게 된 다. 지금까지의 공급 위주의 중앙집중적 에너지 시스템을 소비 절감, 효 율 향상, 재생에너지 이용 확대에 기초한 분산적 에너지 시스템으로 바꾸 어가기 위한 사업들의 비중이 커질 것이다. 이를 위해 사회적 비용을 반 영한 에너지 세제 개편과 전력요금체계 개편, 지역별 전력자립도에 기초 한 전력요금 차등화, 산업, 건물, 교통 부문의 에너지 기준 강화, 전력산 업 배전·판매 부문의 자유화, 주민들이 직접 투자하고 참여하는 공동체 에너지 활성화 등의 정책들이 좀 더 적극적으로 검토될 것이다. 정부의 에너지전환 정책 방향에 따라 기존 에너지기관들의 사업 방향도 바뀔 것 이다.

충청남도는 석탄화력발전소 밀집과 에너지 다소비 산업의 입지로 열악한 에너지 여건에 처해 있다는 점에서, 정부의 에너지 비전과 목표 보다 더 급진적이고 혁신적인 에너지전환 비전과 목표를 수립하고 추진해나가야 한다. 충남에너지전환비전에서 제시한 2050년 석탄화력발전소 완전 폐쇄라는 목표도, 석탄화력발전소의 사회적 수명을 30년으로 합의할 수 있다면 2050년에 충분히 달성할 수 있는 목표이다. 석탄화력발전소가 점진적으로 폐쇄되는 용량에 맞추어 재생에너지 발전량을 늘리고 천연가스발전 가동률을 높여나갈 수 있다. 탈석탄 이슈뿐만 아니라 충청남도 에너지 소비의 88%를 차지하는 산업 부문에 대한 좀 더 적극적인 개입을 위한 정책 마련 역시 요구된다. 에너지 다소비 사업장 및 산업단지, 수요자원 거래시장 참여 기업, 온실가스 배출권 거래제 참여 기업 등에 대한 정보, 규제, 협력, 지원 방안 등에 좀 더 적극적인 역할을 수행할 필요가 있다. 정부의 에너지사업을 수동적으로 따라가는 것을 넘어 독자적인 사업을 만들기 위한 연구와 협력이 필요하다.

더불어, 충청남도는 중앙정부의 에너지전환 정책 추진에 탈석탄 에너지전환을 위한 구체적인 로드맵 수립을 요구해야 한다. 탈석탄 에너지전환 로드맵에는 석탄화력발전소의 대기오염에 의한 건강 피해 등 사회적 비용을 반영한 에너지 세제 개편, 석탄화력발전량 지역별·계절별 총량제 도입, 석탄화력발전소의 사회적 수명 합의, 탈석탄 전환 기금 조성, 에너지전환으로 인한 지역경제 및 일자리 충격 완화 방안 마련, 지역 내 공동체에너지 및 에너지산업 육성을 위한 지원제도 마련이 포함되어야 한다. 석탄화력발전소와 원자력발전소가 밀집된 지역을 '에너지전환을 위한 특별대책지역'으로 지정하여 장기적·안정적으로 에너지전환을 추진하는 방안도 검토할 필요가 있다.

나아가, 기존의 에너지 관련 법('저탄소 녹색성장기본법', '에너지법', '에너지이용합리화법', '전기사업법', '전원개발촉진법', '신에너지 및 재생에너지 개발·이용·보급 촉진법', '발전소 주변지역 지원에 관한 법률' 등)에서 지방정부와 시민사회의 권한과 책임을 확대해야 한다. 에너지 정책의 권한과 책임이 여전히 중앙정부에 집중되어 있어서는 에너지전환을 달성할 수 없기 때문이다. 에너지전환에 모든 사람이 책임 있게 참여할 수 있을 때 비로소 에너지전환의 새로운 길을 열 수 있다. 탈석탄 에너지전환의 구체적인 목표와 과제를 묶어서 '에너지전환법'(가칭) 제정을 요구할 필요도 있다. '에너지전환법' 제정을 추진하면서 지방정부와 시민사회가 에너지전환에 더 많은 역할을 맡아야 한다는 점을 공론화하고 설득해나가야 한다.

대한민국이, 전 세계가 충청남도를 주목하고 있다. 충청남도의 미세먼지·기후변화·에너지전환 정책과 실천이 대한민국과 전 세계의 지속가능한 미래를 위한 희망과 약속이 될 것이다.

참고문헌

여형범. 2016. 「지역 에너지전환과 충남의 에너지정책 방향」. ≪충남리포트≫, 210호.
_____. 2017. 「탈석탄 친환경 에너지전환 국제컨퍼런스의 성과 및 향후 과제」. 충남연구원 현안과제연구.
여형범·차정우. 2017. 「충남의 에너지전환을 위한 에너지 지원조직 설립에 관한 연구」. 충남연구원 전략연구.
충청남도. 2017a. 『탈석탄 친환경 에너지전환 국제컨퍼런스 자료집』.
_____. 2017b. 「충청남도 에너지전환 비전 수립 연구 최종보고서」.

6장

생태계서비스 지불제 도입

여형범 | 충남연구원 환경생태연구부 연구위원

1. 문제 제기

봄이다. 당신은 바람이 살랑살랑 불어오는 숲 가장자리에 앉아 갈색 흙을 뚫고 머리를 내미는 연둣빛 새싹들, 지저귀는 새, 물이 돌에 부서지는 소리, 바람과 부딪쳐 흔들리는 나뭇가지와 나뭇잎 소리를 즐기고 있다. 이러한 여유롭고 평온한 자연이 당신에게 주는 가치는 얼마나 되는가? 만약 숲이 없어져 나뭇잎 흔들리는 소리도 없고 물에선 악취가 나고 먹을거리와 쉴 곳 없는 새는 떠나가고 새싹이 돋아날 흙이 더 이상 없어진다면 당신은 어떤 피해를 입는가? 숲 훼손을 막기 위해 당신은 얼마나 지불할 수 있는가? (여형범, 2014)

※ 이 글은 충청남도의 생태계서비스 사업 및 생태계서비스 지불제 도입을 검토한 필자의 연구(여형범, 2014, 2015, 2017)를 재정리해 작성했다.

지금도 자연은 돈으로 표현되는 서비스를 제공하고 있으며 사람들은 이에 대해 돈을 지불해오고 있다. 숲은 목재를, 하천은 상수도 원수를, 바다와 갯벌은 수산물을 제공하며 사람들은 이러한 가치에 대해 값을 치른다. 하지만 우리가 생태계가 주는 모든 서비스를 인식하고 중요시하고 이런 서비스를 지키는 사람들에게 돈을 지불해온 것은 아니다. 숲이 제공하는 수질 정화, 탄소 저감, 서식처 제공 등의 서비스는 돈으로 표현되거나 지불되지 않는다. 즉, 자연이 제공하는 서비스 중 돈으로 표현되는 서비스에 대해서는 지불이 이루어지고 있지만 돈으로 표현되지 않는 서비스는 훼손되더라도 보상되지 않는다.

생태계서비스 지불제는 자연이 제공하는 유용한 서비스를 평가한 후, 생태계서비스를 유지 또는 개선하려는 노력을 하고 있는 사람들에게 적절한 보상을 제공함으로써, 사회 전체적으로 유용한 생태계서비스를 지속가능하게 제공하고자 하는 경제적 유인제도의 하나이다. 생태계에 의존하는 사람들의 생계를 보호하거나 농림어촌의 일자리와 소득을 제공하는 수단으로 여겨지기도 한다. 또한 생태계서비스 지불제는 국가의 획일적인 기준과 관리 수단이 아니라 지방정부와 주민들이 참여하는 좀 더 유연한 보호지역 지정과 관리 수단을 찾아내도록 유도하는 방안이기도 하다. 기존의 보호지역 지정과 행위 제한 등 규제 위주의 자연환경 보호 정책만으로는 생태계의 훼손을 막을 수 없다는 판단에 근거한다.[1]

---

1 최근 자연공원이나 야생동식물보호구역 구역조정 관련 민원에서 나타나듯이 보호지역 주민들은 제한받는 재산권에 비해 충분한 보상을 받지 못하고 있어 보호지역 해제를 강하게 요청하고 있다. 보호지역 사유지 매입 및 주민지원제도를 운영하고 있으나 주민들의 만족도는 높지 않다. 철새들을 위한 먹이 및 휴식처 제공을 위한 목적으로 주로 시행되는 생물다양성 관리계약에 대해서도, 보상이 충분하지 않음 등으로 인해 농민들의 참여도도 크게 늘지 않고 있다.

충청남도는 전국 최초로 도시생태지도(비오톱 지도)를 모든 시군에서 작성한 지역으로서, 기존 자연환경 정책의 한계를 인식하면서, 이를 극복하는 새로운 방향과 수단으로 생태계서비스 지불제 도입을 검토했다. 이 글에서는 충청남도의 이러한 노력과 제안들을 정리해보도록 한다.

2. 생태계서비스 지불제 개념

생태계서비스 지불제(Payments for Ecosystem Services: PES)를 이해하기 위해서는 먼저 생태계서비스(ecosystem service)라는 비교적 새로운 개념을 이해할 필요가 있다. 생태계서비스는 자연환경이 인간 및 사회에 제공하는 다양한 편익을 말한다.[2] 식량, 물, 목재 등의 공급(공급서비스), 대기질, 홍수, 수질 등의 조절(조절서비스), 여행, 교육, 오락 등의 기회 제공(문화서비스), 토양 형성, 영양물질 순환 등 생태계를 뒷받침하는 필수 기능(지지서비스)을 예로 들 수 있다. 산, 숲, 들, 농장, 도시 생태 공간, 하천, 습지, 연안, 해양 등 생태계 유형에 따라 생태계서비스는 그 종류와 정도가 상이하다.

전 세계적으로 생태계서비스는 일부 기능(식량 생산 등 공급서비스)을

---

2   PES의 개념 및 원칙은 DEFRA(2013)의 문헌을 기초로 정리한 것이다. DEFRA, "Payments for Ecosystem Services: A Best Practice Guide"(2013). 이 밖에 참고한 문헌은 다음과 같다. Bennett, Drew E. and Hannah Gosnell, "Integrating multiple perspectives on payments for ecosystem services through a social-ecological systems framework," *Ecological Economics* 116(2015), pp. 172~181. IFAB, ZALF, and HFR, "Common Agricultural Policy from 2014: Perspectives for more Biodiversity and Environmental Benefits of Farming?"(2012).

제외하곤 모두 악화되고 있는 상태이다. 국내에서도 산림, 습지, 농경지, 갯벌 등의 면적이 감소함에 따라 생태계서비스가 줄어들고 있으며, 이에 따라 수질 개선, 재해 예방, 수산자원 회복 등을 위해 많은 예산이 투입되고 있다. 도시지역은 도시화와 인구 증가로 생태계서비스의 질이 하락하고 있으며, 농촌지역은 노령화와 인구 감소로 생태계서비스를 유지하고 증진할 여력이 부족하다.

충청남도가 생태계서비스 지불제를 제안한 2014년을 비롯해 지금까지도, 생태계서비스에 대한 인식은 크지 않은 상황이다. 2014년 당시는 한국환경정책·평가연구원에서 환경가치 평가와 관련해 생태계서비스 평가나 생태계서비스 지불제에 대한 기초 연구가 진행되고 있는 수준이었다. 구체적인 지역을 대상으로 진행된 생태계서비스 평가 연구도 찾기 어려웠으나, 충남연구원의 논습지 연구를 시작으로 충청남도 내 시군 및 구체적인 생태계를 대상으로 한 생태계서비스 가치 평가에 대한 연구가 진행되고 있다.[3]

생태계서비스 지불제는 생태계서비스를 이용하거나 편익을 얻는 사람(수혜자)이 생태계서비스를 보호하거나 제공하는 사람에게 보상(compensation) 또는 지불(payment)하는 제도이다. 전 세계적으로 생태계서비스 지불제는 생물다양성 증진을 위한 혁신적인 재원 마련 방안으로 검토

---

3 2014년 충남연구원 전략과제인 '충청남도 논습지 생태계서비스 평가 연구'에서는 충청남도 내 논이 가지고 있는 생태계서비스를 평가하고 논습지 보호를 위한 정책(농업직불제 개선, 주요 논습지 대상 생태계서비스 지불제 시범사업 추진 등)을 제언했다(사공정희·정옥식·여형범, 2014). 2013년 개원 이후 '생태계서비스 평가 기반 구축'(2015년), '지속가능한 국토이용을 위한 생태계서비스 (생태가치) 평가'(2015년) 등을 진행하던 국립생태원도 충청남도의 서천군, 공주시 등을 사례로 생태계서비스 시범 평가를 진행했다(2015년, 2016년). 한국환경정책·평가연구원에서도 가로림만을 대상으로 생태계서비스 평가 연구가 진행되고 있다.

되고 있다(OECD, 2013).

생태계서비스 지불제는 좀 더 적극적으로 생태계서비스를 제공하고자 하는 동기를 만들어내고자 하는 제도이다. 일반적으로 시장에서 가격이 매겨지지 않는 생태계서비스(기후 조절, 수질 개선, 서식처 제공 등)에 대해 가격을 설정하고 서비스 제공을 위해 소요된 비용이나 기회비용을 보상한다. 생태계서비스의 수혜자나 공급자는 개인, 지역공동체, 기업, 정부 등 다양할 수 있다. 원칙적으로 공급자의 활동으로 인해 개선된 생태계서비스 편익에 대해서만 수혜자가 지불하는 것이지만, 개선된 편익을 계산하기 어려울 경우 특정 토지 이용 활동 등의 수행에 대해 지불하기도 한다. 배출부과금 등의 경제적 유인제도가 오염자에게 비용을 부과하는 반면, 생태계서비스 지불제는 수혜자에게 비용을 부과(수혜자 지불 원칙)하는 차이가 있다. 단, 생태계서비스를 증진하는 수단은 규제, 정부 직접 제공, 자율적 관리, 부과금, 오염권 거래 시장 등 다양하며, 생태계서비스 지불제는 이러한 여러 수단과 함께 적용되고 있다.

3. 국내외 생태계서비스 지불제 사례

전 세계적으로 300개 이상의 생태계서비스 지불제 또는 유사 제도가 적용되고 있다. 국제 수준, 국가 수준, 유역이나 생태계 경계 수준, 지방 수준에서 다양하게 나타나는데, 코스타리카, 멕시코, 중국 등에서는 주로 국가 및 대유역 수준에서 적용되고 있는 반면, 유럽과 미국에서는 중·소유역, 지방 수준에서도 적용되고 있다. 주로 삼림 보전, 수질 및 수생태계 보전 정책 영역에서 많이 나타나며, 특별히 유럽과 미국에서는 1970년대부터 주로 농지의 생태계서비스를 개선하기 위한 방안으로 적용되어왔다(여형범, 2015).

코스타리카, 멕시코, 중국 등의 사례에서는 주로 국가가 주도해 삼림 등의 자연환경 보호를 위한 규제를 실시하고 이로 인한 토지 소유자들의 피해나 반발을 피하기 위해 생태계서비스 지불제가 도입되었다. 이러한 사례들에서 토지 소유자들은 자발적으로 생태계서비스 지불제에 참여한 것이 아니며, 국가가 전적으로 재원을 마련해 토지 소유자에게 보상하고 있다. 전국적으로 동일한 보상 체계가 적용됨에 따라 유역별·지역별 여건을 반영한 자연환경 보전 실천들을 유도하지 못한 한계를 보였다.

미국과 유럽연합 지역은 오래전부터 자연환경 보전을 위한 경제적 유인제도를 적용해왔다. 생태계서비스 지불제는 지금까지 분절화된 자연환경 보호시스템을 통합하는 한편, 국가 외 다양한 행위자들(국제기구, 지방정부, 환경단체, 자선단체, 기업 등)의 참여를 유도하기 위해 새롭게 검토되고 있다. 유럽연합의 농업·환경 프로그램과 영국의 환경관리 프로그램은 농민의 소득 보장을 위한 제도이지만, 다양한 자연환경 보전제도들과 결합되어 광범위하게 활용된다. 영국의 삼림보조금제도는 삼림의 보전을 위한 계획 수립부터 모니터링·평가, 재생, 관리, 창출에 이르기까지 다양한 프로그램에 대한 보조금 지원을 포함한다.

국내에서는 자연환경 보전 분야에서 생물다양성 보호 및 경관보전을 위한 제도를 도입했으며, 산림 분야 및 농업 분야에서 생태계서비스를 고려한 지원제도 및 지불제도가 검토되고 있다(여형범, 2014). 현재 국내 생태계서비스 지불제의 유형으로 생물다양성 관리계약('생물다양성 보전 및 이용에 관한 법률'), 멸종위기종 관리계약('야생동물 보호 및 관리에 관한 법률'), 생태계보전협력금('자연환경보전법'), 해양생태계보전협력금('해양생태계의 보전 및 관리에 관한 법률'), 대체산림자원조성비('산지관리법') 등의 제도가 운용되고 있으나, 모두 생태계서비스 구매자와 판매자의 자발적인 참여

없이, 중앙정부 수준에서 부처별로 제각각 제도를 운영하고 있다는 한계를 보인다.

농업 분야의 친환경농업직불제도는 화학비료 및 농약 사용 감소를 통해 농지 주변 생태계서비스를 증진한다는 점에서 생태계서비스 지불제 유형에 포함할 수도 있으나, 구체적으로 친환경농업의 어떤 요인이 어떤 생태계서비스를 개선하는지에 대한 명확한 개념 설정이 부족한 상황이다. 현재 친환경농업직불금은 3년 동안만 지원하는데, 그 이후 친환경농업의 지속과 생태계서비스 제공 여부는 불명확한 상황이다.

한편, 국내에서는 2000년대 이후 대규모 공공 개발 사업이나 규제에 대한 순응을 유도하기 위해 다양한 주변지역 주민지원제도가 생태계서비스 지불제의 한 유형으로 설계된 바 있으나, 변화된 상황에 맞도록 생태계서비스 지불제 원칙을 도입한 제도 재설계가 필요하다. 예를 들어, 물이용부담금을 활용한 상수원관리지역 주민지원제도 등은 수혜를 보는 사람들에게 부담금 등을 부과해 마련한 재원으로 생태계서비스를 공급하는 지역이나 생태계서비스 공급을 위한 규제로 피해를 보는 지역의 주민들을 재정적으로 지원하고 있다. 하지만 생태계서비스 공급자들이 자발적으로 생태계서비스의 증진을 꾀하지는 않으며, 수혜자들 또한 자발적으로 부담금 등을 납부하는 것은 아니라는 점에서 시장에 기반한 생태계서비스 지불제로 보기는 어려운 점이 있다. 현재 물이용부담금은 대부분이 환경기초시설 지원 등에 사용되는 반면 주민들의 자발적인 수질 개선 실천에 대한 지원 비중은 높지 않다는 점에서, 금강 수계를 비롯해 국내 전 수계에서 수질 개선 및 수생태계 보전을 위해 필요한 실천들의 효과와 우선순위를 재검토하고, 수계 내 생태계서비스 공급자와 구매자를 포함한 이해당사자들의 참여와 합의를 바탕으로 한 제도 재설계가 필요한 시점이다.

정부 주도 생태계서비스 지불제 외에 한국내셔널트러스트 등 민간 단체의 자연유산 보전활동 등도 생태계서비스 지불제 사례로 볼 수 있다. 다만, 이러한 단체에 대한 시민들의 기부는 특정 생태계서비스의 개선을 목적으로 하는 것이 아니라 조직의 활동에 대한 기부라는 점에서 생태계서비스 지불제 원칙과 다소 상이한 점이 있다. 근래 자연환경국민신탁이 주도하는 한국생태계서비스네트워크(KESNet)가 구성되어 'DMZ 글로벌 신탁운동'을 전개하고 있는데, 이는 DMZ의 생태계서비스 개선이라는 목표를 분명히 한다는 점에서 생태계서비스 지불제 원칙과 좀 더 가깝다고 볼 수 있다.

4. 충청남도 생태계서비스 지불제 제안 및 연구 현황

충청남도는 2014년 3월 중앙정부에 생태계서비스 지불제 도입을 포함한 '공정하고 정의로운 신균형발전 정책'을 제안했다. 당시 생태계서비스 지불제는 지방정부가 생태계 보호 및 생물다양성 증진을 위한 사업을 자율적으로 시행할 수 있는 기반을 마련하자는 취지였다. 부처별로 운용 중인 각종 부담금제도(물이용부담금, 생태계보전협력금, 해양생태계보전협력금, 대체산림자원조성비 등)를 개선해야 한다는 내용도 포함했다.[4] 또한 충청남

4　충남연구원은 정책 연구를 통해 충청남도의 생태계서비스 지불제 도입 제안을 뒷받침했다. 2014년 'PES 도입 조사 연구'에서는 생태계서비스 지불제의 단계적인 도입 방안(생태계서비스 개념의 이해 증진, 생태계서비스 가치 평가, 생태계서비스 지불제 도입)을 제시했다(여형범, 2014). 2015년 '생태계서비스 지불제 도입 방안'에서는 국내외 생태계서비스 지불제 사례를 검토한 후 지역 단위 생태계서비스 지불제 도입 방안을 제안했다(여형범, 2015).

도는 2015년 말 환경부에 도립공원을 대상으로 한 생태계서비스 지불제 도입 방안을 건의했다.[5] 분명한 재원 조달 방안이 마련되지 않아 실질적인 효과가 미미한 도립공원에 대한 지원제도를 개선하여, 생태계서비스 지불제의 원칙하에 구매자(수혜자)와 공급자의 협상 및 계약을 통해 재원을 마련하고 보호지역 보전 활동을 지원할 필요성을 제안했다.

이후, 충청남도는 생태계서비스 정책 담론을 확산하기 위한 좀 더 구체적인 활동을 추진했다. 먼저 2016년 9월 국제 민간 학술재단인 생태계서비스 파트너십(ESP)과 생태계서비스 정책 개발 및 네트워크 확대를 위한 교류·협력 업무협약을 체결했다. 양 기관은 생태계서비스 네트워크 확대와 관련 협력 교류 활성화, 생태계서비스 인식 제고를 위한 컨퍼런스 및 워크숍 개최 등을 추진하기로 했다.

또한 충청남도는 2017년부터 자체적인 생태계서비스 사업을 시범적으로 진행하기로 했다. 이를 위해 충남연구원은 2017년 현안과제인 'ESP와 상호협력 및 교류 활성화 등 생태계서비스 사업 발굴 연구'를 통해 주민참여형 생태계서비스 시범사업(안)과 생태계서비스 지불제(PES) 시범사업(안)을 마련했다(여형범, 2017).[6] 충청남도는 지자체와 업무협의를 통

---

5 이 내용은 다음 두 연구과제를 토대로 작성되었다. 2015년 충남연구원 전략과제인 「생태계서비스 지불제 연구: 충청남도 내 도립공원을 대상으로」에서는 덕산도립공원을 대상으로 생태계서비스 가치 산정 및 생태계서비스 지불제 도입 방안을 검토했다(오충현·이윤환, 2015). 비슷하게 2015년 충청남도가 발주한 연구과제인 「칠갑산 도립공원의 생태계서비스 지불제 시범도입 방안 연구」에서는 칠갑산도립공원을 대상으로 생태계서비스 가치 산정 및 생태계서비스 지불제 유형으로 공익형 지불제 도입을 제안했다(충청남도, 2015).

6 주민참여형 생태계서비스 시범사업(안)은 생태계서비스 교육 및 인식 증진 사업(생태계서비스에 대한 인식 조사, 생태계서비스 교육 프로그램 및 교재 개발, 충청남도 바이오블리츠 행사 개최), 주민참여형 생태계서비스 조사·평가 및 실천계획 수립 사업(생태자산 및 생태계서비스 전통지식 조사, 주민참여형 생태계서비스 평가 및 지도화, 시군

해 2017년 서천군, 2018년 금산군을 대상으로 주민이 참여하는 생태계서비스 사업의 발굴 및 추진을 위한 예산을 지원했다. 충청남도가 농민들과 함께 추진하고 있는 농업생태환경 프로그램도 농경지를 대상으로 한 생태계서비스 지불제의 한 유형으로 볼 수 있다. 이 프로그램은 농업생태계를 개선하기 위한 마을 단위 실천 사항들에 대해 농민들과 계약을 맺고 일정 금액을 보상하는 제도이다.

5. 정책 제안

충청남도는 지방정부를 비롯한 현장의 다양한 이해당사자들이 자발적으로 참여할 수 있는 새로운 생태계서비스 지불제가 마련되어야 한다는 점을 제안했다. 보호지역과 관련한 갈등을 해소하기 위해서는 국가적인 차원의 중요성뿐만 아니라 지역적인 차원에서 중요한 의미를 지니는 자연환경을 찾아내고 보호하며 이를 지역의 역사적·문화적·사회적·경제적 의미와 연계하는 작업이 무엇보다 필요하기 때문이다. 지방정부 및 지역의 자연환경 관련 연구소, 전문가, 활동가, 주민조직 등은 지역에서 우선적으로 보호해야 하는 자연환경이 무엇인지, 어떤 이해관계가 이러한 자연환경의 보전과 엮여 있는지, 누가 자연환경 보전을 위해 자발적으로 참여할 수 있을지에 대한 정보를 중앙정부 부처보다 잘 알고 있다.

및 보호지역 단위 생태계서비스 실천계획 수립), 충청남도 생태계서비스 네트워크 구축사업(충청남도 생태계서비스 포럼 운영, 생태계서비스 학술행사 개최)을 제시했다. 생태계서비스 지불제 시범사업(안)을 생태계서비스 지불제 시범사업 준비 단계, 생태계서비스 지불제 시범사업 시행 단계, 생태계서비스 지불제 제도화 및 확산 단계로 구분해 제시했다(여형범, 2017).

즉, 생태계서비스 지불제는 국가 단위의 자연환경 보호 활동뿐만 아니라 지역 단위의 창의적인 자연환경 보호 활동을 위한 재원 확보 방안의 하나로 적극 활용될 필요가 있다.

현재, 중앙정부도 생태계서비스 지불제 도입을 검토하고 있다. 앞서 검토한 바대로, 중앙정부의 생태계서비스 지불제 도입 및 시범사업 구상에서, 지방정부의 역할이 한층 더 강조되어야 한다. 이를 위해 다음과 같은 제도 개선 방안을 제안한다.

먼저, 생태계서비스 지불제 도입을 위해서는 지역에서 가치 있는 생태계서비스가 무엇이고, 누가 이와 관련된 판매자와 구매자인지를 확인해야 한다. 우선적으로 지역 내 보호지역 목록(자연공원, 습지보호지역, 생태·경관보전지역, 야생생물보호지역, 특정 도서 등)을 확인하고, 이러한 보호지역의 생태계서비스를 개선할 여력이 있는지, 이러한 개선으로 어떤 편익이 발생하는지를 검토해야 한다. 보호지역 목록 외에 개발과 보전의 갈등이 발생하고 있는 현장의 문제를 해소하기 위해 생태계서비스 지불제가 기여할 바가 있는지에 대해서도 검토해볼 필요가 있다. 충청남도의 경우 예산군의 황새마을, 아산시의 반딧불이 보전지역, 서산시·태안군의 가로림만, 서산시·태안군·홍성군·보령시의 천수만, 금산군 천내습지, 서천군 유부도 등이 사례 지역이 될 수 있다. 이를 위해 현재 광역 지자체가 법정 계획으로 수립하게 되어 있는 '자연환경보전실천계획' 및 '야생생물 보호세부계획'을 '생물다양성 및 생태계서비스 보전계획'(가칭)으로 확대하도록 제도를 확장할 필요가 있다.

둘째, 구체적인 자연환경 현장에 초점을 맞추어 생태계서비스 지불제의 원칙을 수립하고 기술적 검토와 해결이 필요한 문제를 확인해야 한다. 가령, 도립공원을 대상으로 할 경우, 도립공원이 제공하고 있거나 개선이 필요한 생태계서비스의 종류가 무엇인지, 생태계서비스 개선을 담당할 공급자가 누구인지, 생태계서비스 개선 프로젝트의 방식이나 비용은 얼마나 되는지, 도립공원 방문객, 관리를 맡은 지자체, 중앙정부 등에서 도립공원의 생태계서비스 증진으로 인한 편익에 대해 비용을 지불할 용의가 있는지, 어떻게 효과를 모니터링할 것인지, 생태계서비스 지불제의 재원 조달 방식은 무엇이며 전체 비용 중 얼마나 충당할 수 있는지, 도립공원 단위의 방문객 지불 프로그램을 운용할 수 있는지 등에 대한 검토가 필요하다. 도립공원에서 증진할 수 있는 생태계서비스가 얼마나 가치 있는지 측정하고, 이러한 서비스 개선을 좀 더 효율적이고 효과적으로 달성할 수 있는 사업들을 개발해야 한다. 중앙정부는 국립생태원, 국립공원관리공단 등 전국 단위의 기관이 아니라 지자체가 주도적으로 이런 사업들을 개발할 수 있도록 좀 더 적극적으로 지원해야 한다.

셋째, 대상지의 생태계서비스 공급자와 적절한 생태계서비스 지불의 가격 수준을 협상할 수 있는 제도적 방안을 마련해야 한다. 예를 들어 물이용부담금의 경우 각 수계의 수질 개선 목표를 달성하기 위해 필요한 비용을 산정하고, 이 비용을 충당하기 위한 금액을 상수도 이용자의 수로 나누어 부담금 수준을 설정했으며, 상수원 수질 개선의 수혜자(상수도 이용자)는 수도요금 고지서를 통해 이를 통지받고 지불하며, 각 수계별 수계관리위원회는 물이용부담금을 재원으로 수계기금을 조성하고 이를 어떤 사업에 어떻게 배분할 것인지를 결정하고 있다. 이와 비슷하게 지역 내 도립공원의 경우 국립공원 수준의 관리가 이루어질 필요성이 있다면, 이를 위해 필요한 사업 및 비용을 계산하고, 이 사업과 비용을 감당하기 위한 재원 조달 방안으로 생태계서비스 지불제의 규모를 설정할 수 있으며(필요재원/방문객수×분담률), 이러한 금액을 기준으로 생태계서비스 공급자와 생태계서비스 유지 및 개선 실천에 대한 계약을 체결할 수 있다. 자연공원과 달리 방문객에 대한 통제가 어려운 보전지역이나 자연환경에서 방문객을 구매자로 한 생태계서비스 지불제를 도입하고자 할 경우 관리사무소, 생태여행사무소, 교육·체험장 등 다양한 현장에서 방문객들의 자발적인 기부 등을 유도할 수 있는 방안을 고안할 필요가 있을 것이다. 이를 위해서는 현재 환경부가 운영하고 있는 '생물다양성 관리계약' 제도를 생태계서비스 전반에 적용될 수 있는 '생태계서비스관리계약'(가칭) 제도로 확대하는 방안을 검토할 필요가 있다.

넷째, 계약된 사업이 실제로 이루어졌는지, 기대했던 생태계서비스 증진 효과가 있는지, 다른 지역에 간접적인 피해를 야기하지는 않았는지, 법적인 규제 요건들을 지켰는지 등에 대한 모니터링 방안을 마련해야 한다. 현재 각 수계별 수계관리위원회에서 시행하는 방식처럼 매해 수계기금의 운용 현황을 평가하는 것보다는, 지역 내 보호지역을 대상으로 하는 상시적인 연구를 진행하도록 지역 내 대학이나 연구소 등과 협약을 체결함으로써 장기적인 연구프로그램을 만들고 연구 역량을 증진할 필요가 있다. 예를 들어, 이미 충청남도에는 국립생태원과 국립해양생물자원관에서 생태계서비스와 관련한 연구를 진행하고 있으며, 충남연구원에서도 생태계서비스 및 생태계서비스 지불제와 관련한 연구를 진행한 바 있으므로, 이러한 연구기관을 중심으로 생태계서비스 연구 네트워크를 구성하고 충청남도의 보호지역을 대상으로 연구를 진행하도록 유도하고 지원하는 방안을 적극 고려해볼 수 있다. 또한 보호지역 내 또는 인근에 거주하는 주민조직이나 교육기관, 시민단체 등이 모니터링·평가에 참여할 수 있는 방안도 포함시킬 수 있다. 이를 위해 환경부가 진행한 바 있는 '국가장기생태연구사업'을 '지역별 장기생태연구사업'(가칭)으로 확대해 지역별 상시적인 생태계 조사·모니터링을 진행할 수 있는 여건을 만들 필요가 있다.

다섯째, 현재 중앙정부 부처별로 분절화되어 있는 자연환경 관리체계로 인한 원론적인 문제점 및 사례들을 검토하고 이를 지역 단위에서 개선할 수 있는 자율성을 보장해야 한다. 예를 들어, 충청남도에서 추진하고 있는 연안·하구 생태복원 프로그램은 연관된 다양한 생태계서비스를 증진할 수 있으며, 이를 위해서는 상류 수질 관리를 담당하는 환경부, 연안 관리를 담당하는 해양수산부, 하구호 관리 및 주변 농지 관리를 담당하는 농림축산식품부(한국농어촌공사), 주변지역의 토지 이용을 담당하는 국토교통부, 생태관광 등 지역경제 연계프로그램을 담당하는 문화체육관광부의 정책 조율 및 예산 협조가 필요하다. 도립공원의 보전도 산림자원의 제공이나 생물다양성 증진뿐만 아니라 수자원 함양 및 수질 개선, 탄소 격리, 경관 개선, 생태 교육, 관광 여건 개선 등 다양한 생태계서비스를 제공한다는 점에서 여러 부처에서 강조하는 생태계서비스들이 통합되어 관리될 필요가 있다. 유럽의 사례처럼 다양한 프로그램에서 제공하는 재원들을 함께 활용할 수 있는 방안이 검토되어야 할 것이다. 환경부의 '생태계보전협력금', 해양수산부의 '해양생태계보전협력금', 산림청의 '대체산림조성비', 농림부의 '친환경농업직불금' 등을 지방정부가 자율적으로 사용할 수 있도록 제도를 개선할 필요가 있다. 생태계서비스 지불제를 위한 충분한 예산이 되도록 부과 금액을 현실화하고, 지자체의 생태계서비스 및 생태계서비스 지불제 사업에 대한 관리를 체계화한다는 전제하에 이러한 예산집행 및 사업 추진에 대한 지자체의 권한을 확대해야 한다. 지자체가 생태계서비스 사업 및 생태계서비스 지불제 사업을 추진하기 위한 기관 및 중간지원조직을 지정 또는 설립할 경우, 이를 지원할 수 있는 법적 근거와 제도를 만들 필요도 있다.

참고문헌

관계부처합동. 2014. 「제3차 국가생물다양성전략」.

국립생태원. 2016. 「지역주민과 함께하는 생태계서비스 평가: 서천 사례집」.

권혁수 외. 2015. 「생태계서비스 평가 기반 구축, 국립생태원 기반연구」.

사공정희·정옥식·여형범. 2014. 「충청남도 논습지의 생태계서비스 평가 연구」. 충남연구원
　　전략과제

여형범. 2014. 「PES 제도 도입 조사·연구」. 충남연구원 현안과제연구.

_____. 2015. 「생태계서비스보상제도(PES) 도입방안」. 충남연구원 현안과제 연구」.

_____. 2017. 「ESP와 상호협력 및 교류 활성화 등 생태계서비스 사업 발굴 연구」. 충남연구
　　원 현안과제연구.

오충현·이윤환. 2015. 「생태계서비스 지불제 연구: 충청남도 내 도립공원을 대상으로」. 충남
　　연구원 전략과제연구.

이현우 외. 2015. 「자연자본의 지속가능성 제고를 위한 의사결정 지원체계 개발: 생태계서비
　　스 분석을 중심으로」. KEI 사업보고서.

충청남도. 2015. 「칠갑산 도립공원의 생태계서비스 지불제 시범도입 방안 연구」.

환경부. 2014. 「지역 생물다양성전략 활성화 방안」.

DEFRA. 2013. "Payments for Ecosystem Services: A Best Practice Guide".

Bennett, Drew E. and Hannah Gosnell. 2015. "Integrating multiple perspectives on
　　payments for ecosystem services through a social-ecological systems framework."
　　Ecological Economics, Vol. 116, pp. 172~181.

IFAB, ZALF and HFR. 2012. "Common Agricultural Policy from 2014: Perspectives for
　　more Biodiversity and Environmental Benefits of Farming?"

OECD. 2013. *Scaling up finance mechanisms for biodiversity*. OECD Publishing.
　　http://dx.doi.org/10.1787/9789264193833-en

7장

지역 차등 전기요금제로 개편

신동호 | 충남연구원 산업경제연구부 선임연구위원

1. 문제 제기

공정한 전기요금제로의 개편 방안에 대한 사회적 논의는 '현행 전기요금체계는 과연 공정한가'라는 문제의식에서 출발한다. '공정(公正, fairness)'의 사전적 의미는 '어느 한쪽으로 치우침 없이 공평하고 올바름'을 의미하는바, 이에 입각해 현행 전기요금체계가 공정하지 못한 두 가지 이유는 다음과 같다. 첫째, 석탄화력발전·송전에 따른 경제적·사회적·환경적 피해를 해당 지역에 고스란히 전가하는 것이며, 둘째, 지역별 전력 공급의 원가 차이가 분명함에도 여전히 전국 단일의 전기요금제를 유지하는 것이다.

물론 이러한 문제 제기에 대한 우려 및 반론 역시 만만치 않다. 이러한 우려 및 반론의 근거로는 첫째, 발전과 송전에 따른 사회적 비용을 전기요금에 반영할 경우, 요금 상승으로 인한 소비자 부담이 커지게 된다는 것이다. 또한 해당 비용은 이미 법·제도를 통해 내재화하고 있다는 것이다. 둘째, 전기라는 재화의 공익성과 요금 차등에 대한 사회적 수용성이 크지 않음을 감안하면 기존 단일 전기요금제는 유지되어야한다는 것이다.

그러나 현행 법·제도를 통한 사회적 비용의 내재화 수준은 턱없이 미흡하며, 그간 상대적으로 저렴한 단일 전기요금이 물가 안정 및 경제성장 등 국민경제에 기여해온 것은 분명하나 환경의 관점에서 '삶의 질'까지 담보할 수 없다는 것 역시 주지의 사실이다. 다시 말해 쾌적한 환경에 대한 국민적 요구가 날로 증대하는 현시점에서 천문학적인 사회적 비용을 유발하고 이를 지역에 고스란히 전가하는 현행 단일 전기요금체계가 '더 이상 착한 요금제일 수 없다'는 사실은 자명하다.

이에 충청남도와 충남도민은 단순히 지역만의 이익 추구 관점에서 현행 단일 전기요금제를 개편하자는 것이 아니라, 지역 간 경제적 편익의 공정한 분배와 삶의 질을 동시에 고려한 '공정한 전기요금제'로의 단계적 개편을 제안하고자 한다.

2. 발전·송전에 따른 사회적 비용의 불공정

현재, 충청남도에는 국내 화력발전소 총 53기 중 26기가 도내 서해안과 북부권을 중심으로 입지하고 있으며, 국내 총화력발전량의 47.2%를 차지하고 있다. 또한 생산된 전력의 57.5%를 수도권 등 타 시도로 송배전하기 위해 설치된 총 선로 길이는 4만 8496km로 전국 4위에 해당한다.[1] 이는 충청남도기 주요 전력생산기지 역할을 담당하고 있음을 시사하는 것이다.

그림 7-1

충청남도 소재 발전소 및 송배전망 현황

당진(석탄화력_유연탄_4000MW)
-한국동서발전(EWP)-
MPC 대산(중유_466MW) ● GS 부곡(복합화력_1034MW)
태안(석탄화력_유연탄_4000MW)
-한국서부발전(WP)-

보령(석탄화력_유연탄_4000MW)
(복합화력_1350MW)
-한국중부발전(KOMIPO)-

서천(석탄화력_국내탄_400MW)
(-한국중부발전(KOMIPO)-

자료: 충남연구원(2017).

이처럼 충청남도는 국내 주요 전력생산기지로서의 역할을 담당하기 위해 다수의 석탄화력발전소와 송배전 시설이 입지하고 있는바 이에 따른 사회적 비용을 살펴보면 다음과 같다. 먼저 충청남도의 화력발전 과정에서 발생하는 CO_2 및 대기오염물질 배출량은 전국대비 각각 23.5%, 39.2%로 전국 1위를 차지하고 있는 실정이다. 이를 비용으로 환산하면 온실가스 피해는 2조 2370억 원에 이르며, 대기오염물질 피해는 5조

---

1   충청남도 내 송배전 선로는 주로 전신주, 송전탑 등 지상설비로 전국 대비 10.8% 수준 (송배전 선로 길이 비중)이나 도내 지중화율은 3.5%에 불과하다.

표 7-1

발전 부문의 지역별 CO_2(2012) 및 대기오염물질 배출 비용 추정 결과
(2013)

시도	CO_2 배출량 (tCO_2)	CO_2 피해 비용 (100만 원)	비율(%)	대기오염물질 피해 비용(100만 원)	비율(%)
서울	359,726	14,575	0.2	23,989	0.2
부산	16,841,198	682,338	7.2	134,873	1.0
대구	2,287,082	92,663	1.0	146,735	1.1
인천	33,041,372	1,338,704	14.1	1,132,780	8.5
광주	179,882	7,288	0.1	17,316	0.1
울산	4,482,783	181,624	1.9	867,370	6.5
경기	12,949,896	524,678	5.5	713,453	5.3
강원	4,505,056	182,527	1.9	532,374	4.0
충남	55,212,716	2,236,998	23.5	5,242,827	39.2
전북	3,428,483	138,908	1.5	246,941	1.8
전남	32,815,934	1,329,570	14.0	779,526	5.8
경북	32,906,521	1,333,241	14.0	242,370	1.8
경남	34,058,052	1,379,896	14.5	3,067,460	22.9
제주	1,386,306	56,168	0.6	238,799	1.8
합계	234,886,905	9,499,178	100.0	13,386,814	100.0

자료: 임병인 외(2016).

2430억 원에 달하는 것으로 나타났다(경기연구원, 2016).[2] 또한 송전 시설
입지에 따른 피해로는 부동산 가치 하락 및 토지 이용 제한에 따른 재산

---

2 2015년 그린피스에서 발표한 충청남도 내 석탄화력발전소의 건강영향평가에서도 화력
   발전소가 40년(석탄화력발전소 평균수명)동안 운행된다고 가정할 때 조기 사망자 수는
   평균 3만 2000명 정도 추가적으로 발생할 것이라 한다.

그림 7-2

발전·송전에 따른 사회적 비용 규모 대 보상 및 지원 수준

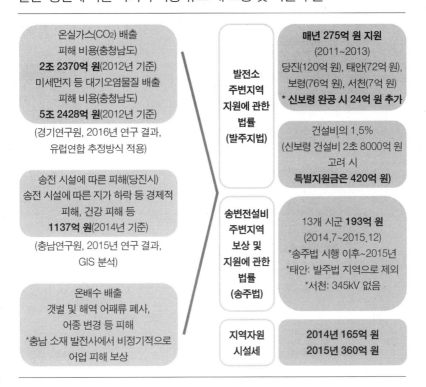

온실가스(CO₂) 배출 피해 비용(충청남도) **2조 2370억 원**(2012년 기준) 미세먼지 등 대기오염물질 배출 피해 비용(충청남도) **5조 2428억 원**(2012년 기준) (경기연구원, 2016년 연구 결과, 유럽연합 추정방식 적용)	발전소 주변지역 지원에 관한 법률 (발주지법)	**매년 275억 원 지원** (2011~2013) 당진(120억 원), 태안(72억 원), 보령(76억 원), 서천(7억 원) * **신보령 완공 시 24억 원 추가**
		건설비의 1.5% (신보령 건설비 2조 8000억 원 고려 시 **특별지원금은 420억 원**)
송전 시설에 따른 피해(당진시) 송전 시설에 따른 지가 하락 등 경제적 피해, 건강 피해 등 **1137억 원**(2014년 기준) (충남연구원, 2015년 연구 결과, GIS 분석)	송변전설비 주변지역 보상 및 지원에 관한 법률 (송주법)	13개 시군 **193억 원** (2014.7~2015.12) *송주법 시행 이후~2015년 *태안: 발주법 지역으로 제외 *서천: 345kV 없음
온배수 배출 갯벌 및 해역 어패류 폐사, 어종 변경 등 피해 *충남 소재 발전사에서 비정기적으로 어업 피해 보상	지역자원 시설세	**2014년 165억 원** **2015년 360억 원**

자료: 충남연구원(2017).

적 피해, 소음·전파장애 등의 환경적 피해, 그리고 안전사고 및 사고 위험에 따른 신체적·정신적 피해 등을 들 수 있다. 실제로 당진시의 경우, 송전선로에 의한 지가 하락만으로도 그 피해액이 1137억 원에 달한다(충남연구원, 2014). 여기에 온배수 배출로 인한 해양생태계 피해까지 고려하면 실로 천문학적인 피해가 매년 발생하고 있는 실정이다.[3]

___

3   발전소에서 배출되는 온배수는 바닷물의 평균수온을 4~7℃ 높여 주변 해역의 용존산소

이처럼 화력발전·송전에 따른 사회적 비용은 연간 7조 원을 상회하고 있으나 이에 대한 보상 및 지원 수준은 연간 1000억 원에도 미치지 못하는 실정이다. 구체적으로 '발전소 주변지역 지원에 관한 법률',[4] '송·변전시설 주변지역 보상 및 지원에 관한 법률',[5] '지역자원시설세'[6]를 통해 이러한 피해를 일부 내재화하고 있다. 그러나 천문학적인 사회적 비용 유발에 따른 피해에 비해 상대적으로 그 내재화 수준은 매우 미흡하고 전력을 공급받는 수요 지역은 사회적 비용 부담이 거의 없음을 감안할 때 이는 발전·송전에 따른 사회적 비용의 대부분을 충청남도로 고스란히 전가하고 있음을 시사한다.

3. 거리에 따른 차등 없는 송전요금 부과의 불공정

전력은 송전 과정에서 손실이 발생한다. 이는 송전선로의 저항으로 인해 발생하는 불가피한 손실로 전압이 높을수록 그리고 거리가 멀수록 손실률은 높아지는 특성이 있다.[7] 또한 송전선로의 송전량 한계로 발전

량을 감소시키는바, 1차적으로 수산자원의 피해를 유발하고 나아가 전체 해양생태계 변화를 초래하는 추가적인 피해를 발생시킨다.

4 　'전기사업법' 시행령 36조에 따라 전력산업기반기금으로 지원되며, 공공복지, 주민복지, 전기요금보조 등 주민 대상 사업 추진에 활용되고 있다.

5 　법률에서 지정하는 해당 지역을 중심으로 발전 및 송전사업자의 재원과 전력산업기반기금의 보조 형태로 주택용 전기요금 보조, 복지 및 소득증대사업, 육영사업 등 각종 주민지원사업을 추진하고 있다.

6 　2011년 지역자원시설세 특정자원분에 화력발전이 추가되었으며, 보상 규모는 2014년 165억 원, 2015년 360억 원이며, 향후 화력발전소가 신설됨에 따라 보상 규모는 증가할 것으로 전망된다.

그림 7-3

제약발전 개념

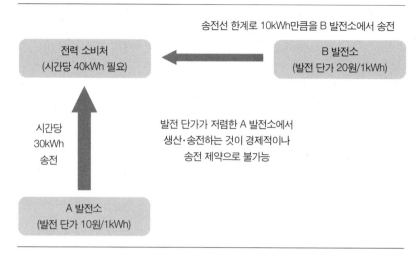

송전선 한계로 10kWh만큼을 B 발전소에서 송전

전력 소비처
(시간당 40kWh 필요)

B 발전소
(발전 단가 20원/1kWh)

시간당
30kWh
송전

발전 단가가 저렴한 A 발전소에서
생산·송전하는 것이 경제적이나
송전 제약으로 불가능

A 발전소
(발전 단가 10원/1kWh)

자료: 충남연구원(2017).

단가가 저렴한 발전소에서 소비처로 무한정 송전하는 것이 어려워 발전
단가가 상대적으로 비싼 발전소에서 발전하는 이른바 제약발전을 실시
하고 있다.

이와 관련해 한국은 수도권의 전력 수요량이 많아 북상조류의 특성
을 띠고 있다. 실제로 충청남도는 국내 총발전량의 23.5%를 생산하고 있
으며, 발전량의 57.5%를 타 지역 특히, 수도권 등 타 지역으로 송전하고
있다. 그러나 현행 송전요금은 거리에 따른 차등적 부과가 아닌 전국적
으로 동일한 3.81원/kWh을 부과하고 있다.[8] 결과적으로 수도권의 전력

---

7   2015년 기준으로 국내 송전손실량은 795만 3844MWh로 이를 비용으로 환산하면 약
     6732억 원으로 추정된다.

그림 7-4
송전 비용 동일 부과의 불공정 사례

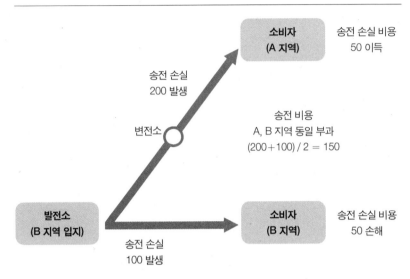

※ 추가 송전탑 및 변전소 건설 비용을 고려하지 않더라도 발전소 입지 지역 소지바는 타 지역 송전 비용 일부를 추가로 부담하고 있음.

자료: 충남연구원(2017).

수요가 많음에 따라 발생하는 송전 비용을 전국에 동일하게 부과하고 있다는 사실이다. 이는 발전소가 입지한 지역의 입장에서는 수도권으로의 송전에 따른 비용과 제약발전에 따른 비용 중 일부를 부담하는 것을 의미한다. 따라서 거리와 제약발전에 따른 비용을 고려치 않는 현행 전국 단일의 송전요금 부과는 불공정하다는 것이다. 다시 말해, 송전요금을 거리에 따라 차등 부과 하는 것이 공정하다는 것은 자명한 사실이다.

---

8   국내 송전 비용은 발전 측에는 부과되지 않고 수요 측에만 부과하고 있다.

4. 해외 사례

해외에서 실시되는 발전·송전에 따른 사회적 비용 저감 노력과 차등
요금제를 살펴보면 다음과 같다. 우선 미국에서는 화력발전으로 인한 온
실가스와 대기오염물질 피해에 대응하기 위해 화력발전소만을 대상으로
하는 탄소배출권(Regional Greenhouse Gas Initiative: RGGI) 및 대기오염물질
(SOx, NOx)거래제를 도입하고 있다. 특히, RGGI는 미 북동부 9개 주가
참여하는 지역단위 탄소시장으로 권역 내 25MW 이상 규모의 163개 화
력발전소를 대상으로 운영하고 있다.[9] 이로 인해 2008~2013년간 온실가
스 배출량을 33.3%나 저감했으며, 경매수익금을 발전효율 향상, 신재생
에너지시설 확충, 전기요금지원 등에 활용하고 있다. 또한 EPA(미국 환경
청)는 1990년에 청정대기법(Clean Air Act)프로젝트의 일환으로 화력발전
소를 대상으로 산성비 프로그램(Acid Rain Program)을 실시해 대기오염물
질의 총량 규제를 실시하고 있다.

일본의 경우에는 화력발전 연료 연소에 따른 CO_2 발생량을 근거로
발전 비용에 CO_2 대책 비용을 명시적으로 포함하고 있는바, 그 규모는
전체 발전 비용의 4분의 1 수준에 달한다. 실제로 2010년 기준으로 kWh
당 9.5엔의 발전 비용(자본비+운전유지비+연료비+사회적 비용) 중 2.5엔을
CO_2 대책 비용으로 포함하고 있다.

유럽연합의 경우, 에너지 사용과 관련한 환경 및 사회적 피해 비용
의 객관적 추정을 위해 피해함수접근(Damage Function Approach) 또는 영

---

9   현재, 뉴욕, 뉴햄프셔, 델라웨어, 로드아일랜드, 매사추세츠, 메릴랜드, 메인, 버몬트, 코
     네티컷 등 9개 주가 참여하고 있으며, 배출권을 무상 할당하지 않고 경매로 할당하고 이
     를 재투자해 소비자에 환원함으로써 소비자 편익을 증진한다.

그림 7-5-1

RGGI 주(州)전력 부문 CO_2 배출량

단위: 100만 톤

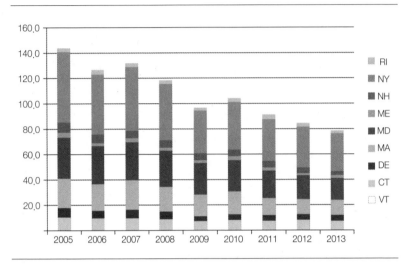

자료: 한전경제경영연구원(2016)에서 재인용.

그림 7-5-2

RGGI 주(州) 전력 부문 CO_2 단위당 배출량 변화

단위: 톤/MWh

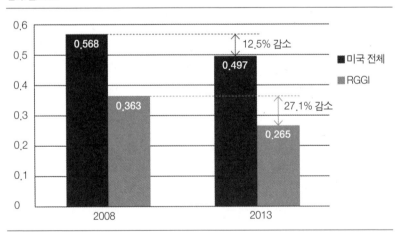

자료: 한전경제경영연구원(2016)에서 재인용.

그림 7-6

일본의 사회적 비용을 고려한 발전 단가

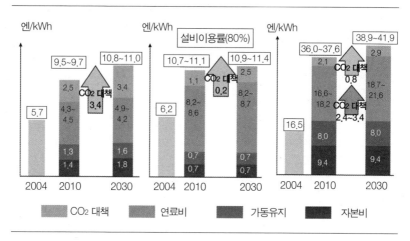

자료: 에너지경제연구원(2014).

그림 7-7

유럽연합의 사회적 비용 추정 사례

단위: 유로센트/kWh

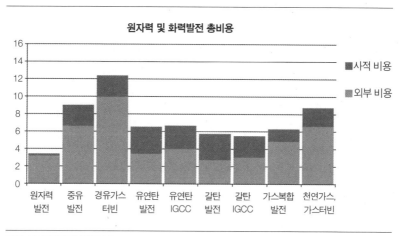

자료: 에너지경제연구원(2014).

향경로접근(Impact Pathway Approach) 방법을 통해 환경영향 평가를 실시한다. 다시 말해 화력발전에 따른 환경 및 사회적 피해에 대한 객관적 조사를 통해 사회적 비용의 내재화 근거로 활용한다. 구체적으로 엑스턴이(ExternE) 프로젝트를 통해 사회적 비용을 추정하고 있는 바, 석탄의 외부비용(유로/kWh)으로 독일, 영국, 프랑스에서는 각각 3~6유로, 4~7유로, 3.34~10유로를 책정한다.

한편, 송전에 따른 사회적 비용에 대해서는 미국의 경우, 선하지에 대해 원칙적으로 지상권을 설정하고 잔여지의 가치 하락을 고려해 토지 소유자와의 협의 후 보상금을 지급하거나 선하지를 수용함으로써 주민과의 갈등을 최소화한다.[10] 이와 관련해 독일의 경우에는 송전선로에 대한 지역권을 설정해 보상하고 있으며, 농업 피해에 대한 보상은 이루어지나 주변 토지 피해에 대한 보상은 하지 않는다. 프랑스에서는 지역권 설정이 기본이며, 전자계 피해 예방을 위한 공익지역권을 설정해 건물이나 시설의 건축을 제한하는 방식으로 대응하고 있다.[11]

또한 온배수 배출의 경우에는 미국의 경우, 온배수를 오염물질로 규제하고 혼합구역을 두어 자연해수와의 온도차를 줄인 후 배출하도록 한다. 독일의 경우에는 온도차에 대한 강제성은 없으나 혼합구역을 두고 온도 상승 변화를 최소화하도록 규제하고 있으며, 일본은 국가 차원의 온배수 배출 규정은 두지 않으나 지방자치규정에 의해 배출 온도를 규제하고 있다. 이처럼 해외에서는 온배수 배출에서 혼합구역을 설정하거나

---

10 선하지란 송전 설비가 가설되어 있는 토지(고압선 아래의 토지)를 지칭하며, 지상권이란 타인의 토지에 가설되어 있는 송전 설비를 소유하기 위해 그 토지를 사용할 수 있는 물권을 의미한다.

11 공익지역권이란 공익을 목적으로 타인의 토지를 자기토지의 편익에 이용하여 사용가치를 증대시키는 권리를 의미한다.

그림 7-8

해외 송전 및 온배수 피해 대응 사례

선하지 토지수용,
지상권 설정 및 보상

혼합구역을 통해 발전
온배수의 배출 온도를 낮춤

자료: 충남연구원(2017).

그림 7-9

영국의 송전요금 차등 부과 사례

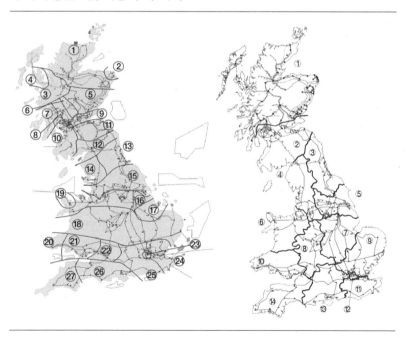

자료: 전력거래소(2015).

그림 7-10

호주의 송전망 및 발전소, 전력도매시장 현황

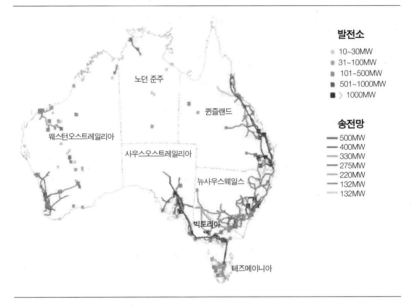

발전소

■ 10~30MW
■ 31~100MW
■ 101~500MW
■ 501~1000MW
■ > 1000MW

송전망

— 500MW
— 400MW
— 330MW
— 275MW
— 220MW
— 132MW
— 132MW

자료: The Statement of Use of System Charges, Apr, 2016, nationalgrid

배출 온도를 규제하는 등 생태계 파괴에 따른 환경적 피해를 최소화하는
노력을 경주하고 있다.

한편, 지역별 차등 요금을 부과하는 해외 국가 중 한국과 유사한 특
징을 가진 영국과 호주의 사례를 살펴보면 다음과 같다. 영국은 전체 전
력 수요의 50%정도가 런던을 중심으로 한 남부 지역에서 발생하는 반면,
발전원 대부분은 북부에 소재함에 따라 남하조류의 특징을 보인다(한국의
경우 북상조류 특징). 이에 송전요금을 발전 측과 수요 측으로 구분해 차등
요금을 부과하는바, 발전 측 송전요금은 27개 지역으로 구분해 북부 지
역은 높게, 남부 지역은 낮게 부과한다. 반면, 수요 측 송전요금은 14개

그림 7-11

국내 송전요금 단가표

구분		발전 측	수요 측
기본요금 단가 (원/kW/월)	전국 단일	902.1	921.9
사용요금 단가 (원/kWh)	수도권 북부	0.80	2.84
	수도권 남부	1.64	
	비수도권	1.97	1.70
	제주	0.75	8.42

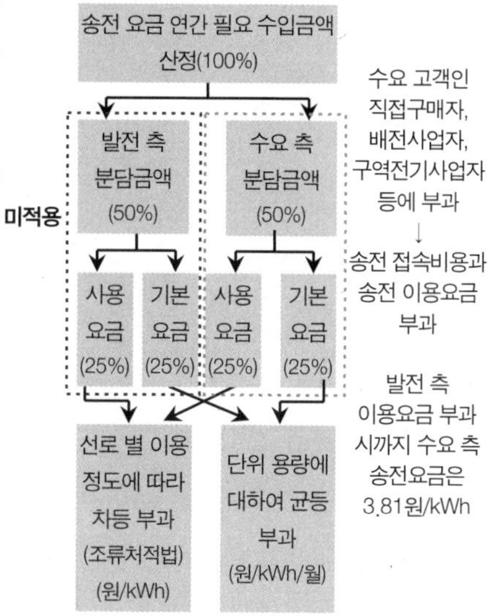

송전 요금 연간 필요 수입금액 산정(100%)

수요 고객인 직접구매자, 배전사업자, 구역전기사업자 등에 부과
↓
송전 접속비용과 송전 이용요금 부과

발전 측 분담금액 (50%)

수요 측 분담금액 (50%)

미적용

사용 요금 (25%) 기본 요금 (25%) 사용 요금 (25%) 기본 요금 (25%)

선로 별 이용 정도에 따라 차등 부과 (조류처적법) (원/kWh)

단위 용량에 대하여 균등 부과 (원/kWh/월)

발전 측 이용요금 부과 시까지 수요 측 송전요금은 3.81원/kWh

자료: 충남연구원(2017).

지역으로 구분해 송전 거리가 짧은 북부 지역은 낮게, 상대적으로 송전 거리가 긴 남부 지역에는 높게 부과한다.

호주의 경우, 발전 시설 용량의 50% 이상을 정부에서 소유하며 전력 도매시장을 5개의 구역(zone)으로 구분하고 각 구역별로 차등 요금을 부과한다. 구체적으로 구역 내 혼잡이 아닌 구역 간 혼잡요금만을 산정하며, 각 구역별 단일 가격(zonal price)으로 인해 구역 간 차등이 발생하는 요금체계를 적용하고 있다.

이에 비해 한국의 경우, '전기사업법' 제15조에 송전요금 차등에 대한 실행 근거는 마련하고 있으나, 미시행 중이다. 구체적으로 발전 측 4개 권역(수도권 북부, 수도권 남부, 비수도권, 제주), 수요 측 3개 권역(수도권, 비수도권, 제주)으로 구분해 권역 내 동일 요금, 권역 간 차등 요금 적용을 위한 실행 근거를 마련했으나 기술적 한계 및 사회적 수용성 등을 이유로 발전 측에는 부과 유예, 수요 측에는 동일 요금(3.81원/kWh)을 부과하는 실정이다.[12]

5. 정책 제안

전술한 내용을 토대로 제시하고자 하는 공정한 전기요금제로의 개편 방안은 다음과 같다. 해외 주요국의 사례를 보면, 화력발전·송전에 따른 사회적 비용을 현행 전기요금에 직접적으로 반영하기에는 현실적 한계가 상존한다. 따라서 사회적·경제적·환경적 피해 문제는 해외 사례에 준하여 법·제도 및 다양한 정책 수단을 강구해 내재화 수준을 현실화하고 전기요금 자체의 불공정 문제는 현행 전기요금체계에 송전요금 차등 요인을 반영하는 것이 합리적일 것이다. 후자의 문제만으로 국한하자면, 송전요금에 대해서는 거리용량병산제(Megawatt-Mile Rule)를 적용하는 것이 바람직할 것이다.[13]

이에 충청남도는 송전요금 차등제의 전면적 실시가 사회적 수용성 및 국민경제에 미치는 영향을 고려해 단계적으로 추진할 필요가 있다.

12　현재 국내 전력시장은 시간대별 전력 수요에 따라 시장가격이 결정되는 변동비 반영시장(Cost Based Pool: CBP)으로 발전 측 송전요금을 적용할 때, 어느 발전기에서 생산된 전력이 사용되는지 특정할 수 없음에 따라 발전 측 부과를 유예하고 있다.

13　거리용량병산제는 송전요금 산정방법 중 총괄비용배분법 중의 하나로 송전 용량 및 거리에 따라 요금을 반영할 수 있는 장점이 있으나 송전용량 및 총비용(투자비, 운전유지비 등), 전력조류 등 다수의 관련 자료를 수집해 분석해야 하는 복잡함이 단점으로 지적된다.

그림 7-12

지역 송전요금의 단계적 개편 방안

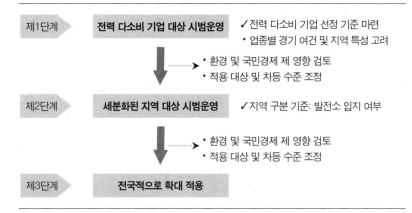

제1단계 ▶ **전력 다소비 기업 대상 시범운영** ✓전력 다소비 기업 선정 기준 마련
· 업종별 경기 여건 및 지역 특성 고려

· 환경 및 국민경제 제 영향 검토
· 적용 대상 및 차등 수준 조정

제2단계 ▶ **세분화된 지역 대상 시범운영** ✓지역 구분 기준: 발전소 입지 여부

· 환경 및 국민경제 제 영향 검토
· 적용 대상 및 차등 수준 조정

제3단계 ▶ **전국적으로 확대 적용**

자료: 충남연구원(2017).

우선 용도별 요금 중 가정용과 상업용을 제외한 산업용에 우선적으로 적용하되 단계적 추진 방안은 다음과 같다. 제1단계에서는 전력 다소비 기업을 대상으로 하되, 기업 선정 시 업종별 경기 여건 및 지역 특성을 고려하여 시범운영토록 하고, 제2단계에서는 화력발전소가 입지한 광역 또는 기초행정구역만을 대상으로 송전요금을 차등화한다. 마지막 제3단계에서는 전국적으로 확대 적용하되, 각 단계별로 환경 및 국민경제에 미치는 제 영향을 검토하고 적용 대상 및 차등수준을 조정함으로써 사회적 수용성을 점진적으로 제고할 필요가 있다.

참고문헌

충남연구원. 2017. 「공정한 전기요금제 개편의 사회적 공론화 연구」.
임병인 외. 2016. 「지역 간 전력수급 불균형에 따른 상생방안 연구」. 경기연구원.
한전경제경영연구원. 2016. ≪KEMRI 전력경제리뷰≫, 2016년 16호.
에너지경제연구원. 2014. 「원자력발전의 경제적·사회적 비용을 고려한 적정 전원믹스 연구」.
전력거래소. 2015. 「2015년 해외전력시장 동향」.

nationalgrid. 2016. 4. "The Statement of Use of System Charges."

8장

미래 생명공간 하구의 생태복원

이상진 | 충남연구원 환경생태연구부 선임연구위원

김영일 | 충남연구원 물환경연구센터 물통합연구팀 팀장

1. 문제 제기

하구(estuary, 河口)는 하천과 바다의 연결점으로, 민물과 바닷물이 섞이고(기수역) 조석의 영향을 받는 지역(감조구역)을 말한다. 담수와 해수가 섞이는 하구지역은 조석, 파랑 및 하천유량의 영향을 받기 때문에 위치나 시간에 따른 환경 요인의 변화폭이 크고 생물의 구성도 다양하게 나타나는 역동적인 생태계이다. 또한 야생생물의 서식지, 생육지 및 산란지로서의 생태적 가치뿐만 아니라, 오염물질 정화, 홍수 및 해일 피해 저감 등 자연재해 방지 기능과 경관이 가지는 심미적 기능을 비롯해 위락 및 휴식장소의 제공, 해상운송 및 산업의 적지로서의 다양한 사회적·경

※   이글은 충남연구원 전략과제 「충청남도 하구현황 및 생태복원 방안 연구」(2014)의 일
    부 내용을 재구성하고 추가·보완한 것이다.

표 8-1

전국 권역별 하구 유형 구분

구분	합계	한강	낙동강	금강	영산강	섬진강	제주
합계	463	69	164	67	57	71	35
열린 하구	235	35	117	6	11	33	33
닫힌 하구	228	34	47	61	46	38	2

제적 가치가 있는 곳으로 알려져 있다.

그러나 국내 463개 하구 가운데 228곳(49%)이 방조제와 하굿둑, 항만 개발 및 매립 등으로 하구 물 순환이 차단되어 생태계가 단절되어 있다. 나머지 열린 하구(235곳)도 농경지, 산업단지 및 도시개발사업 등 개발 압력이 높은 상태로 최소한의 보호 대책 마련이 시급한 상황이다. 특히, 금강권역은 하구 67개 가운데 61개(91%)가 닫힌 하구로 닫힌 하구 비율이 매우 높은 실정이다.

최근 많은 국가를 중심으로 간척사업으로 인한 이익보다 손실이 크다는 인식이 확산되면서 하구를 개발하는 것보다는 보전하는 것으로 하구관리 패러다임이 변화되었다. 미국, 독일, 일본, 네덜란드 등 주요 선진국가들은 이미 많은 곳에서 하구복원사업을 시행해왔고 국가 차원에서 하구복원을 위한 체계를 마련해오고 있다. 우리나라도 하구복원 정책에 대한 관심이 높아지기 시작했으며, 최근에는 충청남도와 해양수산부를 중심으로 연안 및 하구 생태복원을 위한 의미 있는 시도들이 추진되고 있다.

2. 하구복원 정책의 필요성과 한계

1) 간척과 생태계 훼손

한국을 비롯한 많은 국가는 홍수 및 해일 피해 예방, 농경지 및 산업용지 확보, 생활·농업 및 공업용수 확보 등의 장점 때문에 간척사업을 통한 방조제와 하굿둑[1] 건설을 추진했다.

국토 면적이 협소한 한국은 지난 40여 년 동안 서해안의 지형도가 바뀔 정도로 많은 간척사업을 시행해왔다. 특히, 서해안과 남해안은 넓은 갯벌이 발달되어 있어서 일찍부터 간척이 진행되었다. 1980년대 후반에 들어서면서 이른바 '서해안 개발'이라는 명분으로 방조제와 하굿둑을 건설한 후 갯벌을 매립하는 개발 행위로 공장, 도시, 농지 등이 조성되었다. 서·남해안은 넓은 간석지와 얕은 수심, 리아스식 해안으로 짧은 방조제를 축조하고도 넓은 땅을 개발할 수 있는 지형적 조건 때문에 많은 간척이 이루어졌다. 연안 일대에 산재하는 다수의 섬들이 바람과 파도를 막아주어 방조제를 쉽게 축조할 수 있게 해주고, 방조제 축조에 필요한 토사석(土砂石)을 인근 도서에서 쉽게 구할 수 있기 때문이다.

방조제와 하굿둑 건설에 의한 간척사업은 농경지를 확보한다는 장점이 있지만 농업용수를 비롯한 공업용수와 생활용수 등 많은 물이 필요하고, 배출되는 폐수와 하수는 연안생태계를 오염시킨다는 단점도 있다. 방조제 안쪽의 갯벌 매립에 따라 많은 지역에서 염생식물 군락지가 사라지고 생물 생산량이 급격히 감소하게 되었다. 결국 하구지역의 과도한 개발에 따른 기수역 파괴는 생태계 순환 고리를 차단하고, 유속 저하에

---

1   하굿둑은 바다에서 들어오는 염수를 막기 위해 강의 하구에 쌓은 둑을 뜻한다

의한 오염물질 축적과 용존산소 고갈을 일으키며, 육상 기원의 조립질 퇴적물을 차단해 연안침식을 유발한다. 방조제와 하굿둑 하류 측에도 세립질 유기퇴적물 축적으로 수질이 점진적으로 악화되고 생태계 훼손을 초래하고 있다.

이와 같이 무분별한 간척사업은 해수순환을 단절시켜 하구 본래의 기능을 크게 약화되게 한다. 이는 해양생물 서식지 및 산란지 파괴로 수산물의 가치와 생산량을 현격히 감소시키는 결과로 이어지고, 하구호의 당초 이용 목적인 농업 및 공업용수의 수질을 유지하기 위해 상류유역 규제, 오·폐수 처리시설 확충, 퇴적토 준설, 인공습지 조성 등으로 각종 사회적 비용이 지속적으로 증가하고 있는 실정이다.

많은 국가는 하구와 갯벌이 해양생물의 산란장, 자연 정화, 연안 보호 등 환경적으로 중요한 역할을 하는 곳이며 그 생태적·경제적 가치[2]는 환산할 수 없을 만큼 무궁무진하다는 사실을 인식하고 있다. 주요 선진국들은 국가 차원에서 하구와 갯벌의 복원사업을 추진했거나 추진 중으로 다양한 복원 및 관리 기술을 개발하고 있다.

2) 하구복원의 한계

하구에 위치한 담수호는 수질이 점점 나빠져 농업용수 및 공업용수 사용에 적지 않은 제한 요인으로 작용하고 있다. 최근 하구 담수호의 수질오염 문제, 수산자원의 고갈 등의 문제를 깨닫고 방조제와 하굿둑의

---

2 영국의 과학전문지인 ≪네이처(Nature)≫에 따르면, 갯벌의 가치는 1ha(0.01km²)당 9900달러로 농경지 가치(92달러)의 100배이고, 하구지역(기수역)은 250배 이상의 가치를 가진 것으로 평가된다. 국토해양부(현 해양수산부)는 국내 갯벌의 경제적 가치를 총 연간 약 16조 원으로, 단위면적(1km²)당 연간 63억 원으로 추정한다.

갑문 운영 및 구조개선 등을 통한 해수순환에 대해 국민적 관심이 증가하고 있다.

이처럼 하구환경의 중요성에 대한 인식이 점차적으로 강화되어 있으나, 아직도 농지 확보와 산업단지의 확장 및 배후도시의 건설을 위한 매립 등 중앙정부와 지자체의 선점식 개발로 인한 하구의 훼손이 진행되고 있다. 또한, 조력발전 건립계획 등 대단위 공유수면 매립 및 하구 주변을 훼손하는 매립사업이 경쟁적으로 추진되고 있다.

한편, 하구에 대한 통합된 국가전략이 부족한 상태에서 기능별(환경, 해양수산, 건설·교통, 농업, 문화관광), 매체별(수질, 대기, 자연환경, 해양, 폐기물, 유해화학물질 등)로 기계적으로 이분된 형태의 정책이 추진되고 있다. 매체별 및 기능별로 분화된 관리체계로 인해 새로운 정책 수요에 대해 무분별하게 대응함으로서 예산 낭비 및 비효율을 초래하고 있다. 국외의 경우에서도 하구관리는 다양한 기관이 업무를 기능별로 구분해 수행하는 것이 일반적이나 한국의 경우는 전통적인 기능적 관리체계와 해양이라는 공간을 단위로 하는 통합적 관리체계가 혼재되어 있어 하구관리를 더욱 어렵게 하고 있다.

하구의 환경관리에서 하구지역은 육상과 해양의 접경지역이지만 육상과 해양환경의 관리가 각각 환경부와 해양수산부로 이원화되어, 육상·해양의 전이지역인 하구는 관리의 사각지대에 놓여 있다. 항만개발·환경보전 등 해양수산부 내부의 이해 상충, 육상환경(환경부)·해양환경(해양수산부)의 환경 부서 간 정책 장벽 및 환경보전(환경부, 해양수산부)·하천관리(국토교통부)·재해관리(행정안전부) 간의 정책 장벽으로 인해 통합성이 부족하다. 그 외에 전이수역에 대한 특별관리해역 관리대책의 수립, 보전 및 보호지구 지정, 수질오염총량관리제의 시행, 회유성 생물에 대한 생물다양성 관리 등의 관련 부처(해양수산부, 농림축산식품부, 환경부)의 통합된 정부정책의 수립·이행에 한계점을 보이고 있다.

하구와 연관된 수많은 법률에서 '하구'라는 용어에 대한 정의조차 부재할 정도로 공간 단위의 관리 개념뿐만 아니라 하구 생태복원에 대한 기본적·의무적인 개념과 원칙도 정립되지 않았다. 또한, 하구와 관련된 복잡한 법률적인 사항이 체계화되지 않았을 뿐만 아니라 복원과 관리에 필요한 재원 확보 방안도 마련되어 있지 않다.

3. 하구관리 정책의 기본 방향

하구의 효율적인 관리를 위해서는 몇 가지 기본 방향과 원칙을 설정할 필요가 있는데 무엇보다 지속가능성을 담보해야 한다. 현재의 개발 행위가 향후 후손의 욕구를 저해하지 않도록 해야 하며, 더 이상의 하구 환경이 훼손되지 않도록 예방적 대책을 강화해야 한다. 동시에 훼손된 하구호는 하구가 가지는 다양한 환경적·경제적·사회적·문화적 가치의 조화를 통해 풍요로운 삶의 터전인 하구환경으로 개선하거나 복원하는 사업을 추진해야 한다. 또한 하구 이용 및 개발에서 지역주민의 권익을 최대한 고려하고, 하구의 고유한 환경 기능과 가치를 저해하지 않는 범위 내에서만 이용 및 개발을 해야 한다.

상생 협력의 관점에서 하구의 다양한 문제를 해결하기 위해 이해당사자들의 관심과 참여, 협조가 이루어질 수 있는 네트워크 시스템 구조가 필요하다. 하구관리를 위한 책임 소재를 명확히 하고, 분화된 현행 관리체제의 한계를 극복하기 위한 통합적 거버넌스 구축이 필요하다. 이를 위해 공간 및 관리주체를 통합하고 역할과 기능을 배분하며 정책과 제도를 통합할 수 있는 원칙들이 필요하다. 이와 같은 원칙들은 지역주민들의 권익을 보장하고 역할을 확대해야 하며, 하구의 가치를 인식하고 환경 훼손을 최소화해야 한다.

통합 관리를 위한 전담 조직 및 기구와 환경관리체계를 개발하고, 이를 위한 종합적 연구 및 다양한 측면에서의 하구 모니터링이 이루어져야 할 것이다. 이러한 원칙과 방향을 기반으로 세부적 정책들을 지속적으로 모색해야 할 것이며, 무엇보다 다양한 사업을 지원하기 위한 재원 확보 방안이 함께 강구되어야 할 것이다. 이와 더불어 하구관리 기반 강화를 위한 비전과 정책 목표를 분명하게 제시하고 종합적인 기초조사, 연구 및 모니터링 계획이 수립 및 이행되어야 한다.

4. 하구복원 국내외 사례

1) 경기도 시화호 생태복원

경기도 안산시에 위치한 시화호는 1997년 방조제 건설 이후 수질이 악화되었으나, 해수유통 이후 수질이 개선되고 환경이 복원되어 생명이 살아 숨 쉬는 곳으로 변화되었다. 당초 시화호는 서해안의 간석지를 개발해 대규모 국토 확장을 위해 마련된 개발계획의 일환으로 시화지구개발사업이라 명명된 프로젝트를 통해 방조제 5개소 12.7km를 축조하고 이 가운데 개발 잠재력이 높은 간척지 1만 7300ha를 집중 개발해 수도권의 인구 분산과 공업용지 확보에 기여했다. 특히, 2000년대 식량의 안정적 공급을 위한 농지를 조성하고 6100ha의 담수호를 조성하여 1억 8000만 톤의 수자원을 확보해 영농기반을 마련하는 데 목표를 두었다.

시화호 상류지역인 안산시를 중심으로 도시인구의 급격한 증가와 반월 및 시화공단의 입주업체 증가, 농촌지역의 가축사육 증가로 유역으로부터 유입된 오염물질이 담수호 내에 계속 축적되었고 방조제 물막이 완료 이후 수질이 급격히 악화되어 사회적으로 큰 이슈가 되었다. 담수화가 어려운 지형적 특성을 갖고 있는 시화호는 1996년 급속한 도시화 및 산업화에 비해 환경기초시설의 건설 지연으로 수질이 오염되어, 정부는 수질 개선 단기대책의 일환으로 배수갑문을 통한 해수유통을 1997년도에 시험 운영한 이후 해수유통량을 점차적으로 늘리면서 농업용수 사용계획을 변경해 1999년도에 상시유통방안을 확정했으며, 2000년 12월 시화호를 해수호로 전환하고 해양수산부 주관으로 종합관리계획을 수립 및 추진하게 되었다. 이후 해양수산부는 2003년 2월 시화호 주변지역 개발 압력과 조력발전에 따른 해수유통 등의 환경 여건 변화에 따라 다양한 대책을 추진하여 해수유통 이후 수질이 좋아졌으며, 20년 만에 생태계가 살아나 방조제가 건설된 이후 자취를 감추었던 참게의 대규모 서식이 확인되었고 수질도 빠르게 개선되었다. 이른바 '죽음의 호수'에서 '생명의 호수'에 이르기까지 시화호는 극심한 환경오염과 환경개선의 국민적 교과서가 되었으며, 수질이 개선됨에 따라 생태서식 환경이 복원되어 시화호를 떠났던 생물들이 찾아오고 사람들의 왕래가 증가하면서 친수 및 수변공원으로 활용되고 있다.

2) 충청남도 황도교 해수순환

충청남도 태안군 안면읍 창기리와 황도를 연결하는 기존 교량이 협소해 관광객 유입 증가로 인한 잦은 교통체증이 발생했다. 또한 기존 제방도로가 조류의 소통을 막아 주변 어장 및 생태계에 악영향을 미쳐, 교량 가설을 통한 해수순환으로 자연생태계 복원과 함께 관광시설 구축을 통해 균형발전을 도모하고자 했다. 2013년 황도교 설치 이후 해수교환에 의해 갯벌이 복원됨에 따라 바지락 생산량이 2014년에 42톤, 2015년에 122톤, 2016년에 349톤으로 증가했다. 갯벌이 복원되고 바지락 생산량 증가에 따른 체험활동 등으로 인해 2016년을 기준으로 약 4500명의 관광객이 방문해 관광 수입과 수산자원 소득 증대로 약 13억 원의 수익을 창출했다.

3) 네덜란드 오스터 스헬더 댐

네덜란드 오스터 스헬더 댐(Oosterschelde dam)은 델타 프로젝트(Delta Project)에 의해 구상되어 1976년 착공 시에는 전체 하구를 갑문으로 막는 것으로 설계했다가, 하구 생태계의 중요성이 부각되고 지역주민의 요구에 의해 갑문을 365일 24시간 항상 열어놓도록 설계를 변경해 1986년 완공하고 외해로 통하는 별도의 통선문을 설치해 선박이 통행할 수 있도록 했다. 공사가 완공되는 시점에 환경단체 및 지역주민들이 오스터 스헬더 댐을 개방해야 한다고 반발해 정부는 제방에 수문을 달아 담수화를 방지하고 홍수 시에만 문을 닫는 방식으로 건설하기로 결정했다. 이와 같은 정부의 결정에 따라 농업용수 확보를 위해 필립스 댐(Philips dam)과 오스터 댐(Oyster dam)이 건설되었고, 염습지에서는 바다생물의 먹이인 플랑크톤 증가로 인한 어패류 증가로 어민들의 소득이 증가했고, 수백 종의 철새들과 갯벌, 염생습지의 환경과 수질을 안정적으로 유지해 많은 관광객이 친수 및 수변공간으로 활용하는 곳으로 변모하게 되었다.

4) 미국 볼사치카 해안습지 복원

볼사치카(Bolsa Chica)는 1899년에 바다로 통하는 길목을 둑으로 막아 습지가 훼손되기 시작되었다. 1920년에 석유가 발견되어 석유회사들이 습지를 사들여 대규모 유전을 개발하면서 생태계 파괴가 급격히 진행되었고 1950년대에는 4.86km²의 황폐해진 습지만 남게 되었다. 1976년부터 '볼사치카의 친구들(Amigo de Bolsa Chica)'이라는 단체가 설립되어 활동하기 시작해 2004년에 볼사치카 습지 2.43km²를 복원했으며, 볼사치카 습지가 둑으로 막힌 지 107년 만인 2006년에 바닷물이 유입되면서 전체 습지가 완전히 복원되었다. 볼사치카 습지는 북반구 지역의 철새와 남반구 지역의 철새가 만나는 독특한 생태환경이 조성되어 있어 하루에 100여 종의 철새 약 7000마리가 다녀가고 200여 종에 달하는 철새들에게 보금자리를 제공해주는 역할을 하고 있다. 볼사치카 습지 복원은 이후 다양한 환경변화로 인해 텃새와 철새뿐만 아니라 어류와 다른 수생동물들에게 서식처를 제공하려는 복원위 목표를 달성한 것으로 판단할 수 있다.

5) 미국 사우스 베이 염전 복원

샌프란시스코만(灣)은 북미 지역에서 가장 큰 하구지역이었으나 습지의 약 85%가 매립되어 도시개발, 농경지, 염전 등으로 이용되면서 사라지거나 그 용도가 변화되었다. 특히, 샌프란시스코만에서는 1854년부터 상업적인 소금 생산이 시작되면서 염전 개발을 위해 제방을 쌓아 습지를 없앴다. 해수교환율이 감소하면서 항구가 퇴적물로 가득 차버렸고, 멸종위기 동식물들은 서식지를 잃었으며, 습지는 홍수 조절 능력을 잃어

지역주민들이 홍수 피해를 보는 등 염전으로 인해 생태계는 많은 것을 잃게 되었다. 2003년 캘리포니아주 어류 및 야생동물관리국(California Department of Fish and Wildlife)과 미국 어류 및 야생동물관리부(U.S. Fish and Wildlife Service)는 염전을 소유하고 있는 카길(Cargill)로부터 61.11 km²의 사우스 베이(South Bay) 염전을 매입해 홍수 조절, 수질 개선, 레크레이션 기회 제공, 멸종위기 동식물종 및 철새들의 서식지 제공 등을 목적으로 미 서부 해안에서 가장 큰 습지 복원사업인 사우스 베이 염전 복원 프로젝트를 추진하게 되었다. 복원 프로젝트를 통해 생태계는 빠른 속도로 회복해 조류와 같은 야생동물들이 다시 서식하기 시작했고, 퇴적 작용이 활발하게 일어나 수질도 많이 개선되었다.

5. 하구복원을 위한 정책 과제

1) 담수호의 해수순환을 통한 수질 개선

훼손된 하구호의 복원에서 훼손의 기준이 서로 달라 하구시설의 혜택(재해방지, 토지 및 수자원 확보, 농업생산 등)과 해양생태계 보전(복원)의 충돌이 발생하고 있다. 하굿둑과 방조제의 역기능으로 통로 단절에 따른 생태계의 인위적 변화와 해수 및 담수호의 수질오염 등 환경오염을 유발하는 원인이 되고 있으나, 하구시설(하굿둑, 배수갑문, 하구제방 등)은 농업용수 확보와 농지 조성, 해일과 조수 차단 등 재해 방지의 순기능도 있다. 하구 배수갑문은 담수 수자원의 확보와 홍수 배제를 목적으로 운영되었으나, 수질오염으로 인해 연안으로 방류하는 과정에서 인근 지역 어촌계와 방류 시간 협의 등 환경 피해 방지 차원의 노력이 예전에 비해 증가하고 있다. 이러한 변화는 환경 여건 개선보다 민원 방지 차원에서 시작된 것으로 해양환경 피해 최소화 및 수질 개선을 위한 배수갑문 운영 및 관리에 대한 과학적 평가와 보완이 필요하다.

이처럼 복원에 따른 이익과 비용의 객관적인 평가가 부족한 상태에서 무조건적인 방조제 개방은 현실성이 결여될 수 있다. 하구 생태복원의 일환인 해수순환 방안의 도입은 수질오염이 심화되어가는 하구담수호를 대상으로 추진해야 한다. 해수순환 방법은 담수호의 특성에 따라 완전순환, 수시순환 등을 고려하고, 방조제 및 하굿둑 배수갑문 관리와 구조개선에 의한 해수순환 방안도 도입할 필요가 있다. 배수갑문 등 하구시설은 담수 수자원의 이용과 홍수 조절을 주 목적으로 운영되고 있으나, 담수호 이용 또는 방류 시 외해 환경영향을 최소화할 수 있는 운영 방안이 필요하다. 일부 담수호에서 재해 예방과 생태환경 개선을 목적으로 하굿둑 구조개선 사업이 추진되고 있으나 하구환경 복원에는 한계가 있다. 상시 해수순환체계로 방조제와 하굿둑을 전환하는 경우에는 조력발전, 뱃길 복원사업과 연계하는 방안도 고려해야 한다.

2) 하구유역 중심의 통합관리체계 구축

하구관리체계는 분화된 관리체계의 부조화를 극복하기 위한 통합성의 확보와 동시에 다양한 이해당사자 간의 상충되는 이해를 조정할 수 있는 협의·조정체계의 구축에서 출발해야 한다. 하구와 관련한 정책을 개발하고 관리체계를 구축해야 하는 중앙정부는 각 부처별로 역할이 분화되어 있는 부처 간 연관되는 사안에 대해서는 체계적인 기능 분담과 연계가 이루어지도록 해야 한다.

하구 정책을 집행하고 실질적 관리를 수행하는 실행기구들은 중앙정부와 외청, 지방청, 지방자치체 및 공기업 등으로 다양하기 때문에, 하구를 관리하는 측면에서 공간적으로나 기능적으로 분산되어 일괄적인 통합관리가 매우 어렵다. 특히, 하구는 환경보전과 이용·개발과 관련한 다양한 이해관계자가 존재하고 이들 사이에 갈등이 표출되는 지역이기도 하다. 성공적인 하구관리는 특정한 영역이나 부문에 집중하기보다는 광범위한 영역적 차원으로 확장함으로써 궁극적으로는 지역 이용자 및 관리자의 의식과 참여 의지를 기반으로 하구가 건강하도록 복원해야 한다. 하구역의 오염물질 관리의 통합 방식은 상류 하천에서 연안에 이르기까지 건전한 하구관리에 역량을 집결할 수 있도록 행정, 조직, 단체, 법률, 비용 등이 모두 유기적으로 통합되도록 하는 하구 중심의 유역별 통합관리 방식으로 전환할 필요가 있다.

3) 이해당사자의 협력적 거버넌스 구축

하구와 관계되는 다양한 이해관계자, 중앙부처와 지방자치단체, 상류유역과 하류유역, 농민과 어민, 개발업자, 수자원관리자, 환경 및 생태 전문가, 지역개발 및 도시계획 관계자 등의 협력과 참여를 보장하는 지역포럼이나 정책협의회 등이 구성되어 운영되어야 한다. 이해관계 주체에 따라 하구를 바라보는 입장과 이해가 다르기 때문에 계획구상 초기 단계부터 문제 인식을 함께 공유하고 참여적인 의사결정이 이루어져 지속가능한 발전의 협력적 거버넌스가 구축되어야 한다. 이를 위해서는 다양한 환경·사회·경제·문화 자원의 유기적인 관리 및 보호, 제도적 지원 능력의 확보, 이해관계자 간 이익의 분배 및 갈등의 조정 등 통합적인 전략의 개발과 실행을 위한 기반을 제시해야 한다. 하구의 통합관리체계 구축을 위해서는 하구를 구성하는 다양한 공간과 부문 간의 연계성 확보를 위한 기본적인 정책 방향을 수립해야 한다. 더불어 현재 분산되어 있는 관리주체 및 체계를 통합할 수 있는 제도적 장치를 마련해 하구라는 공간을 기반으로 하는 주민, 이용자, 경제활동가 등 다양한 이해관계자 간의 조정체계 구축방안이 함께 마련되어야 한다.

4) 복원 우선순위 및 목표 정립

하구복원의 목적을 달성하기 위해 적합한 세부적 복원계획의 수립이 이루어지려면 계획의 성패를 판단할 수 있는 평가 방법이 개발되어야 한다. 평가 방법은 목적을 어떻게 세우는가에 따라 다양하게 제시될 수 있다. 예를 들면, 하구 서식지 회복이 목적이라면 하구습지의 복원 전후 면적 비교로 평가하는 방법, 하구습지의 건강성 평가 등이 있다. 이 밖에 해수순환 및 생태회복을 하고자 할 경우에는 수질 및 수생태 건강성 평가, 또는 하구에 특화된 건강성 평가 등의 방법이 사용될 수 있다. 주요 선진국에서는 하구환경 관리의 핵심을 하구 생태계의 건강성 회복에 두며 하구에 대한 평가 기준을 제시한다. 건강한 하구 생태계는 생태학적으로 완전한 상태, 혹은 교란되지 않은 상태를 의미하며 화학적·물리학적·생태학적 완전성을 확보해야 한다. 미국을 비롯해 영국, 뉴질랜드, 호주 등에서는 하구환경에 대한 평가 지표를 개발해 하구환경의 평가를 토대로 복원 및 관리 대책을 마련하고 있다.

해수순환에 의한 하구호 생태복원의 방법에서 다양한 기능이 함께 추가될 수 있는 방안을 검토해야 한다. 즉, 통합적 관점에서 ① 규모가 비교적 큰 하구호는 치수를 위한 갑문확장 사업 추진 시 생태계 건강성 개선을 위한 어도 확장, 자연적인 하구순환 복원을 위한 하굿둑 구조 개선, 하구 역사·문화 복원을 위한 뱃길 확보, 조력발전소 건립 등을 연계해 추진하고, ② 규모가 작은 하구호 복원 시 해수순환 및 하구습지 복원의 타당성 검토를 하여 시범적인 복원사업을 실시할 필요가 있다.

5) 제도 및 조직의 정비와 실행

(1) 법률의 정비

하구의 건강함을 유지하고 지속가능한 발전을 하기 위해서는 하구관리의 기본 방향 및 원칙을 제시하고, 이에 근거해 통합적 하구관리를 위한 관리체계의 구축하고 이를 지원하기 위한 법률 등을 마련해야 한다. 하구관리와 직간접적으로 연관이 있는 많은 법률이 존재하지만 관련 법들은 개별적인 매체나 특정 지역과 목적을 위한 법률로서 하구를 하나의 단위로 설정해 통합적인 관리가 이루어지는 통합관리법 체계와는 차이가 있다. 따라서 이러한 문제를 해결하기 위해서는 하구를 다른 환경과 구분되는 독립적인 관리 기능 영역으로 인식하고 모든 구성요소를 포괄하는 통합적 관리 및 법체계를 마련해야 한다.

국내의 여러 법률에서 하구에 대한 법적 정의가 명확히 확립되어 있지 않을 뿐만 아니라 아직까지 하구(역) 환경의 보전·관리와 복원을 직접적인 목적으로 하여 제정·운영되고 있는 법률이 없는 실정이다. 하구역의 환경관리와 관련된 법은 '환경정책기본법', '자연환경보전법', '습지보전법', '야생동식물보호법', '문화재보호법', '수질환경보전법', '해양오염방지법', '환경영향평가법', '연안관리법' 등이 있으며 자원이용 및 개발과 관련해 환경관리와 직간접적으로 연관된 수많은 법률이 있다. 그러나 하구환경에 대한 공간 단위 개념의 부재로 인해 하천, 습지, 항구 등과는 달리 어느 법에서도 하구환경은 직접적인 관리의 대상이 되고 있지 못하다. 이는 아직까지 통합적인 관리체계가 정립되지 않은 상황에서 하구관리가 기존의 기능별 또는 매체별로 분화된 관련 법제에 의해 개별법이 가지는 목적에 따라 부분적으로 관리될 수밖에 없음을 의미한다. 예를 들면, '습지보전법'에서 습지보호지역을 지정한다 하더라도 예외로 인정하는 농업생산기반시설 설치 및 운영 시 사실상 습지보전이 거의 불가능하므로 여러 법률의 개정이 필요하다고 판단된다. 이 외에 관련된 법령들을 하구의 효율적 관리체계와 연계해 지속적인 검토와 정비가 이루어져야 한다. 하구라는 공간 단위의 관리가 가능하도록 현행의 매체별·기능별로 분화된 하구 관련 법제의 정비가 필요하다. 하구 및 하구역에 대한 법적 정의 확립, 하구관리의 통합성 확보를 위한 관련 법 수정·보완, 그리고 하구의 관리와 복원의 두 축에 무게중심을 둘 수 있는 '하구의 보전 및 복원에 관한 법률'(가칭)을 특별법으로 제정할 필요가 있다.

(2) 조직의 정비

현재까지 이용과 개발 위주의 하구 관련 조직과 제도였다면 앞으로는 지속가능의 개념을 지원하기 위해 가능하면 해수순환, 생태복원, 수산자원 보호 및 사회경제 발전에 중점을 두도록 제도 및 조직의 재정비가 필요하다. 또한, 지속가능한 발전 개념에 근거해 하구환경의 보전, 적절한 이용·개발, 사회적 형평성을 고려할 때 복원의 추진 필요성이 높은 하구 담수호에 예산과 인력을 집중할 수 있도록 우선순위의 설정이 함께 필요하다.

분화된 하구환경관리체계의 단점을 보완하기 위해 해외에서는 하구 단위의 하구환경관리위원회와 같은 별도의 법정 관리기구 또는 하구프로그램과 같은 비법정 관리기구를 운영하는 것이 보통이다. 정책적인 측면에서 환경보전과 개발의 균형을 찾고, 지역적 차원에서 지역경제의 활성화와 주민의 삶의 질 향상을 위한 조화를 이루기 위해서는 하구별로

표 8-2

하구 관련 법률 정비 방안 비교

대안	내용	장점	단점
기존 법 정비	'수질환경보전법', '연안관리법', '해양오염방지법' 개정	정비가 비교적 용이	기존 법의 목적에 따라 내용에 한계
'하구관리법' 제정	하구관리를 위한 별도의 법 제정	통합적 하구관리의 수단 포괄	• 제정이 용이하지 않음 • 기존 법과의 조화 문제
'하구관리 특별법' 제정	하구 현안 해결을 위해 특별법 제정	현안 문제 해결을 위한 실효성 담보	대상 하구 이외의 하구 관리에 문제

실질적인 역할을 담당할 수 있는 이해당사자가 참여하는 논의구조와 조직이 반드시 필요하다. 추진기구(가칭 '하구복원추진단')와 행정협의기구 설치가 필요하다. 하구 이용·개발과 환경보전 간, 이용·개발 주체 간의 이해 상충을 완화하고 이해당사자 간의 합의를 통해 하구별 환경 현안을 해결할 수 있도록 중앙부처와 자치단체 간 통합관리체제로 전환해 역할을 분담해야 한다. 하구 지역은 해양수산부, 환경부, 농림축산식품부, 국토교통부 등이 관련되어 있어 부처 간 정책 협력 및 공동 집행을 안정적으로 추진할 하구관리위원회 설치기구 구성이 필요하다. 또한, 하구복원 사업을 위한 중앙부처와의 협의, 시군 간 행정 처리를 원활히 추진하기 위해 관련 기관들이 참여하는 행정협의기구를 설치하거나 기존 협의기구를 활용하는 방안을 고려해야 한다.

6) 보호구역 및 개선지역 지정, 복원구역 설정

현행 개별 법률상 지구·지역 지정에 관한 법률에서 대부분 이용과 보전 및 관리에 관한 지구 지정에 국한되어 있고 복원지구 지정은 매우

표 8-3

하구 관련 법률별 각종 지구·지역의 지정

구분	지역, 해역, 지구의 유형			지정권자	조항
	이용	보전 및 관리	복원		
습지 보전법	–	① 습지보호지역, 습지 주변관리지역	② 습지 개선지역	환경부장관 해양수산부 장관 시도지사	제8조
연안 관리법	① 이용연안해역 [항만구, 항로구, 어항 구, 레저관광구, 해수 욕장구, 광물자원구, 해중문화시설구] (항만구역, 신항만건 설지역, 어항구역, 산 업단지, 골재채취단 지, 해저광구, 경제자 유구역 포함) ② 특수연안해역 [재해관리구, 군사시 설구, 산업시설구] (군사기지 및 군사시 설보호구역, 전원개발 사업구역 및 전원개발 사업 예정구역 포함)	③ 보전연안해역 [수산생물자원보호구, 해양생태보호구, 경관 보호구, 공원구, 어장구, 해양문화자원보존구] ② 특수연안해역 [해양수질구, 해양조 사구] (수산자원보호구역, 해 양보호구역, 환경보전해 역, 생태경관보전지역, 습지보호지역, 자연공 원, 특별관리해역 포함) ④ 관리연안해역 : 둘 이상의 기능구	② 특수 연안해역 [해양환경 복원구]	시도지사 시장·군수 ·구청장	제19조 및 제15 ~17조 시행령 제8조
해양환경 관리법	–	① 환경보전해역:가막 만환경보전해역, 득량 만환경보전해역, 완도· 도암만환경보전해역, 함평만환경보전해역 ② 특별관리해역:부산 연안특별관리해역, 울 산연안특별관리해역, 광양만특별관리해역, 마산만특별관리해역	–	해양수산부 장관	제15조

구분	지역, 해역, 지구의 유형			지정권자	조항
	이용	보전 및 관리	복원		
해양생태계의 보전 및 관리에 관한 법률	–	① 해양보호구역 [해양생물보호구역, 해양생태계보호구역, 해양경관보호구역]	–	해양수산부 장관	제25조
자연환경 보전법	–	① 생태·경관보전지역 (생태·경관 핵심보전구역, 생태·경관 완충보전구역, 생태·경관 전이(轉移)보전구역)	–	환경부장관	제12조
자연 공원법	–	① 자연공원 [국립공원, 도립공원, 군립공원]	–	국립: 환경부장관 도립: 시도지사 군립: 시장·군수	제4조
문화재 보호법	–	① 유형문화재 ② 무형문화재 ③ 기념물(동물, 식물, 지질·광물, 학술적 가치가 큰 자연지형, 천연보호구역, 자연현상) ④ 민속문화재	–	문화재청장	제2조 제25조
야생생물 보호 및 관리에 관한 법률	–	① 야생생물특별보호구역	–	환경부장관	제27조
		② 야생생물보호구역		시도지사, 시장·군수	제33조
국토의 계획 및 이용에 관한 법률	① 도시지역 [주거지역, 상업지역, 공업지역] (항만구역, 어항구역 등) ② 관리지역 [생산관리지역, 계획관리지역] ③ 농림지역	① 도시지역: 녹지지역 ② 관리지역: 보전관리지역 ④ 자연환경 보전지역 (보전산지 포함)	–	국토교통부 장관 시도지사	제36조
		⑤ 수산자원보호구역	–	해양수산부 장관	제40조

제한되어 있다. 훼손된 하구와 염습지의 개선과 복원을 위한 법률은 '습지보전법'의 습지개선지역 지정과, '연안관리법'의 특수연안해역 중 해양환경 및 생태계의 복원사업을 위해 필요한 구역을 '해양환경복원구'로 지정할 수 있는 정도이다. 생태적인 중요성 이외에 역사·문화·관광 자원 개발, 수산물 생산기반 강화, 친수공간 조성 및 국민정서 함양 등 신(新)부가가치 창출에 기여할 수 있도록 하구 관련 법률별 소극적인 관리 범위를 넘어선 복원개념의 지구·지역 지정제도의 도입이 필요하다. 보호구역 및 복원지구의 지정 기준 및 절차의 객관성을 확보하기 위해 충분한 조사연구와 이해관계자의 참여를 제도화해야 한다.

6. 정책 제안

하구지역은 미생물에서부터 야생동물에 이르기까지 크고 작은 생물들이 공존하는 역동적인 생태환경을 가지고 있다. 건강한 하구는 생물의 서식지(산란장, 은식처), 자연재해 방지, 오염물질 정화 등의 기능으로 단위면적당 매우 높은 가치를 지니고 있기 때문에 국가적으로나 지역적으로 매우 중요한 공간이다. 그러나 대부분 하구에서는 하굿둑, 방조제, 하천보 등에 의한 해수순환 단절, 간척 등 하구습지 훼손, 그리고 토지 이용고도화 및 생태순환 단절 등으로 하구역의 건강성을 크게 훼손하고 있다. 이와 같은 하구환경의 변화는 쓰레기 증가, 수질 악화, 하구경관 저하 및 수산자원 감소로 이어져 하구의 생태복원에 대한 요구가 늘어나고 있다.

건강한 하구호의 관리를 위한 기본 방향과 원칙은 무엇보다 지속가능성을 담보해야 한다. 현재의 개발 행위가 향후 후손의 욕구를 저해하지 않도록 해야 하며, 더 이상의 하구환경이 훼손되지 않도록 예방적 대책을 강화해야 한다. 동시에 하구 이용 및 개발에서 지역주민의 권익을 최대한 고려하고, 하구의 고유한 환경 기능과 가치를 저해하지 않는 범위 내에서만 이용 및 개발을 해야 한다. 즉, 상류 하천에서 연안에 이르기까지 건전한 하구관리에 역량을 집결할 수 있도록 행정, 조직, 단체, 법률, 제도, 비용 등을 정비해 하구유역 중심의 통합관리 정책이 추진되기 (즉, 분화된 현행관리체제의 한계를 극복하기) 위한 이해당사자의 협력적인 거버넌스 구축이 필요하다.

국가적으로 하구지역의 현재의 상황과 미래가치의 분석을 바탕으로 현명한 관리 방향을 설정해야 하며, 더 이상 하구지역이 훼손되지 않도록 해야 함과 동시에 심각하게 훼손된 하구지역을 우선적으로 복원하는 정책을 펼쳐야 한다. 하구지역의 생태복원을 위해서 닫힌 하구와 갇힌 하구를 대상으로 장기간에 걸쳐 하구의 물리적·화학적·생태학적 특성을 조사해야 하며, 조사 결과를 통해 하구호의 해수순환과 생태복원지를 선정하고 우선순위를 설정해야 한다. 오염된 하구호의 수질 개선 없이는 생태복원이 사실상 불가능하다. 따라서 수질 개선을 위해서 해수순환이 필연적이다. 또한, 대규모 복원보다는 소규모 시범사업을 통해 점진적으로 복원사업을 확장해 추진하되, 지역맞춤형 하구복원기법 개발을 위한 하구 유형과 특성별 복원 방법의 차별화 전략 수립이 필요하다.

참고문헌

국가법령정보센터. 2018. '공유수면관리 및 매립에 관한 법률'. '농어촌정비법'. '방조제관리
　　법'. '습지보전법'. '연안관리법'. '환경정책기본법'.
충청남도. 2016. 「충청남도 연안 및 하구 생태복원방안 연구용역 최종보고서」.
충남연구원. 2014. 「충청남도 하구현황 및 생태복원 방안 연구」.
_____. 2015. 「하구의 생태적 가치! 무엇이 가로막고 있는가?」. 《충남리포트》, 159호.
_____. 2017a. 「충청남도 천수만의 생태특성과 지속가능발전 정책방안」.
_____. 2017b. 「바닷물의 기적, 미래의 생명공간을 복원하다」. 《열린충남》, 80호.
해양수산부. 2013. 「해양생태복원기술개발 기획연구 최종보고서」.
_____. 2015. 「연안기본조사」.
_____. 2016. 「갯벌 생태자원 활성화 방안 연구용역」.
환경부. 2011a. 「하구 수생태 건강성 조사 및 평가 최종보고서」.
_____. 2011b. 「하구역 습지훼손지역 복원 및 관리 기술개발 연구」.
_____. 2012. 「수생태계 훼손하구 건강성 개선을 위한 시범복원 대상하구 선정연구」.

3부

자치·분권 혁신 정책 제안

9장

주민세를 동네자치세로 개편

유태현 | 남서울대학교 세무학과 교수

1. 문제 제기

한국은 2000년대 이후 경기 둔화가 지속되면서 일자리 축소의 어려움을 겪고 있으며, 그 영향으로 미래를 짊어져나갈 청년층의 실업률이 가파르게 상승하는 문제에 직면해 있다. 여기에 더해 전 세계에서 가장 빠르게 저출산·고령화가 진행됨에 따라 2017년부터는 고령사회로 진입했고, 인구 감소의 가속화는 인구절벽을 염려해야 하는 단계에 이르렀다.[1]

※   이 글은 필자의 연구(유태현, 2017; 유태현·이정기, 2016)를 축약하고 수정·보완했다.

1   2018년 1월 15일 통계청에 따르면 2017년 한국의 합계출산율(여자 한 명이 평생 낳을 것으로 예상되는 평균 출생아 수)은 1.17명으로 16년 연속 경제협력개발기구(OECD) 국가 가운데 최저 수준을 기록했다. 2017년의 출생아 수도 40만 명을 채우지 못했으며, 연도별 출생아 수는 지난 2000년 63만 4500명에서 2002년 49만 2100명으로 떨어졌고 2016년에는 40만 6200명으로 40만 명을 겨우 유지했는데, 그 선이 붕괴되었다. 한편

사회경제 환경이 어려워짐에 따라 젊은이들의 미래에 대한 자신감이 약화되면서 결혼을 주저하는 분위기가 확산되는 추세이고, 출산을 기피하는 현상도 더욱 뚜렷해지는 양상이다. 그뿐만 아니라 고령화의 급속한 진전은 사회복지비를 증가시킴으로써 중앙재정과 지방재정을 압박하는 가장 큰 원인이 되고 있으며, 사회복지비의 급증은 상대적으로 재정 여건이 취약한 지방자치단체의 처지를 한층 곤궁하게 만들고 있다. 한편 고령화는 소득 수준의 향상, 의료보건의 발달 등에 따라 나타나는 자연스러운 현상이라는 점에서 보면 거스를 수 없는 흐름일 것이다. 반면 저출산은 합리적인 대응을 통해 줄일 수 있는 여지를 찾아야 할 과제라고 하겠다.

지방자치는 지역의 여건과 지역주민의 의견을 반영해 바람직한 지역상(地域相)을 설정하고, 그것을 이루어나가는 과정을 말한다.[2] 그럼에도 불구하고 한국의 지방자치는 주민이 선출한 자치단체장과 지방의회 의원이 지역 살림을 맡아 수행하는 제도 정도로 인식되는 경향이 강하다. 이는 직접적 당사자인 주민 중심의 지방자치와는 거리가 있는 방식으로 지방자치가 운용되고 있음을 의미한다. 지역주민들이 소망하는 진정한 지방자치는 그들이 사는 곳이 외형적 시설을 확충해 생활이 편리해

한국은 65세 이상 인구가 2017년에 14%를 넘어섬으로써 고령사회에 진입했고, 2065년에는 52.5%까지 커질 것으로 전망되고 있다. 저출산·고령화의 영향으로 OECD 회원국 가운데 생산가능인구(15~64세)의 감소 속도가 가장 빠른 국가가 되었다. 생산가능인구는 2016년에 3763만 명으로 정점을 찍은 후 2017년부터 감소하기 시작했다. 총인구 대비 생산가능인구 비중은 2017년 73.1%에서 앞으로 2027년 66.3%, 2037년 58.3%로 하락할 전망이다. 자세한 내용은 ≪메트로≫(2018년 1월 15일 자)를 참조하기 바란다.

2   지방자치는 지역의 역할 내지 위상이 강화되어야 한다는 정도를 넘어, 지역이 주체적으로 지역주민의 의견을 수렴해 발전상(發展相)을 정립하고 그것을 구현할 수 있는 분위기와 환경을 만들어나가야 하는 당위로 진화하고 있다.

지는 것을 넘어, 매일매일 마주보는 이웃과 따뜻한 온정을 교감하면서 상호 존중하고 배려하는 공간으로 탈바꿈하는 생활자치일 것이다.

이하에서는 한국 지방자치의 현실을 살펴보고, 주민의 주도로 이루어지는 동네자치의 의미와 그것의 자리매김을 위한 재정 기반 구축 방안에 대해 알아보도록 하겠다. 구체적으로 동네자치를 뒷받침하는 틀로서 주민세를 동네자치세로 발전시키는 방안을 제안하고자 한다.

2. 그간 지방자치의 성과와 동네자치의 의의

1) 지방자치의 구분

지방자치의 유형은 크게 단체자치(團體自治)와 주민자치(住民自治)로 구분된다. 단체자치는 지방자치단체가 국가(중앙정부)와 독립된 위치에서 일정한 지역을 관할하면서 그곳의 행정서비스 수준 등을 결정하고 주민들이 제안하는 여러 요구를 처리하는 방식을 말한다. 반면 주민자치는 지역주민이 그 지역사회의 정치와 행정을 스스로의 책임하에 처리하는 경우에 해당한다. 대한민국 헌법은 단체자치와 주민자치를 포괄해 지방자치를 허용하고 있다.

주민자치는 그 대상이 되는 지역 범위를 어떻게 설정하느냐에 따라 여러 유형으로 나뉠 수 있을 것이다. 그 대상 지역을 광역자치단체(특별시, 광역시, 도), 기초자치단체(시군구), 행정구역(읍면동), 동네로 구분할 경우 이는 각각 광역자치, 기초자치, 읍면동 자치, 동네(마을)자치에 해당한다고 하겠다. 이와 같은 자치의 유형 가운데 가장 범위가 좁은 것은 읍면동 자치 또는 동네자치(마을자치)이다. 일부 연구에서는 읍면동을 단위로 이루어지는 자치를 읍면동 동네자치로 정의[3]하고, 세부적으로 그 방식을 읍면동 단위의 자치정부에 의한 자치와 그 지역에 거주하는 주민들의 결사(結社)에 의한 자치로 구분한다.

지방자치는 지역 구성원들의 다양한 의견을 수합해 설정한 그 지역의 발전 목표를 지속적으로 이루어나가는 과정이다. 따라서 지방자치가 온전하게 구현될 수 있기 위해서는 일정 지역의 확보, 주민의 관심과 참여, 지역 발전상의 설정 등이 요구된다. 지방자치는 궁극적으로 그 구성원의 관심과 참여를 통해 제대로 자리매김하게 되며, 그것을 뒷받침하는 튼실한 재정에 의해 견실한 실행을 담보할 수 있게 된다.

2) 그간 지방자치의 성과와 개선 과제

(1) 지방자치의 성과

한국은 1995년 민선자치 1기 출범[4] 이후 중앙·지방 간 분권화에 노력을 기울였으며, 주민을 위한 양질의 서비스 공급을 통해 주민자치의 토대를 좀 더 강화하는 성과를 거뒀다고 하겠다. 지난 20년간 지방자치가 미친 영향으로 다음을 지적할 수 있다.[5]

---

3 이런 구분은 안성호, 「세계화 시대의 동네자치」, ≪열린 충남≫, 66호(2014), 17쪽을 인용했다.

4 대한민국은 제헌 헌법(1948년 제정)에 지방자치제도의 실시를 명시했지만 여건의 미숙성으로 말미암아 1952년에 이르러 지방자치를 시행했다. 그러나 1961년에 5·16 군사정변이 발생하면서 지방자치는 잠정 중단되었다. 이후 30년간의 단절을 거쳐 1991년 지방의회 의원선거가 이루어지면서 다시 부활되었고, 1995년에 지방자치단체장을 주민이 직접 선출하는 민선자치 1기가 시작되면서 명실상부한 지방자치 시대가 열렸다. 2018년 현재 민선자치 6기가 진행되고 있기 때문에 한국의 본격적인 지방자치는 20년을 넘어섰다.

첫째, 민주주의의 이념을 실천하고, 민주주의의 훈련장과 민주주의 방파제의 역할을 하는 한편, 정국 안정에 기여한 것으로 평가된다(정치적 효용성 측면). 또한 지역 실정 부합 행정, 정책의 지역적 실험·분업을 통한 효율 행정, 지역 종합 행정 등에 토대를 제공함으로써 주민 편익 위주의 행정서비스 공급과 지역특성화 개발 전략 구현을 측면 지원했다고 하겠다(행정적 효용성 측면). 이런 점들을 고려할 때 한국의 지방자치는 사회 전반에 걸쳐 능률성과 민주성을 신장하는 역할을 했다고 할 수 있다.

둘째, 지방자치가 국가 발전을 이끌어냈는가, 주민복리 증진과 지역 경쟁력 강화를 이루었는가에 대해서는 그간의 변화를 감안할 때 긍정적인 평가의 목소리가 크다고 하겠다(국가 발전 측면).

셋째, 현시점에서 볼 때 지방자치권은 아직 미흡하고, 보충성 원칙에 입각한 기초자치단체 중심의 자율적 자치 운영은 원활하지 못하다는 지적을 받고 있다. 또한 획일적 자치제도 운영에 따라 고비용·저효율의 문제를 드러내고 있다. 집행기관의 대(對)주민 대응성 향상 및 지역경제 활성화 노력에도 불구하고 지방자치단체 내부적으로 책임성과 협력 역량이 취약하기 때문에 자치단체 스스로 지역의 문제를 해결해나갈 수 있는 기반을 강화하는 보완이 요구된다. 한편 주민참여 및 참정에 대한 제도적 개선이 이루어졌지만 주민 및 지역의 이기주의가 여전히 나타나고 있으며, 주민 밀착형 행정서비스 공급 수준이 낮고, 지역공동체의 참여 역량도 만족할 만한 수준과는 거리를 보인다. 다시 말해 지난 20년간 한국의 지방자치는 지방자치권을 보장하고, 보충성과 근접성의 가치를 준수하는 데 기여했다고 하겠다. 그러나 여전히 선진화된 지방자치와는 거리가 있

---

5   이하의 내용은 행정자치부, 『지방자치 20년 평가위원회 제2차 회의 자료』(2015), 10~12쪽을 정리했다.

기 때문에 지속적인 개선이 필요한 상황이다(지방자치 원칙의 준수 측면).

넷째, 2015년에 실시된 국민의식조사에 따르면 민선 지방자치 20년의 세월이 흘렀지만 지방자치에 대한 국민들의 관심과 만족도는 크게 향상되지 않았다는 결과가 제시되었다. 하지만 그 필요성에 대해서는 공감대가 비교적 넓게 형성된 것으로 파악되고 있다(지방자치에 대한 인식 측면).

(2) 지방자치의 개선 과제

우리 사회는 저출산·고령화, 저성장 등 이전과 달라진 변화된 환경에 적응해야 하는 과제를 안고 있다. 변화된 여건에 맞추어 미래 지향적인 건실한 지방자치의 틀을 구축할 수 있기 위해서는 다음과 같은 방향에서 개선을 모색해나가야 할 것이다.

첫째, 향후 한국의 지방자치는 수직적 분권체제를 가속화해야 하며, 아울러 지방자치 주체 간 수평적 협력을 좀 더 강화해야 한다. 이를 위해서는 지방을 중심으로 하는 분권적 구조의 구축, 다양성 있는 자치제도 운영 및 주민 선택 확대, 수요자인 주민 우선의 지방자치 시행 등이 지속적으로 추진되어야 한다. 특히 저출산·고령화·저성장 시대, 다문화사회의 융합 및 통일 대비라는 수요 변화에 부응하기 위해 지방자치제의 기반을 신축성 있게 강화하는 실질적인 대책(기관 구성의 다양화, 서비스 전달체계의 대전환, 참여 거버넌스의 확대 등)의 마련과 실행이 요구된다.

둘째, 지방자치가 주민의 생활 속에 온전하게 자리매김함으로써 지역사회의 행복 수준을 향상시키는 근간 틀이 되어야 한다. 이를 위해서는 지방자치가 실천의 원리로 인지되어야 하고, 주민 주도의 동네자치·마을자치·공동체자치를 생활자치의 핵심으로 착근시켜야 한다(동네자치·마을자치·공동체자치). 또한 지역 중심으로 자율성과 책임성이 발휘되는 지역자치가 활성화되어야 한다(지역자치). 나아가 주민의 행복과 지역의 풍요로움을 담보할 수 있는 지역경제를 중추로 하는 경제자치의 구현에도 적극적인 관심을 기울여야 한다(경제자치).

지난 20년간 지방자치 시행의 결과에 비추어볼 때 한국의 지방자치는 정체성의 재정립을 통해 주민이 원하는 실질에 충실한 자치의 실현에 좀 더 적극적인 노력을 기울여야 하는 전환기에 처해 있다고 하겠다. 그간 광역 또는 기초자치단체장의 지위 강화와 연계되어 이루어진 지방제도의 개혁, 중앙과 지방 간 권한의 배분 등에 초점을 맞춘 정치적·행정적 측면의 지방자치를 지양하고, 주민생활의 편의를 제고함으로써 주민의 복리 증진에 실질적으로 기여하는 실효적 지방자치의 구현에 관심과 역량을 집중해나가야 할 것이다.

실효적 지방자치는 제도적·형식적 틀을 지양하고, 지역 구성원들이 소통하고 교류할 수 있는 공간 범위 내에서 서로를 돕고 배려하는 방식의 자치를 통해 실현될 수 있을 것이다. 앞으로 한국의 지방자치는 주민들이 실제 생활하는 공간을 기반으로 하는 읍면동 또는 동네(마을) 단위에서 이루어지는 자치가 되어야 주민이 주체적으로 스스로에게 도움이 되는 실효성을 담보해나갈 수 있을 것으로 예상된다.

3) 동네자치의 필요성과 운용 사례

(1) 동네자치의 필요성

진정한 지방자치는 그 지역에 거주하는 주민들이 서로 교감하면서 지역의 현안을 고민하고, 활발한 의견 개진을 통해 더 나은 지역 발전을 모색해나갈 때 가능할 것이다. 이런 측면에서 보면 지방자치는 공간적으로 주민들이 친밀하게 소통할 수 있는 범위 내에서 주민들이 함께 참여하는 방식을 강화하는 내실화를 이루어나가야 할 필요성이 크다고 하겠다. 이는 주민들이 실제 교류하고 생활하는 공간인 동네를 단위로 하는 주민자치(마을자치 또는 동네자치)의 활성화를 통해 소망스러운 지방자치의 실현을 기대할 수 있다는 것이다.

현재 한국의 지방자치는 제도 운용에 치우친 측면이 강하다. 진정한 지방자치는 무엇인가에 대해서는 다양한 견해가 존재할 수 있다. 이와 관련해 동네 또는 마을의 주민들이 서로 돕고 희로애락을 함께했던 과거의 생활 모습을 점검해 우리식의 지방자치를 새롭게 정립해야 할 필요성이 작지 않다. 오늘날 우리가 겪는 많은 어려움의 주요 원인 가운데 하나로 이전 우리 선조들이 보여주었던 삶의 방식의 퇴조를 들 수 있다. 인간 소외는 본질적으로 무관심에서 비롯된다고 해도 과언이 아닐 것이다. 한 세대(世代) 이전에는 적어도 지금보다 인간 소외가 엷었을 것으로 추정된다. 그때는 지금보다 이웃 간, 가족 간에 서로를 훨씬 염려하고 귀하게 여기는 분위기가 지배했을 것이다.

젊은이들이 따뜻한 온기를 느끼며 인간의 정을 교감할 수 있는 공간이 사라지고 있다. 가족 간 친밀도가 어느 순간 이전보다 약화되었고, 이웃은 단순히 자기의 주변에 거주하는 사람들을 가리키는 의미로 전락하고 말았다. 이렇게 변화된 환경 속에서 사는 젊은이들이 결혼에 머뭇거리고 자식 낳기에 두려워하는 것은 당연할 수 있다. 이런 상황이 심화되면서 인구가 지속적으로 감소하고 있으며, 이에 따라 향후 국가 존립 자체가 위협받는 지경에 이르렀다.

저출산과 노령화의 문제를 해소할 수 있는 큰 틀의 대책 마련이 시급하다. 이와 관련해 동네자치 또는 마을자치의 의미를 재해석하고, 그것을 온전하게 정착시킴으로써 작금의 사회환경 변화에 적극 대응하는 장치로 활용하는 노력이 요구된다.

동네(마을)자치는 특별시·광역시·도(이상 광역자치단체)와 시·군·자치구(이상 기초자치단체)에서 이루어지는 광범위한 지역운용체계를 의미하는 것이 아니라 각 주민(개인)이 거주하며 생활하는 그 동네와 마을 단위의 공동생활 운용 틀을 가리킨다. 따라서 동네자치는 바로 이웃한 사람들끼리 서로 돕고 의지하며 소통하는 공동체 삶을 꾸려나가는 것을 말한다. 이는 구성원들이 정서적 안정감과 소속감을 공유하면서 공동생활을 영위하는 체계라고 하겠다.

과거 우리의 삶을 되돌아보면 같은 동네(마을)에 거주하는 사람들은 빈번하게 교류하면서 서로를 염려하는 정서가 있었기 때문에 어떤 이웃이 어려운 일, 험한 일을 겪으면 위로하고 돕는 따뜻한 온기가 흘렀다고 할 수 있다. 그러나 지금은 도시지역은 물론 농촌지역까지 이웃 간 단절현상이 깊어지고 있는 실정이다. 같은 공간에 거주하는 이웃들이 지역에 대한 소속감과 정서적 유대를 형성하지 못하고 있는 상황에서 지역 발전을 위한 공동의 목표를 설정하거나 그것의 실행을 추진하면 그 성공을 기대하기 어려울 수밖에 없다.

지역의 붕괴와 저출산 및 고령화에 따른 사회의 변화에 대처하는 방안으로 동네와 마을에서 생활하는 주민들에게 사는 곳을 자랑스럽게 여기는 소속감을 불어넣고 서로 깊은 정을 교감하는 환경 만들기에 참여하도록 유인하는 대책의 마련이 요구된다. 이는 이웃 간에 집단적 소속감을 갖고 서로를 배려하고 돕는 동네자치(마을자치)의 추진이 필요하다는 것이다.

도나 광역시(특별자치도, 특별자치시 포함)가 주도하는 방식으로 주민을 위한 자치를 시행하는 것이 여전히 필요하고 중요함은 물론이다. 마찬가지로 시·군·자치구의 지방자치가 의미를 갖는 것도 부인하기 어렵다. 하지만 광역자치단체와 기초자치단체 차원의 지방자치는 실제 주민 입장에서 보면 막연하거나 피부에 와닿는 직접적 관심 대상이 아닐 수 있다.

주민 입장에서 보면 그 지역에 활력을 불어넣기 위한 기관의 유치, 새로운 제도의 도입보다는 자신이 살고 있는 마을의 낡은 도로를 보수해주거나 마을의 환경개선을 돕는 조치에 더 관심을 갖기 마련이다. 이는 현실적으로 주민들은 광역자치단체와 기초자치단체에 의해 이루어지는 광범위한 자치보다는 동네자치 또는 마을자치에 관심을 기울이게 된다는 것이다.

동네자치(마을자치)의 확산과 자리매김은 오늘날을 살아가는 우리에게 사람 간의 정을 재인식시키는 한편 서로 돕는 분위기를 조성할 것으로 전망된다. 그렇게 되면 젊은 세대는 아이를 낳아도 함께 양육할 수 있는 여건[6]을 갖추게 됨으로써 저출산에 대응하는 효과를 기대할 수 있을 것이다. 또한 같은 동네에서 생활하는 노령층을 배려하고 섬기는 풍토가 정착될 경우 동네 차원에서 고령화 문제에 공동 대처하는 기제의 마련이 가능할 것으로 전망된다.

(2) 동네자치의 운용 사례

한국은 1961년 읍면자치가 폐지되기 이전에는 오늘날 대부분의 선진국처럼 읍면동 수준의 동네자치를 시행했다. 하지만 읍면동이 자치 단위의 지위를 잃게 됨으로써 동네자치는 주민결사체에 의해 자발적으로 추진되거나 중앙정부 또는 지방자치단체의 지원을 받아 마을 만들기, 커뮤니티 비즈니스, 도시재생사업 등의 형태로 추진되고 있다. 그 가운데 주민결사체 방식의 대표적인 사례로는 서울 마포구 성미산공동체, 홍성

---

6 이를 위해서는 동네 또는 마을 단위에서 어린이의 육아를 돕는 공동 시설과 그와 관련한 시스템이 구비되어야 함은 물론이다. 동네자치와 마을자치가 바람직한 방향으로 추진될 경우 이런 여건이 구축될 수 있을 것이다.

군 홍동면 풀무공동체, 제주도 가시리 마을 만들기, 아파트 자치회 등을 들 수 있다. 한편 충청남도는 민선 6기부터 공모사업 방식으로 동네자치 안착을 위한 여러 지원을 시행함으로써 동네자치의 활성화를 선도하고 있다.[7]

충청남도는 주민의 복리를 증진하고, 주민 간 신뢰와 배려가 넘치는 지역공동체 형성 촉진을 위해 주민자치 시범공동체를 선정해 주민의 자율적 참여를 유도하는 노력을 기울이고 있다. 주민자치 시범공동체는 풀뿌리 민주주의의 실현과 직접적으로 연계된 읍면동과 마을(동네)을 그 관할 범위로 설정하고 있다. 구체적으로 시범공동체의 대상을 마을, 아파트, 읍면동 주민자치위원회의 세 가지 유형으로 구분하고, 각각을 통해 마을(동네)자치, 읍면동 자치를 시행함으로써 주민과 지역이 함께 공동체 발전을 이끄는 새로운 방식의 지방자치 틀의 구축을 모색하고 있다. 이는 동네 또는 마을 단위에서 이루어지는 자치의 성과를 고양하고, 주민이 사는 생활공간에서 지방분권을 실천하고자 하는 취지를 함께 담고 있다.

충청남도의 동네자치는 지역봉사단 출범, 목요장터 개장, 어린이도서관 관리, 다문화가정 지원, 독거노인 사랑의 빨래방, 타일벽화 그리기, 저수지 주변 정리, 주민자율방범대 운영 등 지역의 골칫거리 문제를 개선하거나 지역주민의 편의 증진을 이끌 여러 조치의 시행을 유도함으로써 지역주민의 입장을 우선하는 자치를 실행하는 모범 사례라고 하겠다.

충청남도는 2014년의 성과를 근거로 2018년까지 도내 행복 자치공동체(동네자치 대상 지역) 100곳을 조성하는 계획을 실행하고 있다(충남형 동

---

7   충청남도는 민선 6기 공약에 따라 동네자치를 실행할 총 100개소의 시범공동체 선정과 육성을 추진하고 있다. 동네자치 대상 100개소의 선정은 2014년 11개, 2015년 15개, 2016년 30개, 2017년 30개, 2018년 14개를 예정하고 있다. 자세한 내용은 충청남도, 「2016 충남형 동네자치 추진계획」(내부 자료, 2016), 6~13쪽을 참조하기 바란다.

네자치공동체 100곳 육성). 이는 자치공동체 회복이 환경 문제, 청소년 문제, 빈부 격차 문제, 노인 문제 등 지역 문제를 해결하는 중요한 열쇠라는 인식을 바탕으로 한다. 이와 같은 충청남도의 사례는 충남형 주민자치 실행 모델의 개발을 위한 것이지만, 그 취지 등을 감안할 때 다른 자치단체에서 벤치마킹할 만한 귀감이 아닐 수 없다.

3. 동네자치의 재정 기반 구축 방안

1) 동네자치와 주민세

지역의 주민과 법인은 해당 지방자치단체에 거주하는 구성원이며, 그런 까닭에 그 지방자치단체에서 향유하는 기본적인 행정서비스에 대해 최소한의 조세를 부담할 의무가 있다고 하겠다.[8] 광범위한 납세 인구는 참된 민주주의와 지방자치의 실현을 뒷받침하는 핵심 기반이 된다.

지방세는 지방자치단체의 행정서비스와 주민 부담을 연결함으로써 주민의 과도한 욕구를 억제시키고 건전한 지방자치를 직간접적으로 지원하는 역할을 한다고 할 수 있다. 지방세 가운데 주민세[9]는 비록 그 세

---

8   이재성, 「주민참여 활성화를 위한 주민세 개인균등할의 역할 강화」, 『2004년도 한국공공관리학회 하계학술대회 논문집』(한국공공관리학회, 2004), 156~158쪽.

9   주민세는 '지방세법' 개정(1973.3.12. 법률 제2593호)에 따라 1974년부터 과세된 지방세 세목이며, 최초는 도세로 도입되었고, 시·군세로 동 부가세(附加稅)가 신설되었다. 이후 2009년까지 주민세는 균등할과 소득할의 이원체계로 과세되었다. 그러나 2010년에 지방소득세가 도입되면서 주민세는 균등분과 재산분으로 개편되었고, 2014년에는 지방소득세가 독립세로 전환되면서 종업원분 지방소득세는 주민세로 편입되었다. 그 결과 2018년 현재 주민세는 균등분, 재산분, 종업원분으로 구성되어 있다. 주민세의 연

수 비중은 작지만 지방자치의 측면에서 보면 의의가 크다. 주민세를 구성하는 균등분, 재산분, 종업원분 가운데 균등분의 부과는 지역주민으로 하여금 그 세 부담을 통해서 지방자치 행정에 관심을 갖게 하고 나아가 자치단체의 운영에 참여 의식을 고취하고자 하는 취지도 담고 있다. 이처럼 주민세 균등분은 주민 측면에서 보면 자치 의식과 연대 의식을 강화함으로써 좀 더 성숙한 민주주의 발전에 기여하는 특징을 갖는다. 다시 말해 주민세 균등분은 지방세의 원칙[10] 가운데 부담분임의 원칙에 충실한 세목이고, 공동생활을 영위하는 지역공동체의 각 구성원에게 부과하는 회비적 성격을 띠며, 비과세·감면이 거의 없기 때문에 국민 개세(國民皆稅)의 원칙에 부합한다고 하겠다.

각 지역에 거주하는 주민을 위한 실질적인 자치는 동네 단위로 이루어지는 동네(마을)자치를 통해 구현된다고 할 수 있다. 이와 같은 동네자치의 온전한 시행을 위해서는 주민의 참여와 협력이 필수적으로 요구되며, 동시에 관련한 비용을 적절하게 조달할 수 있는 재정 기반을 갖추어야 한다. 이럴 경우 현행 지방세 세목 가운데 주민세(정확하게는 균등분 주민세)가 동네자치와 관련성이 가장 크다고 할 것이다.

2) 동네자치와 주민세의 연계

동네자치의 확산을 뒷받침하는 재정 기반을 구축하기 위해서는 단

혁에 대해서는 권강웅·권단, 『2015 지방세법 해설』(서울: 광교이택스, 2015), 1057~1058쪽을 참조하기 바란다.

10 지방세 원칙으로는 보편성의 원칙, 안정성의 원칙, 정착성의 원칙, 응익성의 원칙 및 부담분임의 원칙 등이 있다. 좀 더 자세한 내용은 이상희, 『지방재정론』(서울: 계명사, 1992), 230쪽을 참조하기 바란다.

기, 중기, 장기로 구분해 주민세의 체계를 정비하고, 그 세수를 동네자치의 활성화에 투입하는 방안의 강구가 요구된다.

(1) 단기 방안

주민세는 보통세이기 때문에 그 세수를 동네자치에 사용하도록 강제하는 방안은 가능하지 않다. 다만, 기초자치단체가 세출예산을 편성할 때 일정한 금액을 우선적으로 동네자치 몫으로 배정하는 등의 예산 편성을 권장하는 조치를 추진할 수 있을 것이다.

주민세의 항목 가운데 균등분에 한정하여 현재보다 그 세율을 인상하여 세수를 늘리고, 그것을 재원으로 하여 동네자치의 확산과 내실화를 도모하는 접근은 현행 지방세제를 그대로 유지하는 것을 전제로 하는 단기적 대안에 해당한다고 할 수 있다. 균등분의 인상을 추진할 때 개인균등분은 그 제한세율을 높이거나 적어도 현행 수준(세대당 1만 원 상한)에 근접하는 세액을 과세하도록 하고, 법인균등분은 현실을 반영한 인상이 이루어져야 할 것이다. 나아가 사업자균등분도 현재보다 높임으로써 그 취지에 부합하는 과세체계 정비가 요구된다.[11]

---

11 충청남도, 「2016 충남형 동네자치 추진계획」(내부 자료, 2016)에 따르면 충청남도는 2016년도부터 개인균등분 주민세를 기존 3000~4000원에서 도내 모든 시군이 똑같이 1만 원으로 인상하는 조치를 단행했다. 그 결과 충청남도의 개인균등분 주민세 세수는 2015년 29억 6600만 원에서 2016년에는 82억 4100만이 되어 52억 7500만의 세수가 증대되었다. 이는 충청남도의 시군이 15곳임을 감안하면 자치단체 한 곳당 3억 5000만의 세수가 늘어나는 셈이다. 동네자치가 주민의 실생활을 좀 더 낫게 돕는 것을 목적으로 한다는 점에서 보면 자치단체별 평균 3억 5000만의 재원 지원은 그 규모가 크지는 않지만 동네자치 정착에 의미 있는 역할을 할 수 있을 것으로 기대된다. 더욱이 장차 (가칭) 동네자치세의 도입이 실현될 경우를 가정하면 동네자치의 공고화를 위한 재원 기반은 한층 더 견실해질 수 있을 것이다. 이와 같은 충청남도의 사례에 비추어볼 때 전국의 모든 광역단체가 전체균등분 주민세는 물론 개인균등분 주민세에 한정해 현행 '지방세법'

단기 방안은 관련 부문 간 혼란을 최소화하는 등의 장점을 갖지만 필요한 만큼의 재원을 조달할 수 있겠는가에 의문이 드러날 수 있다. 또한 그 재원을 동네자치에 사용하도록 강제할 수 없다는 문제를 내포한다.

(2) 중기 방안

동네자치(마을자치)의 주체인 주민결사체는 독립된 지방자치단체가 아니기 때문에 지방세 과세권을 행사할 수 없으며, 현재 동네자치를 실시하는 지역은 국지적이다. 이런 점을 고려해 현행 주민세 체계 내에 '동네자치 지원 특례분' 제도를 신설하고, 각 지방자치단체로 하여금 조례로써 동네자치 실시 지역에 한정해 동 조세를 주민세 표준세율보다 높은 초과세율로 부과하도록 한다. 그리고 이렇게 초과세율을 적용해 징수한 세수는 주민결사체에 배분해 동네자치의 활성화에 사용하도록 한다.

(3) 장기 방안〔(가칭)동네자치세 도입방안〕

주민세가 지방자치(동네자치)의 활성화를 실효적으로 지원할 수 있기 위해서는 장기적으로 광역과 기초가 함께 과세하는 광역 및 기초의 (가칭)동네자치세 신설 방안을 검토할 필요가 있다.[12] (가칭)동네자치세는 현행 주민세를 폐지하고 장기적으로 광역과 기초가 동시에 과세하는 한편 균등분의 현실화, 주민의 경제적 능력 반영 등을 통해 필요한 재원을 뒷받침하는 세목을 만드는 것을 말한다.

(가칭)동네자치세가 그 명칭에 걸맞게 주민자치(동네자치)를 뒷받침하

이 허용하는 1만 원 수준으로 세율을 인상해도 동네자치의 내실화에 필요한 재원을 어느 정도 확보하는 성과를 거둘 수 있을 것으로 전망된다.

12 이때 세목의 명칭은 (가칭)동네자치세뿐만 아니라 (가칭)주민자치세 등으로 부르는 방안을 검토할 수 있을 것이다.

는 지방세 세목의 역할을 할 수 있기 위해서는 적어도 다음과 같은 체계 구축이 요구된다. 첫째, 지역(동네)의 기초 인프라와 외형 틀 등은 기초자치단체와 광역자치단체의 행정서비스에 힘입어 갖추어진다는 점을 감안해 광역과 기초가 함께 과세하는 방식이 적절할 것이다. 이는 (가칭)동네자치세의 세수를 일정 비율로 광역과 기초가 나누는 방식의 체계를 말한다. 이와 관련해서는 최초 주민세가 도세로 도입되었고, 시·군세 부가세를 설치해 본세(광역자치단체)와 부가세(기초자치단체) 간에 2 대 8의 비율로 세원(세수)을 배분했던 선례가 있었음을 고려할 필요가 있을 것이다. 둘째, (가칭)동네자치세는 지역 구성원이 그 지역에 거주하는 대가로 부담해야 하는 회비적 성격의 균등분과 경제적 능력에 따라 추가적 부담을 감당하는 차등분(과거 주민세 소득할의 성격)[13]의 두 가지 항목으로 구성한다. 이는 일본의 현행 주민세와 유사한 방식이며, 한국의 최초 주민세 체계를 원용한 것으로 볼 수 있다. 이때 차등분의 부과는 지방소득세와 병치의 상황을 초래하기 때문에 그 부담이 일정 수준을 넘지 않도록 하는 등의 보완을 함께 고려할 필요가 있을 것이다. 셋째, (가칭)동네자치세는 지방자치를 지원하는 새로운 지방세의 역할을 감당하도록 고안[14]하고, 지역주민의 의사를 반영해 조례를 통해 그 세율을 조정[15]할 수 있는 체계

---

13 이는 그 명칭을 '차등분' 대신 '경제력 반영분' 등으로 다르게 부를 수 있음은 물론이다.

14 이와 관련하여 전국 모든 지역이 동네자치를 시행할 수 있는 환경을 조성하고 있지는 않은 상황을 감안해 점진적으로 (가칭)동네자치세를 부과하도록 해야 할 것이다. (가칭)동네자치세는 주민세를 완전 폐지하고 그것을 대체하는 새로운 지방세목을 말한다. 따라서 전국에 걸쳐 동네자치가 일반화되기 이전까지는 중기 대안을 따라 '동네자치 지원 특례분'을 부과할 지역과 부과·징수에 필요한 사항은 해당 지방자치단체가 조례로 정해 '동네자치 지원 특례분'을 부과할 수 있도록 관련 법규의 정비를 추진할 필요가 있다는 것이다.

15 (가칭)동네자치세의 세율 조정은 법의 정비를 통해 지방자치단체가 자율적으로 세율을

로 운용할 수 있는 가능성을 실험할 필요가 있다. 예를 들어 어떤 지역이 다음 해에 새로운 사업의 시행을 통해 자치(읍면동 자치 또는 동네자치) 발전을 도모하기 위해 지역주민의 의사를 물어 조례를 통해 (가칭)동네자치세의 세율을 올리는 등의 조치를 시행할 수 있도록 실질적인 길을 열어주는 방안을 말한다. 이때 (가칭)동네자치세의 세율 인상은 균등분 또는 차등분 가운데 하나를 대상으로 하거나 양자의 절충 등 여러 방안이 검토될 수 있을 것이다. 넷째, (가칭)동네자치세는 그 세수를 주민자치(동네자치)와 관련된 분야에 한정해 사용하도록 하는 목적세 형식을 따르도록 한다. 이때 지방자치의 범위를 포괄적으로 설정할 경우 동네자치의 구현과 더불어 지방자치와 관련한 여러 영역의 사업 추진을 지원하는 역할을 할 수 있을 것이다.[16]

이와 같은 방식의 (가칭)동네자치세 도입은 현행 지방세제가 결여한 지방세의 가격 기능을 충실하게 수행하는 실험적 지방세목의 역할을 할 것으로 기대된다.[17]

결정할 수 있는 권한을 부여받기 이전까지는 조례에 근거를 두고 탄력세율제도를 활용할 수 있을 것이다.

16 (가칭)동네자치세의 형식과 관련해 현행 주민세처럼 보통세 방식을 따르는 것이 세수 사용의 제약을 차단하는 등의 차원에서 편리할 수 있다. 하지만 주민자치(동네자치)의 재정 기반 역할을 수행하면서 지방세 가격 기능을 감당하도록 하기 위해서는 목적세 방식이 더 나을 것으로 판단된다. 한편 그 세수의 용도를 주민자치 관련 분야로 한정한다고 할 경우 그 범위가 매우 포괄적이기 때문에 목적세이면서 보통세 역할을 무난히 수행할 수 있는 장점을 가질 수 있을 것이다.

17 이런 점에서 볼 때 (가칭)동네자치세는 한국의 지방세제가 조세(지방세) 가격 기능에 충실할 수 있는 새로운 지평을 여는 역할을 할 수 있을 것이다. 이런 제안이 현실적 수용성을 담보하기 위해서는 적절한 절차를 거쳐 법제도의 정비가 뒷받침되어야 함은 물론이다.

4. 정책 제안

주민의 삶의 공간인 동네(마을)을 중심으로 그 구성원인 주민이 주도하는 자치가 동네자치이다. 동네자치는 주민이 주체적으로 지역 살림을 꾸려나가는 틀이라는 점에서 보면 생활자치이고 실질자치에 해당한다. 이와 같은 동네자치의 온전한 시행을 위해서는 주민의 참여와 협력이 필수적이며, 동시에 관련된 비용을 확보할 수 있는 재정 기반의 구축이 요구된다.

이 글에서는 동네자치(마을자치)를 뒷받침하는 재정지원 체계를 단기, 중기, 장기로 구분해 제시했다. 단기 방안으로는 지방자치단체가 현행 주민세 균등분을 현재 수준보다 높여, 징수한 세수를 지방자치(동네자치) 지원을 위한 세출예산 항목으로 편성하도록 권유하는 조치를 제안했다. 중기 방안으로는 '지방세법'을 개정해 현행 주민세 체계 내에 '동네자치 지원 특례분' 제도를 신설하고, 각 자치단체가 조례로써 동네자치 실시 지역에 주민세의 표준세율보다 높은 초과세율로 과세해, 징수한 세수를 동네자치에 투입하도록 하는 대안을 제시했다. 장기 방안으로는 현행 주민세를 폐지하고 광역자치단체와 기초자치단체가 함께 균등분과 차등분의 두 항목에 대해 과세하여 그 세수를 일정 비율로 나누고, 확보된 재원을 동네자치(주민자치)의 용도로 사용하도록 하는 목적세 형태의 (가칭)동네자치세 신설을 제안했다.

이상의 방안을 실현하기 위해서는 예상되는 부작용을 사전에 점검하고, 관련 부문의 의견을 충실하게 수렴하는 한편 법제도의 정비를 함께 검토해야 함은 물론이다. 예를 들면 주민세의 세율을 인상하거나 (가칭)동네자치세를 도입하게 되면 납세자인 주민들이 새로운 부담에 직면함을 고려해 대책을 마련해야 한다. 나아가 각 방안의 현실 수용성 담보를 위해 주민들의 추가적 부담이 본인들과 지역사회를 위해 사용됨을 충실하게 홍보하는 한편 해당 읍면동에서 징수된 세수가 그 지역의 동네자치를 위해 사용되도록 연계하는 제도적 장치의 강구를 함께 모색해야 할 것이다.

참고문헌

권강웅·권단. 2015.『2015 지방세법 해설』. 서울: 광교이택스.
안성호·곽현근. 2014.「충청남도 주민자치를 위한 동네거버넌스 실천과 전략」.≪충남리포트≫, 131호(2014. 10).
안성호. 2014.「세계화 시대의 동네자치」.≪열린 충남≫, 66호(2014. 4).
유태현. 2015a.「지방분권 지원을 위한 지방세 강화 방안: (가칭)주민자치세 도입을 중심으로」.『2015 상반기 한국지방세협회 춘계학술대회 발표논문집』. 한국지방세협회.
_____. 2015b.「주민자치 뒷받침을 위한 주민세 개편 방안」.『지방자치 20주년 기념 정책토론회 발표 논문집』. 충청남도.
_____. 2017.『동네자치의 재정기반 확충을 위한 동네자치세 도입방안』. 한국지방세연구원.
유태현·이정기. 2016.「지방자치 뒷받침을 위한 지방세제 정비방안에 관한 연구: 주민세 기능의 강화를 중심으로」.≪재정정책논집≫, 18집 3호(2016.9).
이상희. 1992.『지방재정론』. 서울: 계명사.
이재성. 2004.「주민참여 활성화를 위한 주민세 개인균등할의 역할 강화」.『2004년도 한국공공관리학회 하계학술대회 논문집』. 한국공공관리학회.
충청남도. 2016.「2016 충남형 동네자치 추진계획」(내부 자료).
한국자치학회. 2014.「2014 충청남도 주민자치회 컨설팅(결과보고서 2014.5~12)」.
행정자치부. 2015.「지방자치 20년 평가위원회 제2차 회의 자료」.

10장

특별지방행정기관 지방이양

주재복 ㅣ 한국지방행정연구원 연구기획실장
강영주 ㅣ 한국지방행정연구원 조직분석진단센터 소장

1. 문제 제기

지방자치제를 실시한 이후 중앙사무의 지방이양을 위한 다양한 노력이 있었으나 지방에서 체감하는 지방이양 효과는 매우 미미한 수준이다. 특히 특별지방행정기관은 지방자치단체와 유사 기능을 중복적으로 수행하기 때문에 행정의 비효율성을 초래한다는 비판이 있어왔다. 이러한 행정의 비효율성을 제거하고, 지방의 창의성과 다양성 존중하며, 지역 실정에 부합한 현장 밀착형 행정서비스를 제공하기 위해서는 특별행정기관의 지방이양이 필요하다.

※ 이 글은 주재복·강영주의 「특별지방행정기관 지방이양 대상사무 발굴 및 추진 전략」(2016), 주재복·우병창의 「특별지방행정기관 지방이양에 관한 특별법(안) 마련」(2017)의 연구에서 일부 내용을 요약·보완한 것이다.

그러나 특별지방행정기관의 지방이양은 수차례의 건의와 권고에도 불구하고 중앙정부의 반발, 추진력 부족 등으로 실행되지 못하고 있는 실정이다. 2003년 통과된 '지방분권특별법'에서 특별지방행정기관의 정비를 명시적으로 규정했고, 2008년에 전면 개정된 '지방분권에 관한 특별법'에서도 특별지방행정기관의 정비를 지방분권의 추진 과제로 명시했으나 실천되지 못했다.

이러한 문제 인식하에서 이 글에서는 충청남도에 대한 사례 분석을 통해 특별지방행정기관의 지방이양 기능을 도출하고, 이를 토대로 특별지방행정기관의 지방이양 방안을 제시하고자 한다. 이를 위해 먼저 특별지방행정기관의 지방이양에 관한 이론적 논의를 살펴보고 특별지방행정기관의 정비 논거를 제시했다. 둘째, 충청남도의 특별지방행정기관 사례 분석을 토대로 7대 특별지방행정기관의 지방이양 기능을 도출했다. 마지막으로 이론적 논의와 기능 분석 결과를 토대로 특별지방행정기관의 지방이양 방안을 제시했다.

2. 특별지방행정기관 지방이양에 관한 이론적 논의

1) 특별지방행정기관의 의의

특별지방행정기관은 특정한 중앙행정기관의 업무 중 지역적 업무를 당해 관할구역 내에서 처리할 수 있도록 해당 지역에 설치한 행정기관을 말한다. 특별지방행정기관은 중앙행정기관의 업무를 지역적으로 분담해 수행할 필요가 있고, 당해 업무의 전문성과 특수성으로 인해 지방자치단체 또는 그 기관에 위임해 처리하는 것이 적합하지 아니한 경우 설치한다(금창호 외, 2015). 즉, 지역적인 특수성, 행정 수요, 다른 기관과의 관계 및 적정한 관할구역 여부를 판단해 설치한다.

지방자치단체들이 존재함에도 불구하고 특별지방행정기관을 설치하는 목적은 다음과 같다(금창호·박용성·최승범, 2012; 금창호 외, 2015). 첫째, 특별지방행정기관을 통해 균일한 공공행정서비스를 제공할 수 있다는 점이다. 둘째, 전문성이 요구되는 서비스의 공급에서도 특별지방행정기관을 통해 효율성을 높일 수 있다는 점이다. 셋째, 특별지방행정기관의 설치를 통해 특정 행정서비스의 적정 규모 제공이 가능하다는 점이다. 마지막으로 현실적으로 중앙정부의 통제력이 높아진다는 점을 들 수 있다. 특별지방행정기관 설치의 법적 근거는 '정부조직법', '행정기관의 조직과 정원에 관한 통칙' 등에 명시되어 있는데, 구체적인 내용은 〈표 10-1〉과 같다.

표 10-1
특별지방행정기관 설치의 법적 근거

법령	내용
'정부조직법' 제3조 (특별지방행정기관의 설치)	① 중앙행정기관에는 소관 사무를 수행하기 위하여 필요한 때에는 특히 법률로 정한 경우를 제외하고는 대통령령으로 정하는 바에 따라 지방행정기관을 둘 수 있다.
'행정기관의 조직과 정원에 관한 통칙' 제18조 (특별지방행정기관과 그 하부조직의 설치)	① 특별지방행정기관은 중앙행정기관의 업무를 지역적으로 분담하여 수행할 필요가 있고, 당해 업무의 전문성과 특수성으로 인하여 지방자치단체 또는 그 기관에 위임하여 처리하는 것이 적합하지 아니한 경우에 이를 둘 수 있다.

한편, 특별지방행정기관의 설치 논거에 대한 반박 논거도 다양하게 제기되는데, 이와 관련된 주장을 정리하면 다음과 같다(금창호·박용성·최승범, 2012; 권영주, 2014). 먼저 특별지방행정기관을 통해 기능적 분권화와 전국적 통일성을 실현한다는 주장에 대해서는 오히려 지방행정의 민주

성이 약화되고 분권화에 역행한다는 반박이 있다. 둘째, 특별지방행정기관을 설치해 행정의 전문성과 광역행정을 실현할 수 있다는 주장에 대해서는 이는 오히려 지방자치의 법적 체계를 위반하는 것이며, 지방행정의 종합성을 저해한다는 반박이 제기된다. 마지막으로 특별지방행정기관을 통해 가외성과 실질적 효율성을 증진시킬 수 있다는 주장에 대해서는 중앙·지방 간 또는 지방 간 갈등을 야기할 수 있으며, 사무의 중복으로 인해 오히려 비효율성이 야기된다는 주장이 있다. 특별지방행정기관의 설치 논거와 이에 대한 반박 논거를 정리하면 〈표 10-2〉와 같다.

표 10-2
특별지방행정기관의 설치 논거와 정비 논거 비교

특별지방행정기관 설치 논거	특별지방행정기관 정비 논거
기능적 분권화 실현	지방행정의 민주성 약화
전국적 통일성 요구	분권화 역행
행정의 전문성	지방자치 법적 체계 위반
광역행정 실현	지방행정의 종합성 저해
가외성과 실질적 효율성 증진	중앙-지방 간·지방 간 갈등 야기
지자체 수용태세의 한계	사무의 중복으로 인한 비효율성 야기

자료: 권영주(2014).

2) 특별지방행정기관의 현황

한국의 특별지방행정기관은 1952년 교육위원회 설치를 시작으로 2000년대 중반까지 지속적인 증가 추세를 보였다. 중앙부처의 입장에서는 소관 사무를 지방자치단체에 위임 또는 이양하기보다 직접 추진하는 것이 인력 및 예산 증액에 유리하다고 판단해, 특별지방행정기관의 설치를 선호하는 경향이 있다(금창호·박용성·최승범, 2012). 따라서 지속적인 특별지방행정기관의 팽창을 방지하기 위해 1961년과 1981년 등 몇 차례에 걸쳐 대폭적인 특별지방행정기관 정비 작업을 추진했음에도 불구하고 증가 추세는 지속되어왔다. 2000년대에는 2000년대 초반에 감소 추세를 보이다가 후반부터 다시 증가 추세로 전환했으며, 2010년 이후의 변화는 크지 않다. 2000년 이후 특별지방행정기관의 변화 추이는 〈표 10-3〉과 같다.

표 10-3

특별지방행정기관의 변화 추이

단위: 개

구분	2000년	2005년	2010년	2011년	2014년	2015년
총계	7,004	3,668	5,115	5,145	5,227	5150
노동행정기관	46	46	47	47	47	47
세무행정기관	174	177	183	183	188	193
공안행정기관	3,920	1,620	2,548	2,572	2,625	2,641
현업행정기관	2,502	1,432	1,995	1,995	2,009	1,967
기타행정기관	362	393	342	348	358	302

자료: 행정안전부 정부조직관리시스템에서 정리.

한편, 중소기업 분야, 국토하천 분야, 해양항만 분야, 노동 분야, 보훈 분야, 산림 분야 등 지방자치발전위원회가 선정한 7대 지방이양 대상 특별지방행정기관의 현황은 〈표 10-4〉와 같다. 7대 분야 지방이양 대상 특별지방행정기관의 수는 1차 기관 51개, 2·3차 기관 132개 등 183개이다.

표 10-4

지방이양 대상 특별지방행정기관의 현황(2015년 12월 31일 기준)

분야	기관 수	1차 기관명(수)	2·3차 기관명(수)
합계	183	51	132
중소기업	14	지방중소기업청(11)	사무소(3)
국토관리	32	지방국토관리청(5)	국토관리사무소(18), 출장소(9)
해양항만	25	지방해양항만청(11)	해양사무소(9), 해양사무소 출장소(5)
노동	47	지방고용노동청(6)	지방고용노동지청, 출장소(41)
환경	9	지방유역환경청, 대기환경청(8)	출장소(1)
보훈	24	지방보훈청(5)	보훈지청(19)
산림	32	지방산림청(5)	국유림관리소(27)

자료: 행정안전부 정부조직관리시스템에서 정리.

3) 특별지방행정기관의 정비 근거

특별지방행정기관 정비의 이론적 근거는 주로 지방자치단체와 전체 국가사무의 배분의 구조적·운영적 측면의 한계에서 정비의 필요성을 제기한다(오재일, 2008; 이환범·권용수·최진식, 2011; 금창호·박용성·최승범, 2012). 먼저 구조적 측면에서는 지방자치단체와 기능 중복성, 중앙정부의 집권성 및 의사결정의 비민주성 등에서 정비의 필요성이 제기된다. 또한 운영적 측면에서는 지방자치단체와 기능 중복성에 따른 비효율성, 상호 간 갈등 유발 및 지방자치단체의 종합성 상실 등을 해결하기 위해 정비의 필요성이 제기되고 있다. 한편, 특별지방행정기관 정비의 법적 근거는 〈표 10-5〉에서 보는 바와 같이 2014년 시행된 '지방분권 및 지방행정체제개편에 관한 특별법'에 명확하게 제시되어 있다.

표 10-5

특별지방행정기관 정비에 대한 법적근거

법령	내용
지방분권 및 지방행 정체제개편에 관한 특별법(약칭: 지방분 권법) 제12조 (특별 지방행정기관의 정 비 등	① 국가는 「정부조직법」 제3조에 따른 특별지방행정기관이 수행하고 있 는 사무 중 지방자치단체가 수행하는 것이 더 효율적인 사무는 지방자치 단체가 담당하도록 하여야 하며, 새로운 특별지방행정기관을 설치하고자 하는 때에는 그 기능이 지방자치단체가 수행하고 있는 기능과 유사하거나 중복되지 아니하도록 하여야 한다.제도의 실시에 관하여는 따로 법률로 정한다.

4) 제주특별자치도 특별행정기관 지방이양 사례

제주특별자치도의 특별지방행정기관 이관은 노무현 정부에서 추진 된 것으로 당초 계획에는 완전 이관 6개 기관과 지도·감독권한 이관 2개 기관 등 총 8개 기관을 대상으로 선정했으나, 최종적으로는 7개 기관의 완전 이관으로 변경되었다(제주특별자치도, 2007; 행정안전부, 2008). 즉, 2006 년 2월 21일 '제주특별법'의 공포(법률 제7849호)에 따라 7개 특별지방행정 기관의 이관이 확정되었다. 제주특별자치도로 이관 대상 7개 기관의 이 관 전(前) 정원은 238명이었으나 이관 정원은 140명으로 결정되었고, 이 관 정원 140명 중 실제적인 이체 인원은 126명이었다. 또한 이관 대상 7 개 기관 총예산은 2006년 기준 1422억 원이었으나 이 중 이관된 예산은 53%인 758억 원이었다. 제주특별자치도의 특별지방행정기관 이관 현황 은 〈표 10-6〉과 같다.

표 10-6

제주특별자치도의 특별지방행정기관 이관 현황

구분	내용
당초 계획	• 완전 이관(6): 제주지방국토관리청, 제주지방중소기업청, 제주지방해양수산청, 제주환경출장소, 제주지방노동사무소, 제주지방노동위원회 • 지도·감독권한 이관(2): 제주세관, 제주출입국관리사무소
최종 대안	• 완전 이관(7): 제주지방국토관리청, 제주지방해양수산청, 제주지방중소기업청, 제주환경출장소, 제주지방노동사무소, 제주지방노동위원회, 제주보훈지청

3. 특별지방행정기관의 지방이양 기능 분석: 충청남도 사례

1) 분석 대상 및 절차

지방이양 대상 7대 특별지방행정기관의 지방이양 기능을 도출하기 위해 사례 지역으로 충청남도를 선정했으며, 충청남도의 7개 지방행정특별기관을 대상으로 지방이양 기능을 분석했다. 특히, 지방이양 대상 특별지방행정기관으로 분석할 대상은 제주특별자치도에서 기이양된 특별지방행정기관과 관련성이 높은 기관들로 선정했다. 지방이양 대상 7대 특별지방행정기관과 충청남도의 사례 분석 대상 특별지방행정기관은 〈표 10-7〉과 같다.

한편, 지방이양 대상 특별지방행정기관의 이양 대상 기능을 판단하기 위해서 〈그림 10-1〉과 같은 분석 절차로 진행했다. 판단 기준으로는 기능 중복성, 이관 적합성, 분야 특이성을 선정했고, 1단계 판단과 2단계 판단을 종합해 특별지방행정기관의 이양 기능을 도출했다.

표 10-7

충청남도 이양대상 특별지방행정기관 현황

지방이양 대상 특별지방행정기관	사례 분석 대상	주요 기능
지방중소기업청	대전충남지방중소기업청	중소 벤처기업 육성 및 발전
지방노동지청	고용노동부(천안지청)	고용 창출, 고용 지원
지방노동위원회	충남지방노동위원회	노사 간 이익, 권리분쟁 해결
지방보훈청	대전지방보훈청	국가유공자 지원
지방국토관리청	대전지방국토관리청	국도건설관리, 국가하천 정비
지방해양수산청	대산지방해양수산청	항만기반시설 확충
지방환경청	금강유역환경청	금강유역 수질 개선 추진

그림 10-1

분석 방법

구분	내용		비고
분석 대상	지방지방중소기업청 등 7개 분야의 7개 기관		제주도 기이양 특행기관 관련 참조
비교 대상	대전충남지방지방중소기업청 등 7개 분야의 7개 기관		제주도 기이양 특행기관 관련 참조
판단 기준	기능 중복성, 이관 적합성, 분야 특이성		법령 및 기존 논의 검토
분석 방법	기관별 분석	1단계 판단	기능 중복성 여부	단위 사무 대상
		2단계 판단	이관 적합성 여부 분야 특이성 여부	지자체 BRM 중기능 분류 체계 적용한 중기능 대상
		정비 방안 도출	유지·이관(일부 또는 전부) 여부 판단	1단계·2단계 판단 내용 근거

2) 지방이양 판단 기준의 선정

(1) 기존 연구의 판단 기준

특별행정기관의 이관 원칙은 특별행정기관이 가지고 있는 권한과 자원을 지방자치단체로 이관하는 데 따른 원칙을 말한다. 이는 중앙과 지방 간의 사무 배부 기준에 관한 관련 법령인 '지방자치법'과 '지방분권 및 지방행정체제개편에 관한 특별법'(약칭 '지방분권법')에 근거한다.

표 10-8

특별지방행정기관과 지방자치단체 간 법적 사무배분 기준

법령	내용
'지방분권 및 지방행정체제개편에 관한 특별법' (약칭 '지방분권법') 제9조 (사무배분의 원칙) [시행 2014.11. 19] [법률 제12844호, 2014.11.19, 타법개정]	① 국가는 지방자치단체가 행정을 종합적·자율적으로 수행할 수 있도록 국가와 지방자치단체 간 또는 지방자치단체 상호 간의 사무를 주민의 편익증진, 집행의 효과 등을 고려하여 서로 중복되지 아니하도록 배분하여야 한다. ② 국가는 제1항에 따라 사무를 배분하는 경우 지역주민생활과 밀접한 관련이 있는 사무는 원칙적으로 시·군 및 자치구(이하 "시·군·구"라 한다)의 사무로, 시·군·구가 처리하기 어려운 사무는 특별시·광역시·특별자치시·도 및 특별자치도(이하 "시·도"라 한다)의 사무로, 시·도가 처리하기 어려운 사무는 국가의 사무로 각각 배분하여야 한다. ③ 국가가 지방자치단체에 사무를 배분하거나 지방자치단체가 사무를 다른 지방자치단체에 재배분하는 때에는 사무를 배분 또는 재배분 받는 지방자치단체가 그 사무를 자기의 책임하에 종합적으로 처리할 수 있도록 관련 사무를 포괄적으로 배분하여야 한다. ④ 국가 및 지방자치단체는 제1항부터 제3항까지의 규정에 따라 사무를 배분하는 때에는 민간부문의 자율성을 존중하여 국가 또는 지방자치단체의 관여를 최소화하여야 하며, 민간의 행정참여기회를 확대하여야 한다.

대부분의 연구자는 이러한 법령에 근거해 특별행정기관의 지방이양 기준을 제시한다. 양영철(2009)은 '지방분권법'에 근거해 특별지방행정기관과 지방자치단체 간 사무배분 기준을 중복 배제의 원칙, 보충성의 원칙, 포괄적 이관의 원칙으로 제시했다. 또한 진재구(1999)는 사무의 특성,

즉 사무의 전문성 여부, 정책 집행 대상 구분의 명료성 여부, 정책 대상집단의 특수성 여부 등을 기준으로 분야별로 사무배분의 기준을 제시했다. 한편, 금창호·박용성·최승범(2012)은 이러한 논의를 종합하여 이관 기능의 판단 기준으로 기능 중복성, 이관 적합성, 분야 특이성의 3가지를 제시했다. 특히 금창호·박용성·최승범(2012)은 기능 분류 트리의 방법을 적용해 기능 중복성과 이관 적합성 및 분야 특이성을 단계별로 적용하여 최종적인 이관여부를 판단하는 방안을 제시했다.

그림 10-2
판단 기준의 적용 방법

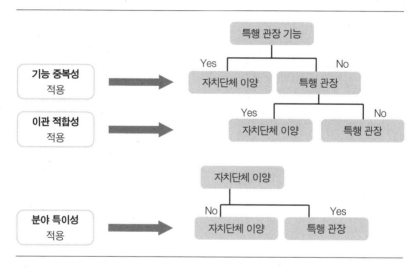

(2) 이 논의의 판단 기준

이 논의에서는 금창호·박용성·최승범(2012)의 판단 기준을 준용해 적용하되, 판단 기준 적용 방식을 기존과 차별화해 단위 사무(소기능)와 중기능을 대상으로 2단계로 나누어 적용했다. 먼저 1단계에서는 단위

그림 10-3

특별지방행정기관 기능이양 판단 기준

단계	판단 기준	측정 지표	분석 대상
1단계 판단	기능 중복성	• 동일목적의 실현을 위해 중앙과 지방이 공히 처리하는 기능 　– 중앙과 지방의 동일한 사무	단위 사무
		⇓	
2단계 판단	이관 적합성	• 지방자치단체가 수행하기에 좀 더 적합한 기능 　– 파급효과가 전국적이 아닌 사무 　– 주민의 접근성과 편의성이 요구되는 사무 　– 현지 적합성이 요구되는 사무 　– 지방자치단체의 기존기구로 수행 가능한 사무 　– 지방자치단체의 집행 효율성이 높은 사무	중기능
	분야 특이성	• 행정 효율성 이외의 특행별 존립가치에 해당되는 기능 　– 전국적 통일성이 요구되는 사무 　– 지방자치단체가 수행할 수 있는 전문성이 부족한 사무	
		⇓	
		충청남도 특별지방행정기관 기능 이관 여부의 최종 판단	

사무(소기능)를 대상으로 '기능 중복성 여부'의 판단 기준을 적용했다. 우선, 충청남도 지방이양 대상 특별지방행정기관 각각의 현황을 조직 구조와 수행 기능별로 살펴보고, 이들 기관의 담당 기능과 유사한 기능을 수행하는 충남도청의 조직을 선정하고 각 기능의 중복성을 비교·분석했다. 1단계 적용 기준인 기능 중복성 여부, 즉 특별지방행정기관과 지방자치단체 간에 사무를 중복적으로 행하는지의 여부는 '지방분권법' 제9조에서 제시된 원칙으로 법률상에서 언급한 단위 사무를 대상으로 파악했다.

다음으로 2단계에서는 중기능을 대상으로 '이관 적합성'과 '분야 특이성'의 판단 기준을 적용했다. 2단계 적용 기준인 이관 적합성과 분야 특이성은 이론상 제시되는 원칙으로, 이관 적합성은 주민의 접근성과 현지 적합성 등의 특성이 높은지 여부로 판단했고, 분야 특이성은 전국적인 통일성이 요구되는지, 지방자치단체가 수행할 수 있는 권한이나 전문성이 없는지 여부 등을 기준으로 판단했으며, 이는 단위 사무보다는 중기능을 대상으로 파악했다. 특별지방행정기관 기능이양 판단 기준을 정리하면 〈그림 10-3〉과 같다.

3) 특별지방행정기관별 지방이양 기능의 도출

(1) 지방중소기업청

대전충남중소기업청의 단위 사무를 대상으로 기능 중복성 여부를 판단한 1단계 판단 결과와 중기능을 대상으로 각 기능별로 기능 이관 적합성 여부와 분야 특이성 여부를 판단한 2단계 판단 결과를 종합하면 지방이양 대상 기능은 〈표 10-9〉와 같다.

표 10-9

지방중소기업청의 중기능별 이양 방안

중기능	이양 방안			판단 근거
	유지	이양		
		일부	전부	
기업 지원	○			- 대전충남중소기업청과 충남도청 간에 기능 중복성과 이관 적합성이 높으나 일부 사무(불공정 거래 조사, 시험연구지원, 공공구매 위반 사항 확인)의 경우 분야 특이성 존재
자금 지원			○	- 대전충남중소기업청과 충남도청 간에 기능 중복성·이관 적합성 존재
통상 지원			○	- 대전충남중소기업청과 충남도청 간에 기능 중복성·이관 적합성 존재

(2) 지방고용노동지청

천안고용노동지청의 단위 사무를 대상으로 기능 중복성 여부를 판
단한 1단계 판단 결과와 천안고용노동지청이 수행하는 중기능을 대상으
로 각 기능별로 기능 이관 적합성 여부와 분야 특이성 여부를 판단한 2단
계 판단 결과를 종합하면 지방이양 대상 기능은 〈표 10-10〉과 같다.

표 10-10

지방고용노동지청의 중기능별 이양 방안

중기능	이양 방안			판단 근거
	유지	이양		
		일부	전부	
고용 정책			○	- 천안고용노동지청과 충남도청 간에 기능 중복성·이관 적합성 존재
노동 정책		○		- 천안고용노동지청과 충남도청 간에 기능 중복성·이관 적합성 존재 - 일부 사무(노동관계법 위반사건의 처리 등의 특별사법경찰 업무)의 경우 분야 특이성이 존재
근로자 복지			○	- 천안고용노동지청과 충남도청 간에 기능 중복성·이관 적합성 존재

(3) 지방노동위원회

충남지방노동위원회의 단위 사무를 대상으로 기능 중복성 여부를 판
단한 1단계 판단 결과와 충남지방노동위원회가 수행하는 중기능을 대상
으로 각 기능별로 기능 이관 적합성 여부와 분야 특이성 여부를 판단한 2
단계 판단 결과를 종합하면 지방이양 대상 기능은 〈표 10-11〉과 같다.

표 10-11

지방노동위원회의 중기능별 이양 방안

중기능	이양 방안			판단 근거
	유지	이양		
		일부	전부	
심판 기능	○			- 충남지방노동위원회의 심판 기능은 분야 특이성이 존재
조정 기능	○			- 충남지방노동위원회의 조정 기능은 분야 특이성이 존재
정책 기능			○	- 충남지방노동위원회의 정책 기능은 이관 적합성·분야 특이성이 존재 - 관련법 개정을 통해 지자체에 권한 부여

(4) 지방보훈청

대전지방보훈청의 단위 사무를 대상으로 기능 중복성 여부를 판단한 1단계 판단 결과와 대전지방보훈청이 수행하는 중기능을 대상으로 각 기능별로 기능 이관 적합성 여부와 분야 특이성 여부를 판단한 2단계 판단 결과를 종합하면 지방이양 대상 기능은 〈표 10-12〉와 같다.

표 10-12

지방보훈청의 중기능별 이양 방안

중기능	이양 방안			판단 근거
	유지	이양		
		일부	전부	
보훈 선양			○	- 대전보훈지청과 충남도청 간에 기능 중복성·이관 적합성 존재
등록 및 보상		○		- 대전보훈지청과 충남도청 간에 기능 중복성과 이관 적합성이 존재하나 일부 사무(유공자 등록 사무)의 경우 분야 특이성 존재
복지 지원			○	- 대전보훈지청과 충남도청 간에 기능 중복성·이관 적합성 존재
제대군인 지원			○	- 대전보훈지청과 충남도청 간에 이관 적합성 존재

(5) 지방국토관리청

대전지방국토관리청의 단위 사무를 대상으로 기능 중복성 여부를 판단한 1단계 판단 결과와 대전지방국토관리청이 수행하는 중기능을 대상으로 각 기능별로 기능 이관 적합성 여부와 분야 특이성 여부를 판단한 2단계 판단 결과를 종합하면 지방이양 대상 기능은 〈표 10-13〉과 같다.

표 10-13

지방국토관리청의 중기능별 이양 방안

중기능	이양 방안		판단 근거
	유지	이양	
		일부 전부	
도로시설		전부 ○	– 대전지방국토관리청과 충남도청 간에 기능 중복성·이관 적합성이 존재
하천관리		전부 ○	– 대전지방국토관리청과 충남도청 간에 기능 중복성·이관 적합성이 존재
건설관리		전부 ○	– 대전지방국토관리청과 충남도청 간에 기능 중복성·이관 적합성이 존재

(6) 지방해양수산청

대산지방해양수산청의 단위 사무를 대상으로 기능 중복성 여부를 판단한 1단계 판단 결과와 대산지방해양수산청이 수행하는 중기능을 대상으로 각 기능별로 기능 이관 적합성 여부와 분야 특이성 여부를 판단한 2단계 판단 결과를 종합하면 지방이양 대상 기능은 〈표 10-14〉와 같다.

표 10-14

지방해양수산청의 중기능별 이양 방안

중기능	이양 방안		판단 근거
	유지	이양	
		일부 전부	
항만운영 및 해상운송 정책	○		- 대산지방해양수산청의 항만운영 및 해상운송 정책은 기능 중복성·이관 적합성이 존재하나, 일부 사무의 경우 (항로표지 설치·관리 등) 분야 특이성이 존재
해양보전		○	- 대산지방해양수산청과 충남도청 간에 기능 중복성·이관 적합성이 존재

(7) 지방환경청

금강유역환경청의 단위 사무를 대상으로 기능 중복성 여부를 판단한 1단계 판단 결과와 금강유역환경청이 수행하는 중기능을 대상으로 각 기능별로 기능 이관 적합성 여부와 분야 특이성 여부를 판단한 2단계 판단 결과를 종합하면 지방이양 대상 기능은 〈표 10-15〉와 같다.

표 10-15

지방환경청의 중기능별 이양 방안

중기능	이양 방안		판단 근거
	유지	이양	
		일부 전부	
환경관리		○	- 금강유역환경청과 충남도청 간에 기능 중복성·이관 적합성 존재
유역 및 상하 수도 관리		○	- 금강유역환경청과 충남도청 간에 기능 중복성·이관 적합성 존재

(8) 지방이양 기능 분석 종합

사례 분석 대상인 충청남도 7대 특별지방행정기관의 기능별 정비 방안 결과를 바탕으로 특별지방행정기관의 지방이양 방안을 기능별로 요약하면 다음과 같다. 먼저 특별지방행정으로 유지할 필요가 있는 기능으로는 지방노동위원회의 심판 기능과 조정 기능이 도출되었다. 또한 일부 이양이 필요한 기능으로는 지방중소기업청의 기업지원 기능, 지방고용노동지청의 노동정책 기능, 지방노동위원회의 정책 기능, 지방보훈청의 등록 및 보상 기능, 그리고 지방해양수산청의 항만운영 및 해상운송 정책 기능이 도출되었다. 마지막으로 전부 이양이 필요한 기능으로는 지방중소기업청의 자금지원·통상지원 기능, 지방고용노동지청의 고용정책·근로자복지 기능, 지방보훈청의 보훈선양·복지지원·제대군인지원 기능, 지방국토관리청의 기능 전부, 지방해양수산청의 해양보전 기능, 그리고 지방환경청의 기능 전부가 도출되었다.

4. 특별지방행정기관의 지방이양 방안

1) 정책 결정자의 의지 확보

특별지방행정기관의 지방이양은 무엇보다도 정책 결정자의 의지가 가장 중요한 변수로 작용한다. 실제로 특별지방행정기관의 지방이양은 지방자치 실시 이후 역대 정권의 지방분권 정책의 세부 과제로 항상 포함되어 있었으나 그 성과는 각 정권 정책 결정자의 의지에 따라 다르게 나타나고 있다(한표환, 2014). 김대중 정부는 지방분권을 우선순위의 정책 순위에 두지는 않았고, 정부개혁을 위한 수단의 하나로 중앙 기능의 지방이양을 추진했다. 노무현 정부는 당초에는 지방분권 정책에 대한 대통령의 의지가 매우 강력했으나 실제 정책 추진에서는 균형발전에 우선순위를 두어 기대만큼의 성과를 내지 못했다고 평가된다. 이명박 정부와 박근혜 정부에서는 지방분권에 대한 의지가 크지 않아 특별지방행정기관 정비에 대한 정책 의지도 낮았다. 따라서 특별지방행정기관의 지방이양을 위해서는 정책 결정자의 실천력을 담보해야 한다. 특별지방행정기관의 지방이양에 대한 정책 결정자의 실천력을 담보하기 위해서는 문재인 정부에서 추진하고 있는 제2국무회의의 공식적인 의제로 채택해 추진할 필요가 있다. 먼저 국회대토론회, 공청회, 관련 학회와의 공동세미나 개최 등을 통해 전국적인 공감대를 확산하고, 이를 토대로 제2국무회의의 공식화된 의제로 선정될 수 있도록 노력할 필요가 있다.

2) 인력 및 재원의 동시 이양

특별지방행정기관 지방이양은 인력 및 재원의 동시 이양이 확보되어야 그 효과를 극대화하고 실행력을 담보할 수 있다(김재훈 외, 2008; 금창호·박용성·최승범, 2012). 특별지방행정기관의 기능이 이양되면서 이에 상응하는 인력과 재원이 이양되지 않는다면, 지방자치단체의 수용성이 저하될 뿐만 아니라 기능이양의 실질적인 효과가 나타나지 않게 된다. 〈표 10-16〉에서 보는 바와 같이 기존의 특별지방행정기관 지방이양 결과에 대한 평가에서도 인력과 재정의 동시 이양이 불충분했던 점이 한계로 지적되고 있다는 점(양영철, 2009, 금창호 외, 2015)이 이를 뒷받침하는 근거이다. 따라서 지방자치단체에서도 인력 및 재원의 동시 이양에 대비하고 특별지방행정기관 지방이양의 문제점으로 지적되고 있는 중앙부처와의 단절, 중앙기능과의 연계성 부족, 지방재정 부담 문제 등을 적극적으로

표 10-16

역대 특별지방행정기관 지방이양 평가에서의 개선 과제

구분	평가(개선 과제)
제주 특별지방행정기관의 이양 성과	• 국무총리실 5년 종합평가 － 중앙부처와의 단절 및 지방재정 부담의 해결이 제주도 특별지방행정기관 이양의 주요 개선 과제로 제시 － 제주지방국토관리청, 제주지방중소기업청, 제주지방해양수산청, 제주보훈지청, 제주환경출장소의 성과 평가에서 개선 과제로 안정적 예산 확보 및 인력·재정지원 확대를 제시
이명박 정부 이양 성과	• 지방분권촉진위원회 평가 － 이명박 정부 시절, 3개 분야(국도하천·해양항만·식의약품)에 대한 기능이관이 완료 되었으나 수임 지자체에서는 기능이관에 따른 분야별 인력, 재원 및 장비 부족 등으로 업무 처리에 어려움 호소 [자료: 지방분권촉진위원회 1단계 정비완료 특행기관 이관사무 운영실태 점검 결과(2012.7.11)]

해결하기 위한 대비책을 사전에 수립할 필요가 있다.

3) 기능 중심의 지방이양

특별지방행정기관의 지방이양은 사무 단위가 아닌 기능 단위로 이루어지는 것이 바람직하다. 현재 각 분야별로 사무 단위의 지방이양을 검토하고 있으나 단위 사무로만 이양할 경우 다른 업무와의 연계성이 떨어지거나 관련 예산과 인력의 동시 이양이 어려워지는 등의 부작용이 발생할 수 있어 실효성 측면에서 의문이 제시된다. 기능 단위의 지방이양이 가능하기 위해서는 '특별지방행정기관 지방이양특별법'의 제정 방안과 문재인 정부에서 추진하는 '지방이양일괄법' 제정 시 특별지방행정기관 지방이양 관련 내용을 기능별로 포함하는 방안이 있다. 먼저 '특별지방행정기관 지방이양특별법'을 제정하는 방안은 '특별지방행정기관 지방이양에 관한 특별법(안)'을 만들고 의원 입법의 형태로 국회에 상정하는 방안이다. 다음으로 '지방이양일괄법' 제정 시 특별지방행정기관의 지방이양에 관한 규정을 하나의 장으로 두는 방안은 국회에서 '지방이양일괄법'을 제정할 때 특별지방행정기관의 지방이양에 관한 내용을 담는 방안이다.

4) 지방이양에 대한 대응 방안 마련

지방자치단체에서는 특별지방행정기관의 이양에 대비한 단계별 대비책을 마련할 필요가 있다. 먼저 단기적으로 특별지방행정기관 이양 이후 시뮬레이션 검토와 특별지방행정기관의 지방이양에 대한 공감대 확보를 위한 전략 마련이 필요하다. 대내적으로는 역대 정비정책 성과 및 보완점 검토를 통해 특별지방행정기관 지방이양 시뮬레이션을 다양하게 실시하여 구체적인 대응전략을 수립할 필요가 있다. 또한 대외적으로는 정책 관련 집단의 지지 확보와 공감대 확산을 위해 국회 대토론회, 공청회 개최, 관련 학회와의 공동세미나 개최 등의 구체적인 공감대 확산 전략이 필요하다. 다음으로 중·장기적으로는 역량 있고 효율적인 집행 조직이 구성되어 특별지방행정기관 이양정책이 지속성과 탄력성을 가질 수 있도록 해야 하며, 또한 지방정부의 기능과 국가 기능과의 연계성을 지속적으로 검토해나가야 한다. 광역시·도 본청에 특별지방행정기관의 기능이양을 전담하는 조직을 설치해 이관의 대상이 되는 각 특별지방행정기관의 기능을 면밀히 검토해 기능이양 계획을 수립하고 조직·인력·예산 관련 대책을 사전에 준비할 필요가 있다. 또한 대한민국시도지사협의회 산하에 전담 조직을 설치해 대정부 창구 역할을 하도록 할 필요가 있으며, 기능이양 이후 지방자치단체의 기능 수행에 큰 영향을 미치는 상위 계획, 지침 등의 검토, 중앙·지방 간 인사교류 및 전문성 확보 방안, 인적 네트워크의 유지 등 국가 기능과의 연계성 확보 방안을 다각도로 검토할 필요가 있다.

5. 정책 제안

특별지방행정기관은 지방자치 시대가 열린 이후 지속적으로 추진되어 왔던 과제이나 아직까지도 그 성과는 미미하다. 2003년 통과된 '지방분권특별법'에서부터 최근 2013년부터 시행된 '지방분권 및 지방행정체제개편에 관한 특별법'에 이르기까지 특별지방행정기관의 정비를 지방분권의 추진과제로 명시하고 있으나 중앙정부의 반발, 추진력 부족 등으로 실행되지 못하고 있는 실정이다. 문재인 정부가 자치·분권을 핵심 국정과제로 추진하고 있는 현 시점이 특별지방행정기관의 지방이양을 위한 절호의 기회이다. 특별지방행정기관의 지방이양이 실현되기 위해 필요한 정책적 제언을 종합하면 다음과 같다.

첫째, 지방의 힘을 결집하여 특별지방행정기관의 지방이양을 강력히 요구할 필요가 있다. 특별지방행정기관의 지방이양에 대한 중앙정부의 반발은 매우 강력하다. 이러한 중앙정부의 반발에 효과적으로 대응할수 있는 방안이 특별지방행정기관의 지방이양을 제2국무회의의 공식 의제로 채택하는 것이다. 이를 위해서는 대한민국시도지사협의회 등 지방4단체협의회가 모든 역량을 집중해야 한다.

둘째, 특별지방행정기관의 지방이양을 추진함에서 중요한 점은 기능 단위 중심의 지방이양이어야 하며, 인력 및 재원이 동시에 이양되어야 그 효과성과 수용성을 극대화 할 수 있다는 점이다. 기능 중심의 지방이양을 위해서는 '특별지방행정기관의 지방이양특별법'을 제정할 필요가 있다. 그리고 특별법에는 반드시 인력 및 재원이 동시에 이양되어야 함을 명시해야 한다.

마지막으로 특별지방행정기관의 지방이양 결과가 실효성을 거두기 위해서는 선진국의 개혁 사례 등을 참고해 예상되는 문제점들에 대한 사전 검토가 철저히 이루어져야 한다. 특히, 특별지방행정기관 개혁 과정에서 지나친 예산 절감을 하여 행정 업무 처리의 경제적 능률성과 전문성, 그리고 업무 처리의 질에 문제가 생기지 않도록 사전에 철저한 준비가 선행되어야 한다. 또한 국가 기능과의 연계성 확보 방안을 마련해 특별지방행정기관의 지방이양으로 행정서비스의 질이 저하되지 않도록 해야 한다.

현장 밀착형 행정서비스를 제공하기 위해서는 특별행정기관의 지방이양이 반드시 필요하다. 이는 국가 간 경쟁을 넘어 지방자치단체 간 국제적 경쟁 시대에 대비하기 위해서도 필요하다. 물론 특별지방행정기관의 지방자치단체로의 이관은 궁극적으로 정책수혜자인 주민의 관점에서 접근해야 한다는 점도 잊지 말아야 한다. 제주특별자치도의 사례에서 보듯이 특별지방행정기관의 기능을 지방으로 이양해도 행정서비스의 제공에 문제가 없다는 점을 중앙정부는 인정해야 한다.

참고문헌

권영주. 2014.「특별지방행정기관의 정비: 찬성 vs 반대」. 이승종 편저.『지방자치의 쟁점』. 박영사.

금창호·민기·최영출·홍준현. 2015.「제주특별자치도 자치분권 강화 연구 용역」. 한국지방 행정연구원 보고서.

금창호·박용성·최승범. 2012.「특별지방행정기관의 정비방안에 관한 연구」. 한국지방행정 연구원 용역보고서.

김재훈 외. 2008.「특별지방행정기관 지방이전 추진 전략」. 한국행정학회 보고서.

양영철. 2009.「기획논문: 제주특별자치도; 제주특별자치도 특별지방행정기관 통합의 성과 와 과제」.≪지방행정연구≫, 23권2호, 59~100쪽.

오재일·한장희. 2008.「특별지방행정기관의 재정비에 관한 고찰」.≪한국거버넌스학회보≫, 15권 1호, 1~33쪽.

이환범·권용수·최진식. 2011.「우리나라 특별지방행정기관의 재정비를 위한 전략적 대응: 지방자치단체 이관 분야별 기능비교 분석을 토대로」.≪한국지방자치학회보≫, 23권 3호, 127~156쪽.

주재복·강영주. 2016.「특별지방행정기관 지방이양 대상사무 발굴 및 추진 전략: 충청남도를 중심으로」. 한국지방행정연구원 정책연구보고서.

주재복·우병창. 2017.「특별지방행정기관 지방이양에 관한 특별법(안) 마련」. 한국지방행정 연구원 정책연구보고서.

제주특별자치도. 2007.「특별자치도 출범, 그간의 성과와 과제」. 제주특별자치도 보고서.

한표환. 2014.「역대정부의 특별지방행정기관 정비정책 비교평가」.≪지방행정연구≫, 28권 4호, 73~97쪽.

행정안전부. 2008.「특별지방행정기관 이관 검토 보고」. 행정안전부 보고서.

11장

제2국무회의 도입 운영

김수연 | 대한민국시도지사협의회 선임연구위원

1. 문제 제기

1980년 헌법은 제8장 제118조와 제119조에서 지방자치제를 규정하면서도 부칙 제10조에서 "이 헌법에 의한 지방의회는 지방자치단체의 재정자립도를 감안하여 순차적으로 구성하되, 그 구성시기는 법률로 정한다"고 규정함으로써 지방자치의 실시를 유보했다. 1987년 헌법 개정을 통해 부칙의 유보 조항을 삭제함으로써 지방자치의 헌법적 보장이 완전하게 되었고, 개정된 헌법에 따라 1988년 '지방자치법' 전부 개정과 1994년 '공직선거 및 선거부정방지법'의 제정으로 인해, 1991년 지방의회가 부활하고 1995년 전국동시 지방선거가 실시되어 본격적인 지방자치 시대가 개막되었다고 할 수 있다.

지방자치제의 본격적인 실시 이후 지방자치에 대한 인식과 기대가 높아졌다. 지방자치가 발전하면서 행정 환경에도 많은 변화가 일어나,

지방정부[1]의 실질적 영향력이 증가했고, 모든 영역을 중앙정부의 일방적 정책이나 사업 추진으로 관리하는 것이 이전보다 어려워졌다.[2] 중앙정부와 지방정부 간 소통과 협력의 부재는 양자의 갈등을 수면으로 부각시켰고, 중앙정부의 일방적인 정책 결정에 대한 지방정부의 반발은 중앙정부의 예상보다 강렬했다. 대표적인 사례가 2012년 시행한 영유아 무상보육 문제, 2013년 취득세 인하 방침 결정 등을 들 수 있다.[3] 이러한 사례들은 지방재정에 압박을 가할 수 있는 정책임에도 불구하고, 정작 지방과 협의를 하거나 의견 수렴을 거치는 등 절차적 측면에서 상호 협의 과정을 거치지 않고 정책 결정 및 집행을 강행하다가, 갈등을 유발하고 지방에 대한 설득력을 상실한 사례들이다.[4]

중앙과 지방의 입장 차이에 따른 갈등이 발생하기 전에 협의를 통해 갈등 해소에 따른 비용을 최소화하는 것이 필요하다. 갈등을 최소화하고 중앙정부와 지방자치단체가 대립 관계에서 협력 관계로 전환할 수 있는

---

1   "일정한 지역을 단위로 일정한 지역의 주민이 그 지방주민의 복리에 관한 사무·재산관리에 관한 사무·기타 법령이 정하는 사무를 그들 자신의 책임하에서 자신들이 선출한 기관을 통하여 직접 처리하는 법인격을 가진 단체"를 '지방자치단체'로 표현(헌재 2005 헌마985.1037, 2006헌마11(병합))하지만, 지역주민의 투표에 의해 대의기관과 집행기관이 선출되는 점과 지방의 자치권을 강조하는 측면에서는 '지방정부'라는 용어를 사용하는 것이 바람직한 것으로 생각된다. 이 글에서는 지방자치의 발전적 취지에서 '지방정부'라는 용어를 주로 사용하되, 다만 현행법 규정과 관련 법률안의 원문을 설명하는 과정에서는 '지방자치단체'라는 표현을 병행해 사용하기로 한다.

2   안혁근, 「중앙-지방 간 협력적 거버넌스의 구축방안」, 한국행정연구원(2015), 20쪽.

3   여러 차례의 의견 조정 끝에 영유아 무상보육은 국비를 보조받는 국고보조사업으로 지방이 매칭으로 부담하고, 취득세인하에 따른 지방세수 감소는 지방소득세의 증대로 중앙정부가 보전해 주는 방식을 취했다.

4   김수연, 「중앙·지방 협력체계 구축을 위한 법적 과제」, ≪지방자치법연구≫, 16권 4호 (2016), 4쪽.

방안은 정책의 입안에서부터 결정 및 집행에 이르는 전 과정에 지방의 참여를 보장하는 것이고, 제도적 장치를 통해 안정화시키는 것이다.[5]

이러한 입장에서 지방의 국정참여 방안을 제도화한 것이, 입법부 내의 지방의 국정참여제도로서 지역대표형 상원제의 도입과, 행정부 내의 지방의 국정참여제도로서 대통령과 지방정부의 장의 회의체, 즉 이른바 '제2국무회의'이다.

이하에서 제2국무회의의 의의와 구성 및 운영 방안 등과 최근 발의된 대통령의 개헌안에 담긴 내용 등을 살펴보고자 한다.

2. 제2국무회의의 의의

1) 의의

(1) 개념적 의의

통상 국무회의는 의원내각제에서의 회의체로서, 행정권을 책임지는 수상에 의해 실질적으로 구성되는 내각의 회의체라고 할 수 있다. 의원내각제에서의 국무회의는 국가 운영의 핵심적 요소이고, 국무회의의 의결은 매우 강력한 무기이며, 수상은 의결에 따라 국정을 운영한다.

그에 반해 대통령제에서의 국무회의는 국정의 책임자인 대통령에 대한 자문기구로서의 성격을 가진다. 따라서 통상 의결기구로서의 기능이나 성격을 가지지 않고, 대통령은 국무회의 결과에 따르지 않는다고 하더라도 책임지지 않는다.

---

5   김수연, 같은 글, 4쪽.

한국은 대통령제를 기본으로 하면서도 의원내각제적 요소를 가미한 통치구조를 취하고 있는바, 그 대표적인 제도가 국무회의이다. 즉, 한국의 국무회의는 의결기구와 자문기구의 중간적 지위로서 헌법 제88조, 제89조에서는 심의기구라고 명시하고 있다.

따라서 국무회의는 특정한 소관 업무에 한정되지 않고, 국정 전반에 걸쳐 국정 운영을 담당하는 구성원인 국무위원의 회의체라고 할 수 있다. 대통령제 권력구조하에서는 행정부 내부에서 대통령의 보좌기구로서 중앙행정부 내부에서의 의견 수렴 및 견제와 보좌 기능을 담당한다. 의원내각제에서라면 정책 결정의 핵심적 주체로서 의결기구로 운용되면서, 대통령이나 수상에 대한 보좌 기능이 아니라 견제 기능을 담당하게 된다.

이러한 국무회의는 대체로 단일화되어 있어, 이른바 '제2국무회의'라는 이름으로 설치·운영되는 회의체는 세계적으로 입법례가 거의 없다. 그러나 회의체의 이름인 '국무회의'라는 명칭으로 인한 문제일 뿐, 구성원과 성격을 달리하는 회의체는 참고할 만한 사례가 여럿 있다. 해외 입법례에 대해서는 후술한다.

따라서 이른바, 제2국무회의는 회의체의 성격, 구성원, 심의 사항(내지 의결 사항), 기능 등의 측면에서 기존의 국무회의와 구별되는 다른 정체성을 가진 회의체를 의미한다. 좀 더 정확하게 회의체의 정체성을 파악하기 위해서는 제안 배경을 살펴볼 필요가 있다.

(2) 배경 및 제도적 의의

'제2국무회의'는 대통령과 시도지사의 회의체로서, 제19대 국회 당시 '중앙·지방협력회의'라는 명칭으로 관계 법률안이 발의(이철우 의원 대표발의, 2012.10)됨으로써 처음 공식적으로 논해지기 시작했다.

당시 간헐적으로 대통령과 시도지사의 간담회가 개최되었던 상황으로서, 대통령 취임에 따른 상견례나 지방선거 이후 당선된 시도지사들과의 상견례 목적의 간담회를 개최해왔다. 그러다 19대 대통령선거를 앞두고, 더불어민주당 당내 경선 과정에서 제안된 공약을 문재인 후보가 대통령후보로 최종 당선되면서 자신의 공약으로 반영했다.

문재인 대통령이 취임 후 시도지사와의 간담회(2017.6.14)에서 새정부의 지방분권에 관한 의지를 재확인하면서, 이른바 '제2국무회의' 신설이 추진되기 시작했다. 제2국무회의는 새정부 '국정운영 5개년 계획'에 반영(2017.7.19)된바, 국정 목표(고르게 발전하는 지역) 달성을 위한 자치분권 전략으로 명시되었고, 4대 복합·혁신 과제 중 '국가의 고른 발전을 위한 자치분권과 균형발전'의 핵심 내용이 되었다.

이는 중앙정부의 최고 행정책임자로서의 대통령과, 지방행정의 책임자로서 광역지방정부의 장인 시도지사가 모여 지방에 영향을 미치는 정책에 관해 상호 협의해 결정하는 제도로서 의미가 있는 것으로 평가되었다.

앞서 밝힌 바와 같이, 대통령과 시도지사의 회의체를 제도화하는 것을 최초로 제안한 것은 제19대 국회에서 이철우 의원이 대표발의한 '중앙·지방협력회의 설치에 관한 법률안'6이다. 법률안에서는 중앙정부와 지방정부가 수직적·종속적 상하 관계가 아니라 수평적·협력적 관계로서 지방과 관련된 중요한 정책의 결정 과정에 중앙정부와 지방정부가 상호 협력할 수 있도록 대통령 소속으로 회의체를 설치하는 것을 목적으로 하

---

6   의안번호 1902348. 법률안 원문은 국회 홈페이지 의안정보시스템에서 검색할 수 있다
     〔http://likms.assembly.go.kr/bill/billDetail.do?billId=PRC_O1L2Y1V0R3C1A1A4
     B0G3O3F4E0M0U8(검색일: 2018.2.20)〕. '중앙-지방협력회의'라는 명칭은 이 법률안
     에서 최초로 명기되었다.

고, 그 회의체를 '중앙·지방 협력회의'(이하 '협력회의'라 한다)로 명명했다.

협력회의는 대통령 소속으로 대통령과 국무총리, 기획재정부장관, 행정자치부장관 및 전국 시도지사를 구성원으로 하고, 대통령을 의장으로, 시도지사협의회장을 부의장으로 했다. 법률안에서는 협력회의가 중앙행정기관과 지방자치단체 간 역할 분담에 관한 사항, 중앙행정기관의 사무 및 특별지방행정기관의 지방이관에 관한 사항, 지방세제 및 지방재정에 관한 사항 등 지방자치단체에 중대한 영향을 미치는 사항 등을 심의하도록 규정하고 있다.

제20대 국회가 개원한 이후 중앙정부와 지방정부 간 상호 협력 방안을 모색하고 제도화하기 위한 취지에서 소위 '중앙·지방협력회의' 설치 관련 법률안도 다시 발의되었다.[7] 이러한 시도는 중앙정부와 지방정부 간 소통과 협력을 위한 기구를 설치함으로써 그동안 중앙정부가 일방적으로 결정하던 지방 관련 정책 결정의 국정 운영 방식을 지방이 참여하고 상호 협력하는 방식으로 전환하고자 하는 것을 의미한다.

2) 기능

제2국무회의는 중앙정부와 지방정부 간의 상시적 협력체계를 구축하고자 하는 것인데, 사실상 현재로서는 명확하게 중앙과 지방 간의 협력체계라고 지칭할 수 있는 특정 제도가 없는 상황이다. 따라서 중앙과 지방 간의 협력체계를 구체화할 수 있는 방안으로서 국회 입법부 내에서

---

7   제19대 국회에서는 이철우 의원 대표발의안과 김민기 의원 대표발의안이 있었고, 제20대 국회에서는 곽대훈 의원 대표발의안과 김두관 의원 대표발의안이 2018년 5월 현재 국회 계류 중이다.

는 지역대표형 상원의 설치가 논해지고, 행정부 내에서는 제2국무회의의 설치가 논해지게 된 것이다.

국무회의는 심의기구로, 대통령제하에 수용된 의원내각제의 요소로서 대통령에 대한 보좌기구이면서 동시에 견제적 기구라고 평가한다면, 대통령과 시도지사가 구성원이 되는 제2국무회의 역시 대통령의 국가 운영에 관한 보좌적 기능과 견제적 기능을 동시에 수행할 수 있다.

현재의 국무회의는 그 구성원인 국무위원의 임명 권한을 대통령이 가지고 있다는 점에서 보좌 기능은 충실하게 할 수 있으나, 견제 기능은 사실상 기대하기 어렵다고 볼 수 있다. 반면에 제2국무회의는 주민의 직선에 의해 선출되는 시도지사들이 구성원이 되는 것이므로, 현행 국무회의와는 달리 보좌적 기능보다는 견제적 기능이 훨씬 더 크게 작용하게 될 것이다.

그렇다면 현 국무회의에 더해 제2국무회의를 신설하게 되면 대통령제하에서 대통령의 국가 운영을 보좌하면서 동시에 견제하는 양 날개의 균형을 갖추게 되는 것이라고 평가할 수 있을 것이다.

또한 통치구조 원리상 대통령제는 권력의 분립과 동시에 견제와 균형의 원리가 제대로 작용해야만 권력의 독점을 막을 수 있는바, 시도지사와의 회의체를 통해 그에 따라 국가 운영 정책을 결정하는 것은 중앙정부와 지방정부 간의 견제와 균형의 원리가 작용하게 하는 중요한 기제가 될 수 있다.

3) 목적

제2국무회의를 신설해 운영하는 것은 결국 국가 운영 방식의 패러다임을 전환하는 획기적인 전기가 될 것이다. 즉, 권력이 집중되어 있는 중앙정부에 의한 일방적이고 독단적인 정책 결정의 시스템이 아니라, 지방의 의견을 수렴해 협의에 의해 정책을 결정하는 시스템으로 전환하는 것을 의미한다. 이것은 민주주의 이념에 가장 잘 부합하는 모습으로서, 정책 결정에서 하향식 의사결정 방식을 상향식 내지 합의제 의사결정 방식으로 전환하는 것을 의미한다.

이로써 지방정부는 중앙정부의 단순 집행기관 내지 하부기관이 아니라 정책 결정과 집행의 파트너로서 기능할 수 있게 되는 것이다.

제2국무회의의 목적은 지방정부가 위상을 제고하고, 정책의 결정과 집행의 파트너로서 역할하며, 국가정책 결정에 참여하는 수준이 아니라 필수적인 그리고 대등한 결정력을 가진 주체로서 기능하게 함으로써 궁극적으로 지방분권국가를 구현하는 데 있다고 할 것이다.

4) 명칭

앞서 소개한 바와 같이, 문재인 정부의 국정 과제에서는 대통령과 시도지사의 회의체로서 '제2국무회의'라고 명명되었으나, 그 출발은 이철우 의원 발의 법률안의 '중앙·지방협력회의'이고, 최근 발표된 대통령의 헌법 개정안에서는 '국가자치분권회의'라는 명칭으로 헌법상 기구로서 그 위상이 확보되었다.

회의체는 그 명칭에 따라 구성과 운영이 달라질 수 있고, 헌법 개정이 반드시 필요한 사항인지 여부도 달라질 수 있으며, 회의체의 위상도 달라질 수 있다.

우선 '제2국무회의'라고 할 경우, 현행 헌법 제88조와 제89조에서 '국무회의'를 규정하고 있으므로, 양자의 관계를 헌법 개정을 통해 정리할 필요가 있다. 즉, 현행 국무회의를 '제1국무회의'로 하고, 신설되는 회의체를 '제2국무회의'로 명명하는 것이다. 이 경우, 제2국무회의의 구성원을 국무위원으로 볼 것인가? 제1국무회의의 심의·의결 사항과 제2국무회의의 심의·의결 사항의 구별은 가능한가? 현행 헌법상의 국무회의 심의·의결 사항은 국정 전반에 걸친 포괄적인 성격을 가지고 있어서 지방자치 내지 지방분권 사항도 해석상으로는 포함될 수밖에 없는 가운데 제2국무회의의 소관 사항과 어떻게 구별 내지 분리할 것인가가 중요한 문제가 된다.

또한 양 회의체의 선후 관계도 고려해야 한다. 즉, 양 국무회의 모두의 소관 사항으로 인정될 경우 어느 국무회의의 소관으로 볼 것인가, 제2국무회의 소관 사항에 관해 제1국무회의에서는 심의·의결을 할 것인가, 하지 않을 것인가, 양 국무회의 모두에서 소관하면, 양 회의에서 결론이 달라질 경우 어느 국무회의 결과를 인정할 것인가, 양자는 어느 한 회의체가 다른 회의체의 전심으로서 기능할 것인가, 아니면 거부권을 부여하는 방식으로 조정할 것인가 등 수많은 문제를 종합적으로 고려해 구성해야 한다.

그러나 '중앙·지방협력회의' 또는 '국가자치분권회의'로 명명할 경우에는 이러한 복잡한 문제에 천착할 필요가 없어진다. 또한 반드시 헌법상 기구가 아니어도 원래의 목적과 기능을 수행할 수 있다. 다만, 헌법에 명문으로 설치될 경우 중앙정부와 지방정부 간 협력을 위한 상징적 국가기구가 되는 것이고, 법률로서 쉽게 개폐할 수 없게 되고 그 존립을 헌법이 보장하는 결과를 갖게 되는 의의가 있다.

그런데 이 경우에는 회의체의 논의 결과에 대한 구속력을 담보하기가 용이하지 않다는 점이 문제이다. 즉, 회의체에서 지방분권과 관련한 중요한 정책을 결정하더라도 국무회의에서 부결된다면 논의는 아무 의미가 없어지게 되기 때문이다. 중앙행정기관의 장에게 회의 결과에 대해 통보하고 존중할 것을 요청하는 수준 내지 대통령이 참석한 회의이므로 정치적 책임성을 기대하고 촉구하는 수준에 머무르게 되는 한계를 가질 수밖에 없다.

그러나 명칭을 어떠한 것으로 사용하더라도 이러한 회의체를 제도화하고 지방분권 정책에 대한 실질적 심의 작용을 수행하게 한다면, 굳이 국무회의라는 명칭을 주장할 필요성도 상대적으로 약화된다. 한편 '중앙·지방협력회의' 또는 '국가자치분권회의'는 해당 회의체의 직접적인 기능과 역할에 대해 쉽게 인지하기 어려운 한계가 있다.

따라서 이 글에서는 회의체의 성격과 기능에 관해 좀 더 쉽게 이해할 수 있도록 하고, 대통령이 다수의 석상에서 직접적으로 언급해 국정과제에도 반영되었다는 점, 그리고 지방정부인 충청남도에서 먼저 제안한 사안이라는 점에서 '제2국무회의'라는 용어를 사용하되, 앞서 검토한 바와 같은 복잡한 사항은 별론으로 하고, 회의체의 핵심 기능을 수행하는 데 반드시 필요한 사항을 위주로 정리하고자 한다.

3. 구성 및 운영 방안

1) 법적 근거 마련

제2국무회의에 대해서는, 앞서 언급한 바와 같이 현행 헌법 제88조 및 제89조에서 국무회의를 규정하고 있기 때문에 다른 기구로서 '국무회의'를 신설하는 것은 헌법에서 명확히 정리하는 것이 선행되어야 한다. 따라서 반드시 헌법 개정이 필요한 사항으로 판단되고, 헌법에 따라 관계 법률이 제정되는 순서가 바람직하다고 볼 수 있다.

한편 회의체의 성격과 고유성을 유지하면서 중앙·지방협력회의 또는 국가자치분권회의로 명명하게 되면 굳이 헌법 개정이 필수적으로 요구되는 사항은 아니라고 볼 수 있다.

그러나 그 명칭이 어떠하든지 헌법에 명문화해 헌법상 기구가 될 경우에는 그에 따른 세부적인 회의체 구성과 운영을 위한 법률이 마련되어야 하고, 법률의 제·개정만으로는 회의체를 개폐할 수 없는 효과가 있으므로 헌법상 지위를 마련하는 것은 상당한 의미가 있다.

이러한 의미에서 이번에 발의된 정부의 개헌안에 '국가자치분권회의'라는 명칭으로 헌법상 기구로서 명시되고, 그 지위도 '제4장 정부', '제3절 국무회의와 국가자치분권회의'로 편재되고, 제95조와 제96조의 국무회의 규정에 이어 제97조에서 명시된 점은 매우 고무적이라 할 것이다.

2) 구성

(1) 구성원에 관한 기존의 논의 내용

시도지사협의회에서 구상한 제2국무회의는 대통령, 국무총리, 시도지사를 구성원으로 하고, 의장은 대통령이, 국무총리와 시도지사협의회장은 공동으로 부의장이 되도록 구성했다[8].

이철우 의원이 발의한 법률안에서는 대통령, 국무총리, 기획재정부장관, 행정안전부장관 및 특별시장·광역시장·특별자치시장·도지사·특별자치도지사(이하 '시도지사')로 구성하고, 대통령을 의장으로 하고 '지방자치법' 제165조 제1항 제1호에 따른 전국 시도지사협의체(이하 '전국시도지사협의회')의 장을 부의장으로 하는 것으로 밝히고 있다.

---

8 대한민국시도지사협의회 홈페이지의 보도자료, "지방분권 대선공약 제안 건의"(2017. 4.3)를 참조하기 바란다.

구성원에 행정안전부 장관을 비롯해 관계 국무위원(또는 관계 중앙행정 기관의 장)을 구성원으로 하느냐의 문제는 회의체의 성격과 관련해 고려할 필요가 있다.

즉, 제2국무회의를 의원내각제하의 국무회의와 같이 강력한 정책 의사결정권을 가진 회의체로 삼고자 한다면, 제1국무회의의 구성원인 국무위원 내지 중앙행정기관의 장은 참여하지 않는 것이 타당하다. 왜냐하면 이러한 성격의 제2국무회의는 마치 연방국가에서의 상원의 역할과 같이 직접적인 정책 결정 권한을 가지고 있다고 평가할 수 있는데, 중앙정부의 국무위원으로서의 역할·기능과는 명확히 구분되어야 하고, 성격도 다르므로 구성원 측면에서도 양자를 분리하는 것이 바람직하다고 본다. 또한 필요에 따라 안건 관련 중앙행정기관의 장이나 지방협의체의 관계자 등이 참석 및 발언할 수 있도록 하는 것은 필요할 것이다.

다만, 현실적으로 의결기구와 자문기구의 중간적 성격으로서 심의기구의 지위를 가지고 이를 운영하기 위해서는 간사 역할을 할 주체가 필요하다는 현실적인 문제가 있으므로, 지방행정과 밀접한 관련을 가지는 행정안전부 장관을 구성원으로 추가하는 것은 고려할 필요가 있을 것으로 판단되지만, 이 역시 회의체의 성격상 강력한 지방분권 정책을 수립하고 추진하고자 하는 차원에서는 중앙행정기관의 장의 성격을 부인할 수 없는 행정안전부장관이 참여하는 것이 적절하다고 보기는 어렵다.

(2) 정부 개헌안의 내용 및 문제점

2018년 3월 26일 발의한 정부의 개헌안에는 제97조 제1항에서 "정부와 지방정부 간 협력을 추진하고 지방자치와 지역 간 균형 발전에 관련되는 중요 정책을 심의하기 위하여 국가자치분권회의를 둔다"고 규정하고, 제2항에서 "국가자치분권회의는 대통령, 국무총리, 법률로 정하는 국무위원과 지방행정부의 장으로 구성한다", 제3항에서 "대통령은 국가자치분권회의의 의장이 되고, 국무총리는 부의장이 된다"고 규정하고 있다.

이에 따르면 구성원은 대통령, 국무총리를 비롯해 법률로 정하는 국무위원과 지방행정부의 장으로서 "법률로 정하는 국무위원과 지방행정부의 장"에 대한 해석이 문제될 수 있다. 우선 문리적으로는 '법률로 정하는'에 해당하는 범위가 국무위원만을 의미하는 것인지 아니면 지방행정부의 장까지 포함하는 것인지가 문제될 수 있겠지만, 지방행정부의 장은 광역지방정부와 기초지방정부를 모두 포함하면 현재 기준으로 243명에 이르기 때문이 이들이 제한 없이 모두 포함된다고 보기는 현실적으로 무리한 해석이라고 보인다. 따라서 법률로 정하는 자는 국무위원과 지방행정부의 장이 그 대상이라고 할 것이다.

국가자치분권회의의 구성원으로서 국무위원의 수가 지방행정부의 장의 수와 대등한 수준으로 참여한다면 사실상 국가자치분권회의는 중앙정부와 지방정부 간 협력을 도모하고 지방의 직접적인 참여를 통해 의견을 반영한다는 원래의 취지를 그대로 살리기 어려울 수도 있다.

또한 국무총리가 단독의 부의장인 것은 제도의 취지를 제대로 살리지 못한 것이라고 볼 수 있다. 왜냐하면 이 회의체는 중앙정부의 정책을 일방적으로 지방정부에 하달하거나 중앙정부의 정책 방향대로 협조를 구하는 데 목적이 있는 것이 아니라 지방정부의 의견을 수렴해 반영하는 것이 그 본래의 취지이므로, 의안에 대한 제안권이 지방정부에도 있어야 하는 것이 바람직하다고 본다. 따라서 대통령이 의장인 것은 차치하고, 적어도 부의장은 국무총리와 더불어 지방행정부 장의 대표 격인 시도지사협의회의 회장이 공동으로 부의장을 맡도록 규정할 필요가 있는 것이다.

현재 상황에서 개헌안에 위와 같이 구성원이 명기되었으므로, 이상의 우려되는 점을 해소하기 위해서는 법률에서 지방행정부의 장들이 의안을 제안할 수 있도록(구성원의 과반수 요구 등의 제한을 두는 방식 고려 가능) 규정하는 것이 반드시 필요하다고 본다.

2) 기능 및 안건(심의·조정)

(1) 기존의 논의 내용

제2국무회의 안건 사항으로서, 시도지사협의회에서 제안하고 있는 사항은 다음과 같다. 이철우 의원이 발의한 법률안에서도 동일한 내용을 심의 사항으로 제시한다.

국가와 지방의 역할·재원 분담, 지방자치제도·재정·세제·교육·복지·산업·지방행정체제 개편 등 지방에 영향을 미치는 사항으로서,

① 중앙행정기관과 지방정부 간의 역할 분담에 관한 사항

② 중앙행정기관의 사무의 지방이양에 관한 사항

③ 특별지방행정기관의 지방이관에 관한 사항

④ 국고보조사업의 재정분담비율 조정 등 지방세제 및 지방재정에 관한 사항

⑤ 지방에 새로 의무부과, 재정부담 추가 발생시키는 법령·정책의 시행 사항

⑥ 그 밖에 의장이 필요하다고 인정하여 부의한 사항

안건과 관련해 제6항과 같은 규정을 두게 되면 사실상 다루지 못하는 의제가 없는 결과를 가져올 것이다. 이를 '지방 관련 사항'으로 범위를 정할 것인지 아니면 극단적인 경우에 국가정책 사항이라고 하더라도 심의에서 다룰 수 있도록 광범위하게 규정할 것인지를 선택할 수도 있을 것이다.

또한 모든 안건을 심의 사항으로 할 수도 있고, 의결 사항과 보고 사

항으로 구분해 상정하되 심의 사항 중 지방정부의 지위 및 권한의 변경 사항, 지방정부에 행정적·재정적 부담을 유발하는 사항은 의결 사항으로 명시하는 방안도 가능하다.

기본적으로 국가의 권한과 책임에 속하는 사무로서 지방이 직접적인 이해당사자가 아닌 경우라 하더라도 지방의 행정·재정에 영향을 미치는 사안에 관해서는 협조 내지 협력의 차원에서 지방의 의견을 수렴하고 공감을 형성해 정책을 집행하는 것이 바람직하다.[9]

(2) 정부 개헌안의 내용

정부 개헌안에서는 특별히 심의 사항을 나열하지 않고, "정부와 지방정부 간 협력을 추진하고 지방자치와 지역 간 균형 발전에 관련되는 중요 정책을 심의"하는 것으로 제시한다.

헌법상의 규정 사항이므로 법률안에서 제시하고 있는 바와 같이 구체적인 내용을 담기에는 한계가 있을 수 있다. 그러나 개헌안 제95조와 제96조의 국무회의 규정에서는 국무회의의 심의 사항은 매우 구체적으로 나열하는 반면, 국가자치분권회의 규정에서는 예시 사항조차 없이 추

---

9   지방정부의 참여에 관해 「지방정부의 강화 및 분권에 관한 국제 가이드라인(International guidelines on decentralisation and the strengthening of local authorities)」 B.2.13.에서는 국가적 차원의 의사결정 과정에서 지방정부의 참여를 촉진해야 한다고 명시하고 있고, C.2.7에서는 중앙정부의 각 부처들은 지방정부에 영향을 미치는 법률을 개정하거나 준비할 때 지방정부와 그들의 협의회에 문의하여야 한다고 밝히고 있다 (http://www.cities-localgovernments.org/committees/dal/Upload/news/ladsguide lines.pdf).

또한 「유럽지방자치헌장」 제4조 제6항에 의하면 "지방자치단체는 지방과 직접적으로 관련 있는 모든 사항의 계획과 의사결정 과정에 관해 적절한 시간 내에, 적절한 방법으로 가능한 범위에서 최대한 협의해야 한다고 규정하고 있다(http://www.ccre.org /img/uploads/piecesjointe/filename/charter_localselfgovernment_en.pdf).

상적·포괄적으로 제시하고 있어, 이를 구체화하는 법률의 내용에 따라 그 심의 사항은 달라질 수 있게 되었다.

3) 운영

기본적으로 법률로서 회의체를 구성하고자 한 시도지사협의회와 이철우 의원안에서는 의사·의결정족수 등 회의 운영을 위해 필요한 사항은 대통령령으로 규정하도록 하고 있다.

회의체 운영 등과 관련해 법률에서 규정할 수 있는 사항은 다음과 같다.

(1) 회의 운영

회의는 의장이 주재하고, 부의장은 안건을 제안할 수 있도록 하는 것이 필요하다. 이것은 앞서 언급한 바와 같이 지방의 의견을 상향식으로 수렴한다는 취지에서 지방행정부의 장의 대표가 부의장으로서 안건을 제안할 수 있도록 하는 구조로 설계하는 것이 바람직하기 때문이다.

회의는 정례적으로 개최할 필요가 있다. 회의 개최가 잘 이루어지지 않거나 지나치게 격소할 경우, 회의체는 유명무실해지고, 정책에 대한 제대로 된 심의 기능을 수행할 수 없기 때문이다. 이상적으로는 최소한 매월 1회 정기회의를 개최하고, 필요시 임시회의를 개최하는 정도라고 생각한다. 만약 회의가 연 1~2회 수준에 머무른다면 이는 회의체를 설치하는 취지를 제대로 살리지 못하는 것이라고 보아야 한다.

(2) 실효성 확보

제2국무회의는 집행력을 가지고 있지 못하므로, 회의 결과에 대한 실효성을 확보하기 위해서는 특별한 규정들이 보완될 필요가 있다.

이러한 차원에서 중앙정부와 지방정부가 회의 결과를 존중해야 한다는 원론적 수준의 규정이라도 필요하고, 국무회의는 특별한 사유가 없는 한 제2국무회의 결과를 반영해야 한다는 제한 규정을 두는 방안도 고려할 수 있다. 또는 제2국무회의에서 심의·조정된 안건에 관해서는 중앙행정기관의 조치 결과 및 진행 상황을 자치분권 국무회의에 보고하도록 하여 실효성을 확보하는 방안도 가능할 것이다.

(3) 사전 조정 기능을 하는 실무회의 설치

회의체의 원활한 운영을 위해서 실무회의의 설치가 필요하다.

구체적으로, 청와대 담당 비서관실과 국무조정실 및 위원으로 참여하는 중앙행정기관의 차관 등과 시도지사협의회 사무총장, 시도지사협의회장이 지명하는 3인(부단체장 급)으로 구성하는 실무회의 내지 조정회의를 설치해 안건에 대한 사전 검토 및 관계 기관 간 협의를 진행하는 방식을 제안한다. 만약, 각 시도지사의 부시장 또는 부지사를 실무회의의 구성원 등으로 하는 경우, 현재 행정안전부가 진행하고 있는 '중앙·지방협의회'와 다를 바가 없고, 행정안전부 장관 또는 차관이 주재하는 회의에서 부시장 또는 부지사가 지방의 의견을 강력하게 주장하는 것도 현실적으로는 어려운 일이다.

(4) 운영 기구

제2국무회의를 설치하는 경우, 이 회의체를 누가 끌고 갈 것인가의 문제가 중요하다. 즉, 회의를 전담해 운영하는 새로운 추진기구를 설치하는 안이 가능하나, 이에 의하면 결과적으로 중앙부처(행안부)에서 자치분권 국무회의를 주도하게 되어, 종국에는 자치분권 국무회의 신설로 추구했던 본연의 목표를 달성할 수 없게 되는 문제가 있다는 지적이 가능하다.

또 다른 방안은 두 개의 바퀴로 굴러가게 하는 방안으로서, 시도로부터 안건에 관한 제안을 받아 검토하고 의견을 수렴하는 것은 지방정부협의체인 대한민국시도지사협의회가 담당하고, 중앙정부 측의 제안 안건에 대해서는 중앙정부 내(예를 들어 행정안전부)에서 검토해 양 기관이 상호 협의하는 방식을 취하는 방안이 있을 수 있다.

물론 후자의 경우에도 궁극적으로는 회의 일정 조율, 회의 의제 선정, 회의장 마련 등 직접적으로 회의의 개최에 필요한 사무를 담당하는 기구는 필요할 것이다.

(5) 기타

안건 선정 및 심의 절차에 대한 고민도 필요하다.

우선 의안제안권이 국무총리와 지방행정부의 장의 대표인 부의장에게 있다고 한다면, 중앙정부와 지방정부로부터 각각 의안에 대한 제안을 접수하고, 이에 관한 의견 수렴을 진행하는 것이 필요할 것이다.

그리고 안건으로 상정하기 위해 실무회의를 거쳐 본회의에서 심의하는 수순이 일반적이라고 생각한다. 이 과정에서 중요한 것은 지방정부의 의견을 어떻게, 어떤 과정을 거쳐, 누가 수렴할 것인가이다.

또한 만약 광역지방정부의 장으로 회의체를 구성하게 되면, 기초지방정부의 의견을 수렴하는 절차도 필요하다. 따라서 안건 중 기초지방정부의 행정 및 재정에 중대한 영향을 미치는 사항에 관해서는 각 시도별 관할 시·군·구의 의견을 수렴하도록 하는 것이 필요할 것이다.

4. 해외 사례[10]

1) 중앙정부와 지방정부 간 협의 방식

직접적으로 국무회의를 2개로 나누어 운영하는 예는 거의 없는 것으로 보인다. 그러나 국가정책을 결정하는 과정에 지방정부가 직접적 또는 간접적으로 참여하는 형태로 운영하는 예는 상당수 존재한다.

주요 외국의 중앙정부와 지방정부 간 협력체계를 살펴보면, 연방국가는 연방국가적 속성, 즉 각 주정부가 연방정부 형성의 기초이기 때문에 각 주정부의 참여와 의견이 국가정책 결정의 필수적인 요소로 작용한다.

연방제 국가이면서 지방의 국정참여가 보장되어 있는 독일의 경우 연방참사원을 통해 주정부는 연방의 정책 결정 과정에 참여하게 된다.[11] 즉, 주정부는 연방참사원의 구성원으로 인정되고, 연방참사원을 통해 연방법률의 제정 과정에 관여하게 되는 것이다. 그 안에서 독일 16개 주의 주지사로 구성된 독일주지사협의회(Ministerpräsidentenkonferenz: MPK)는 주와 관련된 공동의 문제들을 논의하고 결정하는바, 주지사협의회에서 결의된 사항은 주장관협의회에 전달, 연방참사원(지방대표로 구성) 내의 전문위원회에 반영되는 절차에 따라 연방참사원의 결정이 이루어진다는 점에서 사실상 강력한 참여의 효과를 가지고 있다고 평가할 수 있다.[12]

---

10   자세한 내용은 김수연, 같은 글, 9~11쪽을 참조하기 바란다.

11   연방참사원에 관해 자세한 내용은 헌법재판소 헌법재판연구원, 「독일 헌법상 연방참사원에 관한 연구」(2016)를 참조하기 바란다. 특히, 주정부와 연방참사원의 관계에 관해서는 31쪽, 41~46쪽을 참조할 수 있다.

12   대한민국시도지사협의회, 「주요 국가 광역지방정부 협의체 운영사례와 정책적 함의」(2016), 59쪽.

또한 독일 주지사협의회는 1년에 2차례 연방 수상과의 만남이 관례로 정해져 있다. 또한 연방행정부가 제안하는 모든 법안은 연방의회에 회부되기 전에 먼저 연방참사원에 송부하고, 연방행정부의 모든 법령과 행정규칙은 연방참사원의 동의가 필요해 연방참사원은 강한 입법권을 가지고 있다.

스위스의 경우에는 연방헌법 제2절에서 "연방과 주의 협력"을 명시하고 세부 규정으로 상호 협력의 원칙을 선언한다.[13ㆍ14] 나아가 제45조에서는 연방 입법 과정에 주가 참여할 수 있음과 주의 이익이 영향을 받는 경우에는 주의 의견을 구한다는 것을 명문으로 보장한다.[15] 이로써 연방정부와 지방정부가 협력하고 상호 의견교환 하는 것을 국가질서의 한 축으로 인식하고 있다.

프랑스의 경우에도 데파르트망(départment) 연합체와 레지옹(région) 연합체의 위원들이 의회의 각종위원회에 대표자로 참석해 지방의 이익을 대변하기도 하고,[16] 정부 입법 제안 수정안의 의견 제시 등을 통해 국

---

13 법제처 세계법제정보센터(http://world.moleg.go.kr/World/WesternEurope/CH/ priority/38858)

14 스위스 연방헌법 제44조(원칙) ① 연방과 주는 그들의 임무를 완수하기 위하여 서로 협력하고 지원한다. ② 연방과 주는 서로 배려하고 원조할 책임을 진다. 연방과 주는 서로 행정적ㆍ법적 지원을 제공한다. ③ 주 상호 간 또는 주와 연방 간의 쟁의는 가급적 교섭과 조정을 통하여 해결한다.

15 스위스 연방헌법 제45조(연방차원의 의사결정 과정에의 참여) ① 연방헌법에서 정하는 경우, 주는 연방 차원에서의 의사결정 과정 특히 연방입법과정에 참여한다.② 연방은 적절한 시기에 상세하게 법안에 대한 정보를 주에 제공해야 한다. 연방은 주의 이익이 영향을 받는 경우 주의 의견을 구한다.

16 물론 이는 프랑스가 일정한 직의 겸직을 허용하고 있기 때문에 가능한 것이기도 하다. 지방연합체의 구성원들이 상원 및 하원의 분과위원회에 대표자로 참여해 지방 관련 입법 과정에 관여하고 있다. 자세히는 대한민국시도지사협의회, 앞의 책, 129쪽을 참조하

정에 참여한다.[17] 게다가 상원은 지역 대표로 구성하기 때문에[18] 지방의 의견이 국정에 바로 반영될 수 있는 구조로서 중앙정부와 지방정부가 별개로 작동하는 것이 아니라 상호 연동되어 작용하는 구조를 갖추고 있다고 평가할 수 있다. 또한 상·하원 의원, 지방자치단체 대표, 국가행정기구 대표 등으로 구성되는 지방재정위원회를 별도로 설치('지방자치법' L. 1211-1조)해 교부금 배분 및 법률안 검토 등의 기능을 담당하고 있다.

스페인은 '국가지방행정협의회(National commission of Local administration)'를 국가와 지방정부 간 상설 협력기구로 설치(법률 제7/1985호 제117조)하고, 중앙정부 대표와 지방정부 대표가 각각 9명씩 동수로 참여하며, 지방 관련 법률안 및 정책에 의견을 제시하는 기능을 하고 있다.

일본의 경우에는 2011년 '국가와 지방의 협의의 장에 관한 법률'을 제정하면서 중앙정부와 지방정부 간 협의체를 구성하고, 지방 관련 정책 결정 시 협의의 장을 통해 의사를 결정하는 구조를 취한다.

이상의 사례들을 보면, 지방은 자신의 이해관계에 영향을 미치는 정책을 결정하는 과정에 회의체의 구성원으로서 참여해 자신의 정책을 자신이 결정하는 틀 안에서 직접 의사를 결정하는 주체로 기능하기에, 중앙정부 정책과 유리되지 않고 상호 이해의 폭이 넓은 것이 큰 장점이라고 할 수 있다.

한편, 지역정부에 광범위한 입법권을 부여하는 경우도 있는바, 영국과 이탈리아 등은 지역정부 중심으로 지방행정체제를 개편하면서 지역정부에 광범위한 입법권을 부여해, 중앙정부의 법률에 의해 지방정부의

기 바란다.

17   대한민국시도지사협의회, 앞의 책, 142~143쪽.

18   프랑스 헌법 "제24조 ④상원의원의 수는 348인을 초과할 수 없으며, 간접선거에 의해 선출된다. 상원은 공화국의 지방자치단체들을 대표할 것을 보장한다".

권한이 침해될 여지가 거의 없도록 설계했다.

네덜란드는 중앙정부와 지방정부 간 '행정협정'을 통해 주요 사안에 대하여 상호 협조를 강화한다.

2) 일본의 '국가와 지방의 협의의 장'[19]

각 국가의 대표적인 중앙·지방 협의체로서 일본의 '국가와 지방의 협의의 장'과 영국의 '중앙·지방 파트너십 회의',[20] 미국의 '정부 간 관계 자문위원회', 독일의 '광역자치단체협의회'를 대표적인 사례로 들 수 있다.[21] 일본에서는 '국가와 지방의 협의의 장에 관한 법률'[22]이 2011년 제정되면서, 중앙정부와 지방정부 간 회의체를 통해 지방정책을 결정하는 중앙·지방협력회의 설치 법안의 모델이 되었다. 일본은 지방재정 문제를 비롯한 정부 간 갈등의 해결을 위해 지난 1999년 말 '지방분권일괄법'을 제정하고, 이에 따라 기관위임사무를 폐지하면서 매우 큰 변화를 맞게 되었다. 일본의 지방분권개혁추진위원회는 2009년 제3차 권고를 통해 중앙·지방 간 협의체로서 '국가와 지방의 협의의 장'에 대한 법제화를 권고했고, 2011년 '국가와 지방의 협의의 장에 관한 법률'을 제정했으며,

19   김수연, 같은 글, 17~18쪽 참조.

20   www.wlga.gov.uk/partnership; http://wales.gov.uk/topics/localgovernment/part
      nership/lgps08/?lang=en; http://www.scotland.gov.uk/Topics/Government/Public
      ServiceReform/CP/auditcpps 등을 참조하기 바란다.

21   자세히는 이민호 외, 「중앙-지방 간 효과적인 협력체계 구축방안의 모색: 협력적 네트
      워크 거버넌스의 관점에서」, ≪지방정부연구≫, 8권 1호(2014), 128~138쪽을 참조하기
      바란다.

22   법률 원문은 일본 법령 종합검색 홈페이지에서 검색했다(http://law.e-gov.go.jp/html
      data/H23/H23HO038.html).

2011년 6월 13일 최초 회의를 개최했다.[23]

　법률의 내용을 보면, '국가와 지방의 협의의 장'은 내각총리대신이 매년 의장의 자문을 통해 정기적으로 혹은 임의적으로 소집하며, 중앙의 내각관방장관, 총무대신, 재무대신, 총리가 지정하는 대신 등과 지방의 6단체 대표를 포함하며, 내각총리대신은 공식적으로 협의체에 포함되지 않으나 자유로운 출석 및 발언 권한을 가진다. 의장은 총리가 지정하며 부의장은 지방 6단체 대표 중에서 호선한다. 중앙에서는 내각관방장관, 총무대신, 재무대신, 총리가 지정하는 대신이 참여하며, 지방에서는 지사회 광역의회의장회, 시장회, 시의회의장회, 정촌장회, 정촌의회의장회 대표가 참여한다.

5. 정책 제안

　현재 중앙정부와 지방정부가 상호 대등한 관계에서 지방 관련 정책을 협의해 결정할 수 있는 공식적인 정책협의체는 존재하지 않는다. 행정안전부 장관이 주재하는 전국 시·도의 행정부시장·부지사의 회의체인 '중앙·지방자치단체 정책협의회'는 상호 쌍방향성이 아닌 중앙정부로부터 지방의 협조를 구하는 일방향적 성격의 기구일 뿐이다.

　일본의 경우를 보면, 기본적으로 중앙정부와 지방정부가 일방적 관계가 아니라 상호 작용의 대등한 관계로 발전하고 있고, 그 과정에서 회의체를 통해 정책 결정을 추진한다는 점을 알 수 있다. 중앙정부와 지방

23　일본 내각부 홈페이지 자료를 참조하기 바란다(http://www.cas.go.jp/jp/seisaku/ kyouginoba). 매년 2회 이상 많게는 8회에 걸쳐 회의가 개최되었다.

정부가 상시적인 협력채널을 가지고 있다는 것이 중요한 시사점이다.

이를 모델로 하여 제안된 회의체가 제2국무회의 내지 중앙·지방협력회의 내지 국가자치분권회의이다.

이제 정부 개헌안에서 국가자치분권회의가 설치되는 것으로 제안되었으므로, 개헌이 이루어진다면 제도의 취지와 목적에 맞게 법률안을 마련하는 것이 중요한 과제가 될 것이고, 만약 개헌이 이루어지지 않는다면, 개헌안의 취지를 반영해 이상의 구성과 운영 방식을 담은 법률안을 먼저 제정하는 방안도 고려할 필요가 있을 것이다.

참고 문헌

김상태. 2007. 「행정협의조정위원회에 관한 법리적 고찰」. ≪지방자치법연구≫, 7권 1호.
김수연. 2016. 「중앙·지방 협력체계 구축을 위한 법적 과제」. ≪지방자치법연구≫, 16권 4호.
대한민국시도지사협의회. 2016. 「주요 국가 광역지방정부 협의체 운영사례와 정책적 함의」.
박수현. 2005. 「지방자치단체의 국정참여를 통한 중앙과 지방 간의 협력체계 강화를 위한 법
　　제 정비방향」. ≪지방자치법연구≫, 5권 1호.
안혁근. 2015. 「중앙-지방 간 협력적 거버넌스의 구축방안」. 한국지방행정연구원
이민호. 2013. 「중앙-지방 협력체계 사례연구 조사」. 한국행정연구원
이민호 외. 2014. 「중앙-지방 간 효과적인 협력체계 구축방안의 모색: 협력적 네트워크 거버
　　넌스의 관점에서」. ≪지방정부연구≫, 8권 1호.
전국시도지사협의회. 2012. 「주요 외국의 지방정부협의체 운영 현황과 시사점 연구」.
_____. 2013. 「지방정부의 입법참여체계 구축방안」.
주재복. 2013. 「중앙-지방 간 협력체계 강화방안」. 한국지방행정연구원
한국지방행정학회 엮음. 2016. 『한국 지방자치의 발전과 쟁점』. 대영문화사.
허훈. 2015. 「중앙-지방 간 갈등의 완화를 위한 협력의 제도화에 관한 연구」. 『중앙-지방협력
　　회의설치법 제정토론회 자료집』.
헌법재판소 헌법재판연구원. 2016. 「독일 헌법상 연방참사원에 관한 연구」.

12장

물자치권 확립

이상진 | 충남연구원 환경생태연구부 선임연구위원
박종관 | 백석대학교 경찰학부 경찰행정학 전공교수

1. 문제 제기

지난 수십 년간 한국은 중앙집권체제를 유지하면서 정치적 안정과 계획적인 경제성장을 이룩했으나 1990년대 이후부터 지방자치제의 실시와 더불어 지방분권체제로의 전환을 꾀하고 있다. 동시에 세계화·지방화·정보화의 시대적 조류와 세계무역기구(WTO)체제 출범 및 다수 국가와의 자유무역협정(FTA) 추진 등으로 인해 무한경쟁의 시대를 맞이하고 있다. 이러한 무한경쟁체제에서 지방정부가 대내외적 환경변화에 능동적으로 대처하고 경쟁력을 확보하기 위해서는 지방분권화의 촉진과 더불어 실질적인 자치권의 강화가 이루어져야 한다.

※ 이 글은 충남연구원 2017년 단기교육 결과보고서(이상진, 2017)의 일부 내용을 재구성하고 추가·보완한 것이다.

21세기의 무한경쟁시대, 초고속으로 외부 환경이 변화하는 시대는 과거 중앙 중심의 논리에서 탈피해 지방 중심의 일대 사고 전환이 필요한 시기라고 할 수 있다. 이러한 시기에 부응하기 위해 지방정부는 주민의 요구에 부응하는 사업의 수행과 지역의 특성을 살릴 수 있는 사업을 적극적으로 개발·추진함으로써 지방의 경쟁력을 높여야 한다.

특히, 한국의 물관리 정책은 전형적으로 여러 부처가 관여하는 체계로, 시대적 흐름에 부합하지 않고 물관리 효율성이 떨어지고 있으나 유역 단위 중심의 분권화가 매우 느리게 진행되고 있다. 현재 한국은 물의 이용과 관리체계에서 많은 부분을 중앙정부가 계획을 수립하고 집행한다. 반면, 지방정부는 제한적인 범위 안에서 집행하는 체계이며, 중앙정부와 지방정부 간 업무 협조와 정보 공유가 제대로 이루어지지 않고 있다.

국토 전체와 광역정부 간 공유하는 주요 권역별 물의 이용과 관리계획은 중앙정부가 수립하고 조정하는 것이 타당하며, 이는 물관리 정책의 기본 구조이다. 그러나 집행 과정은 지류하천유역 중심의 소유역 단위로 실행되어야 실천력이 높아지고 물관리의 효율성이 증대된다. 이때 소유역 중심으로 물의 이용과 오염물질 관리를 실행할 때 권한과 책임이 주어지는 물자치권이 이양되어야 하고, 물은 유역 단위의 통합적인 관리가 요구된다.

2. 물 문제의 특성 및 체계

1) 물관리 정책의 특성

물은 공유자원이며 상류에서 하류로 흘러가는 이동성자원이고 대류

현상에 의해 순환되는 순환자원이다. 이러한 특수성에 기인해 다양한 물 문제가 발생하게 된다.

첫째, 공유자원에 기인하는 문제이다. 물은 특정한 지역이나 개인이 전유할 수 있는 성질의 것이 아니다. 이런 성질 때문에 사람들은 흔히 물을 '주인 없는 자원'으로 생각해, 이용할 때는 권리를 주장하지만 버릴 때는 책임을 지지 않으려는 경향이 있다. 이러한 인식이 사회적으로 만연되어 있는 한, 물 문제는 해결할 수 없다. 따라서 공유자원인 물을 효율적으로 관리하기 위해서는 물관리에 관한 기본 원칙을 확립하고 정교한 물관리 제도를 정착시키는 것이 물관리 정책의 핵심 과제이다.

둘째, 이동성자원에 기인하는 문제이다. 물은 상류에서 하류로 흐르는 이동성 공유자원이라는 특수성 때문에 상·하류 간 갈등 요소가 내재되어 있다. 따라서 물이 부족하거나, 물이 오염되면 이해당사자들 사이에서 갈등이 표출되고 사회문제화하기 쉽다. 따라서 이동성자원에 따른 상·하류 간 갈등을 최소화하면서 물을 이용하거나 보전할 수 있는 제도적 정책을 개발하고 정착시키는 것 또한 물관리 정책의 중요한 과제이다.

셋째, 순환자원에 기인하는 문제이다. 물은 대기와 육지를 순환하는 자원으로 강수 현상이 지역적 혹은 계절적으로 편중되는 문제가 발생한다. 이러한 특수성 때문에 홍수 문제, 가뭄 문제, 수자원의 배분 문제가 불균형하게 발생할 수 있어 물관리 정책의 중요 과제로 대두된다.

넷째, 사회경제 환경에 기인하는 문제이다. 물은 생명 유지뿐 아니라 생활과 산업 등 모든 분야의 필수적 요소이기 때문에 인구가 늘어나고 산업이 팽창되는 만큼 물의 수요도 늘어나고 물 오염요인도 함께 늘어난다. 따라서 물 수급 문제와 수질 개선 문제는 필연적으로 중요한 정책 과제가 된다.

2) 물관리체계의 문제

(1) 물 관련 정책조정 기능체계 부재

물관리체계의 문제로 먼저, 물관리 정책조정위원회가 폐지됨에 따라 물 관련 중앙부처 간 정책을 조정할 수 있는 기구가 사라졌다는 점을 들 수 있다. 2011년 10월 이후 수량 관리(이수 및 치수)는 국토교통부, 수질 관리는 환경부, 농업용수는 농림수산식품부, 방재 업무는 행전안전부 등 물관리 기능이 분산되어 있어, 정책조정 기능이 반드시 필요하다고 판단된다.[1] 또한 규모에 따라 국가하천은 중앙부처, 지방하천은 지방정부가 맡고 있어 유역 차원의 통합 물관리가 이루어지지 못하는 상황에서 중앙정부와 지방정부를 포함한 정책조정의 필요성도 매우 크다. 수도 업무도 이원화되어 용수공급체계의 혼선을 빚고 있고, 상·하류 간의 물 관련 기관 간 분쟁이 심화되고 있다. 그러나 이를 조정·통합할 수 있는 관리체계가 구축되어 있지 않은 실정이다.

(2) 수량·수질·농업용수 중심의 기능 분리로 비효율 초래

현재 한국의 물관리 행정체계는 중앙정부의 기능과 조직의 측면에서 수질, 수량 및 생태 분야가 분리되어 있다. 이에 따라 물 순환체계를 통합적으로 관리하지 못하기 때문에 물관리의 비효율을 초래하고 있다.

첫째, 유역관리의 측면에서 하천의 홍수 방재 기능은 국토교통부에, 수질·생태 복원 기능은 환경부에 분담되어 있다. 이에 따라 두 기능의 종

---

1   2015년 충청남도 서북부 가뭄 문제가 심각해지자 2015년 10월 11일 정부서울청사에서 추경호 국무조정실장 주제로 제1차 물관리협의회가 이루어지는 등 전국적인 물 문제에 효과적으로 대처하기 위한 정책 기능 조정의 필요성이 제기되기도 했다.

표 12-1

물 관련 기능의 분담 현황

구분		수질 관리	수량 관리	농업용수
중앙정부		환경부 (4대강 유역청, 상하수도)	국토교통부 (5개 국토관리청, 5개 홍수통제소)	농림수산식품부
지방 정부	광역	환경 관련 국	건설 관련 국	농림 관련 국
	지방	환경보호과 수도사업소 등	건설과 등	농정부서

합적 연계가 부족한 실정이다. 둘째, 용수관리의 측면에서 수질과 용수 수요를 함께 고려한 댐·보·저수지의 최적 방류 프로그램이 마련되지 못한 실정이다.

(3) 물 관련 업무의 분산으로 인한 중복 투자

중앙정부와 지방정부의 물 관련 업무가 분산되어 있는 동시에 유사한 업무를 중복적으로 수행하기 때문에 중복 투자가 발생하고 있다. 첫째, 현재 중앙부처의 지방조직인 환경부 유역환경청(유역관리국)과 국토교통부의 국토관리청(하천국)은 하천관리에 관한 유사 기능을 수행한다. 둘째, 환경부 산하기관인 한국환경공단과 국토교통부 산하기관인 한국수자원공사도 상수도와 관련된 유사한 업무를 수행한다. 셋째, 수질·수량·오염원 등 물과 관련된 정보는 통합적으로 생산·제공되는 것이 효율적이나, 현재는 기관별로 자료의 생산을 위한 예산이 투입되고 있으며, 표준화되지 못하고 생성 시기, 품질 수준, 업데이트 주기 등이 상이한 실정이다. 넷째, 동일한 수도사업임에도 불구하고, 광역상수도는 국토교통부(수자원공사)가 담당하고, 지방상수도는 환경부와 지자체가 담당하도록 이원화됨에 따라 광역상수도는 과잉 공급되고, 농촌지역 상수도 보급률은 떨어지는 등 비효율이 발생하고 있다.

(4) 유역 기반의 물관리 인식 미흡

치수와 이수 측면을 강조해 4대강 사업을 추진했으나 유속 감소와 체류 시간 증가 등에 의한 유기물 퇴적, 녹조 대발생, 어류 집단폐사 등 강 수체 내부에 많은 문제가 발생하고 있다. '4대강 녹조 현상과 오염물질의 축적 요인이 기후적인 것인가, 인위적인 것인가, 아니면 그 복합적인 것인가'에 관계없이, 이 현상이 심화된다면 4대강 사업은 제2의 시화호, 새만금 문제로 비화되어 사회적 분쟁의 소지가 될 수 있다. 4대강 사업이 기후변화의 위협 요인인 홍수와 가뭄의 예방을 위해 시급하게 선제적으로 이루어진 것이라면, 그 후속 관리는 수질과 수생태계의 보전을 목적으로 이루어져야 함에도 불구하고 이에 대한 인식과 준비가 미흡한 실정이다.[2]

(5) 중앙부처 중심적 관리와 지역 간 불균형 심화

현재 한국의 물관리는 중앙정부가 계획을 수립하고 집행하는 과정에서 많은 부분을 중앙정부가 결정하고 지방정부는 부분적으로 집행하는 체계로 이루어진다. 반면 중앙정부와 지방정부 간 업무 협조와 정보 공유가 제대로 이루어지지 않아 행정의 효율성이 떨어지고 있다. 이처럼 의사결정 과정이 중앙부처 중심으로 추진됨에 따라 지방정부를 비롯한 물 정책 거버넌스에 지역주민의 의견과 실질적인 참여 기회가 부족하다는 비판이 제기된다. 또한 하천관리, 상수도와 하수도 보급 측면에서 중앙정부의 정책이 도시지역에 집중됨에 따라 도농 간의 불균형을 심화시

---

2   이 문제를 세분해서 보면, 녹조 예방 및 저감을 위한 관리체계 부재, 퇴적물 관리체계 부재, 시설물 운영체계 부재, 건전한 물 순환체계 구축 미흡 등이다.

키고 있다는 지적도 제기된다.

3. 물관리체계의 개선 방안

1) 물관리 인식의 변화 노력

과거 공공수역의 수자원 개발·공급 확대에 치중했던 수량 중심의 물관리에서 이제는 점차 물의 수요적 측면과 유역의 여건을 고려한 효율적인 배분 등 확보한 물의 선순환 정책이 선행되어야 한다. 물이 부족한 유역에서 무리하게 도시화·산업화·농업화를 계획함으로써 과도한 유역 변경 방식의 물 공급시스템을 추진해서는 안 된다. 이와 같은 유역은 물 순환체계의 건전성을 담보할 수 없기 때문에 지속가능한 발전을 결코 기대할 수 없게 된다. 또한 그간 수도작 중심으로 다량 공급되었던 농업용수도 무한정 공급 대상이 아닌 유역 내 허용량 범위의 농작 형태로 변화를 추구해야 할 것이다.

사람의 건강 및 생태계를 효과적으로 보호하기 위한 유역관리는 단순한 수량적·수질적 차원을 넘어서 유역 내 모든 자원 및 인문 현상 등을 포함한 전반적인 관리이다. 즉, 유역 내의 물, 토지, 식생, 기타 자연자원의 균형적인 이용과 보전을 통해 자원의 지속성을 유지하기 위한 유역별 통합적인 계획과 실행을 위해서 기존 정책과 프로그램의 조정, 새로운 협조체계를 구축하는 접근 방법 및 유역 생태계의 회복과 보전이라는 공통된 지향점과 더불어 인식 변화도 필요하다.

2) 유역주민 참여 제도화

물관리체계 개선과 관련해 유역주민 참여의 제도화가 필요하다. 유역 물관리체제의 핵심 요소 중 하나는 다양한 이해당사자들이 정책 수립·결정에 참여하는 것이기 때문이다. 최근까지 유역주민들은 물 관련 정책에서 소외되어 지역과 관련된 자신들의 의견을 대변하지 못하고 있다. 한국은 1990년대부터 빠르게 시민사회의 성장을 보였고 이들의 다양한 활동 분야 중에서도 두드러지는 분야가 물을 비롯한 환경 문제이다. 물 관련 정책에 대한 관심과 참여도는 매우 높아서 2006년 수자원장기종합계획 수립 시에는 많은 환경단체가 적극적으로 참여했다. 그들의 참여는 정부의 일방적인 물관리 정책 수립에 제동을 걸고 다양한 유역주민의 의견을 반영하는 계기가 되었다.

유역의 물관리체제에서 유역주민 참여의 제도화는 우선적으로 유역 물관리위원회 활동을 통해 실현될 수 있다. 위원회는 지방정부, 전문가, 시민단체, 지역주민 등 다양한 계층의 사람들이 모여 물과 관련된 유역 문제를 논의하는 과정에서 일반 유역주민의 의견을 개진하고 그 의견을 정책에 반영할 수 있게 될 것이다. 특히 유역위원회에 전문성을 확보한 유역주민이 활발히 참여함으로써 유역 내 물 관련 문제점을 좀 더 깊게 이해하기 시작한다면 전문성이 한층 더 강화되고 유역 내 일반 주민들의 지지도 얻게 될 것이다.

3) 물관리 정책 기능 조정

물관리체계를 개선하기 위해 중앙부처 간 물관리 업무의 효율적 조정체계를 마련할 필요가 있다. 한국의 현행 물관리체계를 보면 수량·수질 관리가 용도에 따라 환경부와 국토교통부를 비롯해 정부의 다양한 부처에서 관리하는 분절적인 체계이다. 한국과 달리 주요 선진국은 물관리와 관련해 부처 간 갈등이나 유사 업무의 수행에 따른 비효율 문제가 크게 발생하지 않는다.

첫째, 환경부와 국토교통부의 물관리 기능의 통합 조정이다. 환경부와 국토교통부는 사실상 하천 및 유역관리와 관련된 유사 업무를 중복적으로 수행하고 있으나, 중앙부처 수준에서 기능의 조정과 통합이 이루어지고 있지 않기 때문에 비효율이 발생하고 있다. 더 나아가 농업용수 분야까지도 통합 조정이 필요하다.

둘째, 한국환경공단과 한국수자원공사의 수도 업무 기능의 조정이다. 국토교통부와 환경부의 기능에 따라 한국수자원공사와 한국환경공단은 상수도 업무와 하수도 업무의 관련된 유사 기능을 중복적으로 수행한다. 이러한 유사 기능의 통합도 필요하다.

셋째, 행정안전부의 하천관리 기능의 조정이다. 행정안전부는 소하천을 소관한다. 그러나 지방하천의 수질과 관련된 업무는 환경부에 의해서도 수행되고 있다. 따라서 행정안전부의 하천관리 기능은 물관리를 전담하는 부처로 이관될 필요가 있다.

넷째, 물 관련 정보의 통합이다. 현재 물과 관련된 개별 부처는 수질, 수량, 수도, 오염원 등 다양한 물 관련 통계를 개별적으로 생산·관리하고 있다. 이에 따라 통합적 측면의 통계가 작성되지 못하는 실정이다. 따라서 물관리 행정의 효율성을 높이는 차원에서 다수 부처에 흩어져 있는 통계 작성 및 정보 기능을 통합적으로 운영할 필요가 있다.

다섯째, 분절적 물관리 체계를 협력적·유기적인 거버넌스 체계로 전환해야 한다. 물관리 정책의 효과성과 효율성을 달성하기 위해 중앙 및 지방에 분산된 물관리 기능을 통합해야 한다. 물관리 행정의 효율성을 강화하기 위해 어떤 형태의 조정·통합 시스템을 구축해야 하는가에 초점을 맞추기보다는 어떠한 전략적 방향성과 원칙을 확립하는 것이 바람직한가에 초점을 맞출 필요가 있다. 현재 부처 간 유사·중복 업무로 분류되는 사안들을 중심으로 기능 조정을 통해 조정과 통제 권한을 보유한 '국가물관리위원회'와 지역에 행정구역을 넘어선 물 문제의 협치를 위한 '유역물관리위원회'가 출범할 경우에 통합이 좀 더 실효성 있게 이루어질 것으로 보인다.

4) 물관리 인력·기술·예산의 재편

지방정부의 물관리 업무는 중앙부처에 의존할 수밖에 없는데, 가장 큰 이유는 물관리에 소요되는 대부분의 재원을 중앙부처의 지원에서 충당하기 때문이다. 일부 재정자립도가 높은 지방정부를 제외하고는 중앙부처의 지원 없이는 물관리 업무의 추진이 사실상 곤란한 상황이다.

유역이나 지방 차원에서 자립적으로 물관리를 추진하기 위한 재원 확보는 지방정부의 일반회계로부터 전담을 강요하거나 수혜자로부터 충당하는 것은 한계가 있기 때문이다. 기존의 중앙정부 예산과 인력 등 물관리 기능을 과감하게 이양(예산, 인력, 기술)함과 동시에 물 관련 재원의 조달과 배분에 대한 개편을 종합적으로 시행해야 한다.

지방정부의 물관리를 위한 수입금은 상·하수도 사용료나 요금 현실화율에 가로막혀 있고, 그 외 하천 점용료와 골재 채취 수입 일부가 거의 전부라고 할 수 있다. 유역 물관리가 정착되기 위해서는 유역 내 지방정부의 자주적인 재원이 확보되어야 하고, 이는 기존의 중앙부처 예산 지원금의 운용 방식과 물이용 부담금 등 종합적인 물 관련 재원의 조달과 배분에 대한 개편을 통해서 이루어질 수 있을 것으로 본다.

현시점에서 수계유역별 물관리 업무가 가능함에도 불구하고 중앙부처와 관련 공사를 중심으로 추진하고 있는 경우에는 하천유역별 통합조직을 설립해 인력과 기술, 예산 등 물관리 전반에 대한 기능과 역할을 이양할 필요가 있다.

물관리체계 개편에서 중앙정부와 지방정부의 역할 분담은 단순히 중앙정부의 물관리 업무를 이관하는 문제라기보다는 지방정부의 물관리 능력의 함양과 책임을 높이는 등 적극적으로 유역에 위치한 지방정부의 역할을 높이는 것이 중요하다. 왜냐하면 지역 수리권의 문제를 제외한 다른 물관리 관련 문제에서 지방정부의 태도는 적극적으로 물관리 업무를 담당하려 하기보다는 오히려 중앙정부에 의존하려는 경향도 있기 때문이다. 하천 등급의 조정과 수도사업의 구조 개편, 물관리체계의 개편 등의 문제에서 지방정부는 주체로 나서기보다는 중앙정부나 다른 기관에서 맡기를 바라는 경우도 나타나는 실정이다. 이러한 문제의 배경에는 우리나라의 오랜 국가 중심의 물관리 전통도 관련이 있지만, 다른 주요한 원인 중의 하나는 지방정부가 물관리를 위한 재원을 조달하는 데 한계가 있기 때문이다.

4. 물자치권 확립 방안

1) 물자치권의 필요성

첫째, 현실적·실질적인 지방정부의 물관리 필요성이다. 예로써, 충청남도의 경우 2015년 심한 가뭄 상황에서 지방정부인 충청남도가 취할 수 있는 기능이 별로 없었다. 즉, 충청남도가 해당 지역의 가뭄 문제를 해결하기 위해 업무를 추진할 수 있도록 부여받은 기능이 별로 없다. 따라서 물자치권과 관련된 기능이양 등을 통한 물자치권의 확립이 필요하다.

둘째, 유역 단위 계획에 의한 지역 물관리의 필요성이다. 유역 중심의 거버넌스 체계에 의한 물자치의 목적은 전 국토의 물관리를 위한 중앙의 계획보다도 해당 지방정부의 지방적 수요에 효과적으로 대응할 수 있도록 하는 데 있다. 이는 기후나 날씨 등 다양한 자연환경의 변화 상황에서 발생하는 위급한 경우에 대응하는 유역 메커니즘을 제공할 수 있을 것이다.

셋째, 유역의 물 통합관리 필요성이다. 한국의 경우, 중앙은 부처별로 물을 분리 관리하고 있으며, 지역은 구역에 따라 분리 관리하고 있는 실정이다. 따라서 소유역 중심의 물자치권은 해당 지역의 물관리를 유역이나 수계에 맞게 통합적으로 관리하는 데 필요한 요건이 될 수 있다. 즉, 소유역 중심의 물자치권을 바탕으로 지방정부들이 협력해 유역의 물을 통합적으로 관리할 수 있다.

넷째, 물 문제와 관련된 중앙 및 인근 지역 간 협력 강화의 필요성이다. 지방정부에 물 문제에 대한 권한과 책임을 부여함으로써 지방정부는 해당 지역의 물 문제를 해결하려는 다양한 노력을 하게 된다. 더불어 광역정부는 초광역적 영역으로 흐르는 물 문제를 해결하기 위한 중앙과 지역, 인근 유역 간 협력적 메커니즘을 강화하는 역할을 할 수 있다.

다섯째, 유역 중심의 물자치권은 물 문제에 관련된 분권화와 더불어 중앙의 정책 혼잡을 감소시키는 등 중앙정부의 부담을 완화할 수 있다. 물관리 분야의 분권화는 관련 분야의 중앙 지시 및 통제 수준을 감소시킴으로써 관련 문제의 의사결정에 신속성과 융통성을 제공한다.

여섯째, 지방정부의 지역 물관리 역량을 제고하기 위해 필요하다. 유역 물자치권의 부여는 지역의 물 부족 문제 등 지역의 물 문제를 효과적으로 대처할 수 있도록 지방정부의 역량을 높일 수 있는 기회를 제공할 수 있다. 지방정부는 지역의 물 수요를 스스로 판단하고 이 문제를 해결하기 위한 다양한 노력을 할 수 있도록 방향을 제시하는 역할을 할 수 있다고 본다.

2) 유역 중심의 물자치권 확립을 위한 노력

(1) '물관리기본법' 제정

한국은 국토의 물을 통합적으로 관리하기 위한 '물관리기본법'이 없고 물을 관리하는 부처에 따라 각각 개별 법을 가지고 있다. 이러한 법으로는 국토교통부의 '하천법', '지하수법', '댐건설 및 주변지역 지원 등에 관한 법률', 환경부의 '수질 및 수생태계 보전에 관한 법률', '4대강 수계법'('○○수계 물관리 및 주민지원 등에 관한 법률'), '하수도법', 행정안전부의 '소하천정비법', 농림부의 '농어촌정비법' 등이 있다. 부처별 개별 법을 통한 물의 관리는 물관리의 효율성을 떨어뜨리고 물관리 과정에 다양한 문제를 노출하고 있다. 따라서 국가의 중요한 자원인 물을 종합적으로 관리할 수 있도록 '물관리기본법' 제정이 필요하다.

19대 국회에서는 '물관리기본법'을 제정하려는 몇몇 의원의 노력이 있었다. 이러한 노력에 앞장선 의원은 함진규 의원, 양창영 의원, 정우택 의원, 김상희 의원이다. 20대 국회에서도 19대 국회의 '물관리기본법(안)'을 일부 수정해 다양하게 제안하고 있다. 이들의 '물관리기본법(안)'은 일부 차이는 있으나 대동소이하다고 볼 수 있다. 문제는 의원들이 제안한 '물관리기본법'에는 지역에 물자치권 또는 물관리권을 부여할 수 있는 조항이 대부분 없거나 소극적이라는 점이다.

따라서 지방정부는 이들의 '물관리기본법'에 지역의 물자치 확립에 필요한 조항을 포함될 수 있도록 하여 지방정부에서도 해당 지역의 물 문제를 스스로 관리할 수 있도록 노력하는 것이 매우 중요하다.

(2) 중앙부처의 물관리 기능이양[3]

물관리 업무의 경우, 지방정부가 지역에 적절하고 타당한 정책을 추진하기 위해서는 지역에서 필요한 중앙정부의 물관리 관련 일부 기능의 지방이양이 필요하다. 예컨대 지역에서 수계유역별 물관리 업무가 가능함에도 불구하고 중앙부처와 관련 산하 공기업 중심으로 추진하고 있다. 따라서 지방정부에서 업무 추진에 필요한 인력과 기술, 예산 등 물관리 전반에 대한 기능과 역할을 이양받아야만 유역 중심의 물관리 업무 추진이 가능하다.[4]

즉, 지방정부의 물자치권을 확립하기 위해서는 중앙정부가 수행하던 물관리 기능의 일부를 지방정부에 이양해야 한다. 중앙정부는 지역에서 물자치와 관련된 또는 물관리에 필요한 기능을 적극적으로 발굴해 이양해야 한다. 중앙정부나 중앙공무원은 지방자치권의 확대를 위해서 지방에 필요한 기능, 조직, 인력, 예산을 적극적으로 이양할 필요가 있다. 또한 지방정부는 예산, 인력의 부족만 탓할 것이 아니라 진정한 자치의 확립을 위해서 좀 더 적극적으로 유역 물자치에 필요한 기능을 이양받으려는 노력이 필요하다.

3　특정 사무를 국가사무로 수행하는 것과 지방사무로 수행하는 것 중 어느 것이 해당 행정서비스를 수혜하는 당사자의 편의 혹은 행정 부담을 최소화할 수 있는 것인지가 고려되어야 할 것이다. 이를 위한 가장 중요한 고려 요인이 바로 현지성의 기준이다. 즉, 업무의 성격상 지역주민과의 접근성이 중요하고, 주민참여 및 신속 대응이 요구되는 업무인지 여부를 판단하는 기준을 말한다. 그리고 현지성이 높은 경우에는 지방사무로 두는 것이 지역주민에 대한 행정서비스 차원에서는 타당할 수 있다.

4　유역 물관리체제 수립의 가장 중요한 의의는 물관리 관련 중앙 권한을 지방으로 이양함으로써 지방 및 유역 현실에 맞는 효율적 물관리를 할 수 있다는 점이다. 유역 물관리체제의 수립 및 시행은 궁극적으로는 중앙의 물관리제도 개혁과 더불어 통합 물관리체제로 나아가는 중요한 발전 단계이다.

(3) 갈등 발생 문제 해소

물 관련 기능 문제는 다양한 차원에서 갈등이 발생할 수 있다. 이러한 갈등으로는 중앙부처 간 갈등, 중앙과 지방의 기능이양 갈등, 지역 간 물 배분 문제 갈등 및 지역 내 갈등 등 다양하다. 우선 물 관련 기능은 중앙정부도 국토교통부, 환경부, 농림축산식품부, 산업통상부, 행정안전부 등 다원화된 관리구조를 가지고 있어 갈등이 발생할 수 있다. 유역별 통합적인 물관리가 매우 어렵기 때문에 업무 추진 과정에서 갈등이 일어나지 않도록 조정하는 기능이 필요하다. 물의 사용과 오염관리 기능은 유역 간 혹은 자치정부 간, 주민 간 갈등이 언제든지 발생할 우려가 있다. 따라서 중앙정부는 통합적으로 물관리를 할 수 있도록 '물관리기본법'을 제정하는 것과 더불어 조정 기능을 총리실이나 대통령 소속으로 둘 필요가 있다. 유역 차원에서는 물자치권을 확보하는 것과 더불어 유역 간 혹은 지방정부 간 갈등을 조정할 수 있는 기능을 중앙에 두거나 초광역적 조정 기능을 둘 필요가 있다. 이러한 조정 기능보다 더 중요한 것은 국가의 전체 자산인 물을 효율적으로 잘 활용할 수 있도록 부처 간, 지방정부 간, 주민 간 협력하고 양보하는 문화가 정착되는 것이다.

5. 정책 제안

지난 1991년 지방의회를 구성해 지방자치를 부활시킨 시점이 어느덧 30년을 향해가고 있다. 지방자치의 본질은 지방정부의 자치역량 강화와 더불어 주민참여를 통한 주민자치라 할 수 있으나 우리는 아직까지도 지방분권의 확대가 미흡하다. 즉, 지방자치의 핵심은 지방분권화 확대와 주민참여를 통한 주민자치라고 할 수 있다. 그러나 주민자치의 중요 부분인 중앙권한의 지방이양 등 지방분권화 확대는 미흡한 실정이다. 특히 지방정부가 지방의 일을 스스로 결정하고 책임지는 자치권의 문제뿐 아니라 지역주민들이 자주적으로 지역의 문제에 대해 논의하고 공동협력 과정을 통해 주민의 생활 현장에서 공동으로 발전할 수 있는 주민자치도 필요하다고 본다.

이러한 분권화도 영역별로 불균형하게 진행되어 일부분은 거의 분권화가 이루어지지 않는 실정이다. 특히 유역 중심의 물자치권은 분권 또는 자치가 거의 이루어지지 않거나 미미한 수준의 자치에 머물고 있고 '유역 물자치권'이라는 용어 자체가 생소할 정도이다.

물관리를 효율화하기 위한 물자치권 확립의 문제는 단편적인 시각에서 보는 것이 아니라 종합적인 시각에서 바라보고 하나의 이해당사자가 아닌 중앙정부와 지방정부를 포함해 사회 각계각층을 모두 고려해 최종 정책 결정을 해야 한다. 즉, 일부 중앙부처의 정책 수립 및 결정에 따라 전국의 물관리체제가 좌우되는 현실을 뛰어넘어 각 유역 현실에 적합한 물관리 정책을 수립·집행해 좀 더 현실적이고 효율적인 형태로 발전해야 한다. 또한 유역 중심의 물자치권 확립 노력과 더불어 지역의 유역 관리 전문성 강화 및 갈등 해소를 위해 지방정부 차원의 다양한 노력도 병행되어야 할 것이다.

참고문헌

김갑수. 1999. 『환경정책론』, 366~367쪽. 한국환경정책학회.
김인환. 1997. 「물관리 체제의 효율화 방안」. ≪환경정책≫, 5권 1호, 169~195쪽.
김종길. 1996. 「위험 사회에서의 환경문제 발생논리와 환경정책 개선방향」. ≪한국사회학≫, 30집(겨울호), 809~839쪽.

김종원·김창현·심우배. 2005. 「유역통합관리를 위한 재원확보 방안 연구」. 국토연 2005-21.

김창수. 2012. 「4대강 사업 이후 물관리체계 개편방향」. 『한국공공행정학회 추계학술대회 자료집』.

미래기획위원회. 2009. 「기후변화 대응 물관리전략 구축방안 연구」.

박성제. 2010. 「수자원 관리체계의 변화에 따른 법 및 제도의 정비방안 연구」. 국회입법조사 처 정책용역연구.

박종관. 2016. 「물자치권의 개념 정립과 과제」. 충청남도 자체발표 논문.

박종관 외. 2011. 「물 관리 효율화를 위한 환경행정체계 발전방향 연구」. 환경부·정책연구.

윤근섭·송정기. 1997. 「수자원 이용에 따른 지역이해의 구조에 관한 연구」. ≪한국사회학≫, 31집(봄호), 195~221쪽.

이상진. 2017. 「충남연구원 2017년 단기교육 결과보고서」. 충남연구원

이상진 외. 2013. 「충청남도 물 자치권 확립을 위한 정책과 과제」. 충남발전연구원.

이윤성 외. 2009. 「물관리기본법안」. 국회의안정보시스템.

지속가능발전위원회. 2005. 「지속가능한 물관리 정책」.

최동진. 2008. 「물 관리에서 중앙과 지방의 역할 및 기능 재정립」. ≪물과미래≫, 41권 3호 (2008년 3월), 17~22쪽.

최지용. 1996. 「21세기를 대비한 물관리정책의 개선방안」, 25쪽. 한국환경기술개발원.

환경부 4대강 살리기 추진본부. 2010. 「4대강의 진실」.

환경부·건설교통부. 2006. 「물관리기본법안」. 국회의안정보시스템.

2030 Water Research Group. 2009. "Charting Our Water Future: Economic frameworks to inform decision-making."

Aspen Institute. 2009. "Sustainable Water Systems: Step One: redefining the nation's infrastructure challenge." A Report of the Aspen Institute's Dialogue on Sustainable Water Infrastructure in the U.S.

Department for Environment, Food and Rural Affair(DEFRA). 2008. "Future Water: The Government's water strategy for England."

Integrated Water Resources Management Guidelines at River Basin Level. 2009.

Tarlock, A.D. 2007. *Integrated Water Resources Management: Theory and Practice Implementing Integrated Water Resources Management in Central Asia*, pp. 3~21. Netherland: Springer.

UN. 2009. "World Urbanization Prospects: The 2009 Revision."

UWFP. 2011.6.24. "Urban Waters Federal Partnership: Vision, Mission & Principles." http://www.urbanwaters.gov

13장

읍면동 단위 복지·보건 통합전달체계 구축

이재완 I 공주대학교 사회복지학과 교수

1. 문제 제기

국민의 사회복지 욕구는 과거와 다르게 점차 고도화되고 다양화된 형태로 나타나고 있다. 특히 농촌지역은 넓은 면적, 적은 인구, 자원 부족과 복지·보건 인프라의 미비로 인해 높은 복지·보건 욕구를 해소하지 못하고 있다. 한마디로 복지·보건서비스의 비접근성이 존재하며 복합적 욕구에 대한 통합적 서비스 공급체계가 빈약한 실정이다.

한편 지난 10년 전과 비교하면 사회복지서비스의 양과 종류가 급격히 늘어나고 있는데 여전히 주민들의 복지 체감도는 상당히 낮은 것으로 지적된다. 즉, 현재 중앙정부에서 실시하는 사회복지사업은 보건복지부

※ 이 글은 김용현·이재완·백운광(2015)의 연구에서 일부 내용을 재구성하고 내용을 추가·보완한 것이다.

등 21개 부처에서 360개 사업에 이르며 지방자치단체에서는 전체 약 4만 개가 넘는 복지사업이 진행되고 있다. 복지사업은 증가했지만 중앙정부 부처별로 그리고 지자체의 부서별로 분업화 및 칸막이 행정으로 각종 급여 및 서비스 간 연계 부족으로 서비스 제공의 비효율성이 발생하고 있는 것이 사실이다.

농촌지역의 경우 복지와 보건을 아우르는 전달체계 모델 구축이 시급히 요구된다. 특히 인구고령화, 만성질환 증가, 고가의 의료기술 발전 등의 원인으로 노인 의료비 지출은 급속히 팽창할 것으로 전망되어 복지와 보건을 통합한 전달체계 구축이 더욱 절실해지고 있다.

따라서 지역주민에게 복지와 보건서비스의 최일선 전달체계의 개선이 요청된다. 일반적으로 복지서비스는 중앙정부 → 시도 → 시군구 → 읍면동으로 이어지는 공공복지 전달체계를 통해 전달되고, 보건서비스는 중앙정부 → 시도 → 시군구 보건소 → 읍면동 보건지소의 경로를 통해 제공된다. 지역주민에게 직접적으로 접촉해 서비스가 제공되는 지점은 주로 읍면동 단위이기 때문에 이에 대한 전달체계의 정비와 개선이 필요하다. 사실 복지 및 보건서비스 최일선 조직은 중앙정부와 지자체에서 제공되는 과중한 양의 서비스를 관리하면서 복지·보건 깔때기현상(병목현상)이 초래되어 전달체계가 효과적으로 작동되지 못했다. 따라서 지역주민에게 근접한 최일선 복지·보건 조직의 변화를 통해 복지·보건 욕구를 해소할 수 있는 노력이 필요하다.

복지와 보건의 이원화된 체계는 상호 연관성 없이 4년마다 수행되는 지역사회보장수립계획과 지역보건의료계획 수립에서도 나타난다. 현행 서비스 전달과 관련해 보면, 읍면동의 복지서비스와 보건소 중심의 방문간호서비스 등으로 이원화된 체계로 동일 대상자에 접근하기 때문에 서비스가 중복되거나 누락되어 통합적인 서비스를 제공하지 못하고 있다.

따라서 보건·복지서비스 간의 연계를 위해 읍면동 일선 사회복지 현장에 방문간호팀을 배치하는 방안을 모색하는 등 복지·보건 통합전달체계 구축이 요구되고 있다.

사실 이러한 보건과 복지의 통합적 복지전달 체계 구축의 시도는 지난 1995년 보건복지사무소 시범사업(1995~1999년)으로 나타났지만 전국적으로 확대되지 못하고 시범사업으로 종결되었다. 시범 보건복지사무소는 저소득 지역주민에게 보건의료와 사회복지서비스를 포괄적으로 제공하기 위해 보건소 조직 내에 사회복지 담당부서를 신설하고 보건의료 및 복지서비스 제공 기능을 통합하려는 목적으로 설치·운영되었다. 이러한 시범 보건복지서비스의 설치 배경은 급격히 증가하는 국민의 보건 및 복지 욕구에 대응하기 위한 것으로 볼 수 있으나 다른 한편으로 미비한 공공복지 전달체계를 기존의 보건소 조직을 활용해 확립하고자 했던 것이다. 시범 보건복지사무소가 실패로 끝난 원인은 우선 중앙정부나 시범사업지역 지자체의 의지 부족과 지역복지환경 측면에서 보건과 복지 욕구의 통합 및 연계 체계의 미흡, 보건 조직과 복지 조직 간의 상호 이해의 부족, 그리고 정교한 시범사업 매뉴얼의 부재 및 준비 미흡 등이었다 (이재완, 1998).

그럼에도 불구하고 보건복지사무소 시범사업 실시 20년이 지난 현재 시점에서 보건과 복지의 통합(연계)적 서비스 전달체계에 대한 관심이 필요하다. 즉, 지역주민 특히 농촌지역의 경우 노인인구가 비중이 높아 이미 초고령사회가 되었다는 점과 복지서비스의 욕구뿐만 아니라 보건의료의 욕구가 크게 나타나고 있는 점이다. 또한 지역복지환경 측면에서 복잡다기한 복지·보건 욕구에 대한 사례관리서비스가 진행되고 있으며 과거와는 다르게 기관 간 서비스 연계 및 통합서비스 실시 필요성이 대두한다는 점이다. 이러한 점에서 복지·보건 전달체계의 혁신이 필요하며 주민과 밀접한 읍면동 단위에서 복지와 보건서비스의 통합 및 연계체계 확충이 요구된다.

2. 사회복지 전달체계의 변화

1) 복지전달체계 변화와 문제점

공공복지행정의 기본 축인 공공부문의 전달체계는 지방자치단체인 시도, 시군구, 읍면동의 지방행정기관으로 구성·운영되어왔다. 특별행정기관으로 지방 전달체계를 구축한 노동부(지방노동사무소, 고용지원센터), 교육부(지방교육청), 지방직속기관으로 전문 전달체계를 구축한 보건부분(시군구 보건소)과 달리 공공부조와 사회복지서비스의 집행은 별도의 기관이 아닌 지방자치단체에 위임되어온 것이다. 이러한 공공복지 전달체계의 구조는 생활보호제도가 제정된 1960년대 이래 현재까지 그 구조적 환경의 변화 없이 일부 변화의 시도가 있었다.

그동안 정부는 사회복지 전달체계 개편을 통해 사회복지서비스의 접근성, 전문성, 통합성, 책임성을 높이기 위해 노력했으나 서비스의 통합성과 접근성이 확보되지 못해 사회복지정책의 효과가 실현되지 못하고 있는 실정이다.

〈그림 13-1〉에서 보는 바와 같이 1987년 사회복지 전담 인력이 최초 배치된 이후 보건복지사무소 시범사업(1995~1998년) 실시, 사회복지사무소 시범사업(2004~2006년) 실시와 주민생활서비스 전달체계 개편(2006년), 사회복지 통합관리망 구축(2010년), 2016년 읍면동복지허브화사업 추진(읍면동 행정복지센터)과 현재 읍면동 생활기반플랫폼으로의 전환이 진행되

그림 13-1
사회복지 전달체계의 변화

	1962년~1994년	1995년~2002년	2003년~2007년	2008년~2012년	2013년~2016년	2017년~현재
시기	• 읍면동에서 대부분의 업무 수행 • 시군구에서 결정 • 1987년도 사회복지 전문요원제도 도입	• 생산적 복지 • IMF경제위기 • 지방자치제 실시 • 로컬거버넌스 • 복지다원주의 • 기초생활보장제도 실시 • 지역복지운동단체 등장	• 참여 복지 • 2003년 사회복지사업법 개정 • 참여정부 지방화·분권화 • 주민참여형 지역복지체계 구축	• 능동적 복지 • 감세정책 • 노인장기요양보험제도 실시(2008년)	• 맞춤형 복지 • 맞춤형 급여체계 개편	• 포용적 복지 • 지역사회 중심 돌봄체계
정책	생활보호법	기초법 도입 (인력 확충)	주민생활 지원서비스	사회복지 통합관리망	읍면동 복지허브화	생활기반 플랫폼
전달체계	• 대도시 저소득층 밀집지역 일선 동사무소의 사회복지 전담 공무원 배치(1987년) • 사회복지 전담체계 부재	• 보건복지사무소 시범사업(1995~1999년) • 사회복지 전담 공무원 별정직에서 일반직으로 전환 • 기초법 실시와 함께 사회복지 전담 인력 확충(8090명)	• 사회복지사무소 시범사업(2004.7~2006.6) • 시군구 단위 지역사회복지협의체 및 협의회 설치 • 지역사회복지계획 수립 • 주민생활지원서비스 전달체계 개편 • 사회복지 전담 인력 지속적 확충(1만 515명)	• 희망복지 전달체계 개편(희망복지지원단) • 시군구 129콜센터 설치 • 사회복지통합관리망 구축(2010년) • 통합사례관리 실시 • 사회복지인력 확충(1만 3399명)	• 읍면동 복지기능강화 시범사업(2014.7~2015.12) • 희망복지지원단 기능 강화(충원, 147개 지역) • 읍면동 인적안전망 강화 • 읍면동 복지허브화 사업 추진: 읍면동행정복지센터로 명칭 변경(2016~2018년) • 사회복지전담 공무원 6000명 단계적 충원 • 현재 사회복지 전담 인력 1만7693명	• 복지혁신: 찾아가는 동주민센터 전국 확대 • 읍면동 복지 전담 인력 확충: 방문간호사 인력 배치 • 행정혁신: 위계적 행정에서 서 생활 기반 플랫폼 행정으로 전환 • 집단민주주의: 주민자치 • 직접민주주의: 주민자치위원회를 실질적 주민대표기구로 기능 확대 개편 • 공공복지인프라 확대: 국공립보육시설, 국공립요양시설, 공공유치원, 공공의료기관 • 치매안심센터 설치 • 광역시도에 사회서비스공단 설치

자료: 이재완(2013, 2017)에서 재구성.

어왔다. 그러나 이상의 전달체계 개편 노력에도 불구하고 지역적 특성에 맞는 전달체계의 미비로 서비스의 중복과 사각지대가 발생하고 있다.

그동안 제기된 사회복지 전달체계의 문제점은 다음과 같다.

첫째, 최일선 복지전달체계(읍면동 단위)에서 병목현상(깔대기현상)이 발생하고 있다. 중앙부처 360개 복지사업 중 약 50%가 지방자치단체를 통해 전달되고 있으며 지방자치단체에서 수행하는 복지사업이 전체 5800개에 이르러 일선 복지창구인 시군구, 읍면동은 과부하 상태로 깔대기현상이 나타나 복지서비스의 효과적인 전달이 어려운 실정이다. 특히 저출산·고령화 시대를 맞이해 복지서비스의 욕구뿐만 아니라 보건의료 욕구가 폭증하는 상황에서 이에 대한 별도의 통합적인 복지전달체계가 부재한 상황이다.

둘째, 복지·보건서비스의 비접근성 문제이다. 사회복지에 대한 국민의 욕구는 과거와 달리 점차 고도화·다양화된 형태로 나타나고 있다. 특히 농촌지역은 넓은 면적과 적은 인구, 부족한 자원과 미비한 복지·보건 인프라로 인해 복지·보건에 대한 높은 욕구를 해소하지 못하고 있는 실정이다.

셋째, 복지와 보건서비스의 이원화로 서비스 중복과 누락이 발생하고 있다. 복지수요자는 보건서비스가 통합된 복지서비스 제공을 요구하지만 일선 현장에서는 사회복지 전달체계와 보건서비스 전달체계가 이원화된 체계로 작동되고 있다. 즉, 읍면동 주민센터(행정복지센터)에서는 복지서비스를 제공하고, 보건소(지소)에서는 방문간호서비스를 제공하는 등 이원화된 체계로 동일 대상자에게 접근하고 있어 서비스의 중복 및 사각지대가 발생하고 있다.

넷째, 폭증하는 복지와 보건서비스 욕구에 대한 대처가 미흡하다. 노인은 경제적으로 빈곤할 뿐만 아니라 고령으로 인해 복합적 질병에 시

달리고 있으며 복지 욕구는 물론 보건의료적 욕구를 동시에 갖고 있다. 특히 농촌지역의 고령화율은 상대적으로 높아 기초수급생활자 및 차상위계층 가구의 상당수가 65세 이상 노인이다〔전체 인구 중 노인인구비율 14%, 충청남도 16%, 충청남도의 농촌(군)지역 20% 이상〕. 이러한 인구고령화는 향후 노인부양 문제로 직결되고 노인부양 문제는 빈곤뿐 아니라 의료비의 증가로 이어져 건강보험제도의 근간을 위협할 수 있는 요인이다. 이러한 의료비 증가에 대비하기 위해서는 건강한 노인이 건강을 오래 유지할 수 있도록 예방 차원의 접근이 필요하며 질병이 있는 노인에게는 복지서비스를 보건의료서비스와 연계해 제공해야 할 것이다.

따라서 1995년 보건복지사무소의 경험(보건과 복지서비스의 통합서비스 증진이라는 긍정적 효과)을 바탕으로 복지·보건행정의 최일선 단위인 읍면동의 보건지소와 주민센터를 통합한 복지보건센터를 설치해 주민의 복지·보건의 욕구와 문제에 선제적으로 대응해야 한다. 1995년 당시 노인인구는 전체의 약 6% 정도였는데 2016년 현재 노인인구가 14%에 이르러 고령사회로 진입했다. 특히 농촌지역의 경우 20%가 넘어 초고령사회이다. 이러한 노인인구의 증가는 보건의료적 욕구의 폭증을 의미하며 이에 따라 사회복지서비스와 보건의료서비스의 통합적 서비스 제공을 위한 전달체계 개편이 필요한 상황이다. 또한 초저출산사회로 인해 보건의료적 대응으로 임신, 출산, 양육과 관련해 다양한 복지서비스뿐만 아니라 보건의료서비스가 필요하다. 노인, 장애인, 그리고 빈곤층 등 사회복지수요자의 다수는 경제적 문제뿐만 아니라 질병적 문제를 동시에 안고 있어 더욱 보건과 복지서비스의 두 조직 간 연계·협력이 필요한 상황이다. 따라서 지역주민에게 근접한 최일선(읍면동 단위) 복지·보건 조직의 연계 및 통합을 통해 복지·보건 욕구를 선제적으로 해결해야 할 것이다.

2) 사회복지 전달체계 개편의 경험 사례

사회복지 전달체계의 구성 요소는 조직, 인력, 서비스 등의 조합에 의해 다양한 전달체계를 모색할 수 있다. 그동안 공공복지 전달체계의 변화는 조직과 인력의 확충을 중심으로 나타났다. 1980년대 초부터 현재까지 국내 사회복지 전달체계의 변화는 두 차례의 시범사업(보건복지사무소, 사회복지사무소)을 통해 주민생활서비스 전달체계로 자리 잡았다. 이에 대한 이론적·실천적 연구와 제도화 노력이 있었음에도 공공복지 전달체계의 구조 개선을 위한 시도들은 좌절되거나 실험으로 끝났다. 그것은 정부의 정책적 의지 부족과 준비 미흡 그리고 관련 이해집단 간의 갈등과 지역복지환경 변화에 대한 선제적 대응력의 부족에 기인한다.

그동안 공공복지 전달체계 개편 방안으로 논의되었던 유형은 시범사업으로 실시된 보건복지사무소, 사회복지사무소와 주민생활서비스 전달체계 개편, 그리고 사회복지 통합관리망 설치와 동주민센터 복지허브화(읍면동 행정복지센터)가 있다. 그 구체적인 내용은 다음과 같다.

(1) 보건복지사무소 시범사업

지방자치제 실시와 함께 1995년 7월부터 1999년 12월까지 보건복지사무소 시범사업이 실시되었다. 시범 보건복지사무소는 보건복지 수요의 증가 및 다양화와 지방자치제의 실시 등 경제적·사회적 여건 변화에 따른 요청으로, 복지행정의 전문화·효율화, 보건소의 기능 재편, 보건복지서비스의 통합 제공, 지역복지 기능 강화 등을 목적으로 설치·운영되었다(〈그림 13-2〉 참조).

소위 보건과 복지의 통합적 서비스를 목적으로 기존 보건소에 복지사업 부서를 신설하고 읍면동에서 근무하던 사회복지 전문요원을 배치

그림 13-2

시범 보건복지사무소 조직도(대도시형: 관악구)

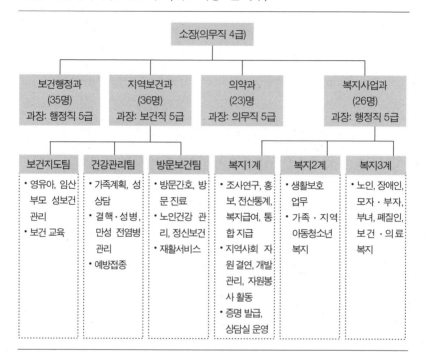

해 전국 5개 지역[1]에서 시범사업을 실시했다. 이를 통해 복지사무가 집중화되어 업무 효율이 향상되었고 복지행정의 전문성이 제고되는 등 긍정적인 결과가 나타났다.

그러나 보건과 복지 연계사업을 추진할 수 있는 충분한 재정과 인력의 지원이 미비하고 시범사업을 위한 정교한 지침의 부재 등 준비 소홀 등으로 시범사업의 목적을 달성하는 데 실패했다. 특히 서비스 이용자의

---

1   대도시로서 서울 관악구, 대구 달서구, 중소도시로서 경기 안산시, 농촌지역으로서 강원 홍천군, 전북 완주군이다.

그림 13-3

사회복지사무소 기본 모형(대도시형)

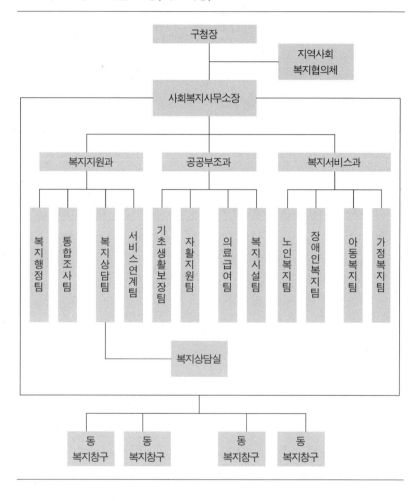

접근성 문제가 크게 지적되어 시범사업의 성과를 전국적으로 확산하지 못하고 실험으로 종료되었다. 이러한 상황에서 2000년 국민기초생활보장제도 도입을 계기로 공공복지 전달체계상의 조직 문제(행정기구)보다 전담 인력 확충이 강조되어 당시 대폭적인 인력 확충이 이루어졌다(국민

기초생활보장제도 시행 이전 3000명 정원에서 2002년에 7200명으로 확충).

(2) 사회복지사무소 시범사업 실시와 주민생활서비스 전달체계의 설치

지난 2003년 참여정부의 12대 국정 과제의 하나인 참여복지와 삶의 질 향상의 세부 과제로 사회복지사무소 설치 등 사회복지 전달체계 개편이 포함되었으며, 이에 근거해 사회복지사무소 시범사업(2004년 7월~2006년 6월)이 9개 지역[2]에서 실시되었다(〈그림 13-3〉). 2004년 7월 1일자로 사회복지사무소 시범사업이 2년의 모의 운영을 거쳐서 전면적으로 확대할 계획으로 출발했다.[3] 그러나 사회복지사무소 시범사업은 시범사업 1차년도가 채 지나기도 전에 새로운 전달체계로의 개편 논의가 시작되면서 시범사업지역에서 정책의 신뢰성에 대한 의문이 발생하기도 했다. 2004년 말 대구에서 장애아동 사망 사건이 발생한 것을 계기로 일선 전달체계 문제가 언론의 질타를 받았고, 전달체계에 대한 전면적인 재검토가 이루어졌다(보건복지부, 2006).[4]

---

2   대도시 모형으로는 서울시 서초구, 부산시 부산진구와 사하구, 광주시 남구 4개 지역이다. 중소도시 모형으로는 강원도 춘천시, 충남 공주시, 경북 안동시 3개 지역, 농어촌 모형으로는 충북 옥천군, 경북 울주군 2개 지역이다.

3   사회복지사무소의 설치 목적은 전문화와 효율화를 위한 복지 전담 업무시스템을 마련하고 담당인력의 배치와 업무분담 및 연계 등 일하는 방식을 개선하여, 시군구의 복지기획 기능을 강화하고, 복지수요에 대한 대응성을 향상시켜, 복지정책의 책임성과 주민의 복지 접근성 및 만족도를 높이고 했다. 이를 위해 동사무소의 1인 전담시스템이 갖는 제한점을 극복하기 위해서 인력의 집중을 통한 분업화와 전문화 체계로의 개선을 시도한 것이다.

4   전달체계 전반에 관한 검토 결과를 바탕으로 빈부격차차별시정위원회가 희망한국21에서 전달체계 개편안을 제시하고 사회복지 전담 공무원 1800명을 증원할 것을 결정했다. 2005년 3월 고령화미래사회위원회는 보건과 복지를 넘어서서 주민들의 일상생활과 밀접하게 관련되는 제반 서비스들을 통합적으로 제공하는 것을 목표로 주민생활지원서비

사실 사회복지사무소 시범사업의 결과 긍정적인 성과가 나타났다. 첫째, 부서 간의 적절한 업무 분장과 다양한 의사소통 기제를 통해서 업무 분화에 따른 협력이 어느 정도 가능했다. 둘째, 기능별·대상자별로 업무 팀은 해당하는 특정 복지 업무(예를 들어 상담, 조사, 관리, 서비스 연계 중 하나만 담당 또는 장애인, 노인, 여성, 자활, 기초생활보장 등)에 집중함으로써 각 업무에 대한 전문성이 향상되었다. 셋째, 서비스의 통합성이 높아졌는데 사례관리에 관한 업무지침을 마련하고 지역사회복지협의체를 구성해 사례관리의 실천 기반을 조성함으로써 사회복지사무소를 중심으로 통합적인 서비스가 제공될 수 있는 기반이 마련되었다. 넷째, 시범사회복지사무소에 독립된 공간의 상담실을 설치해 심리적 접근성이 향상되었으며 지리적 접근성을 해소하기 위한 노력(권역별 복지기동대 설치, 복지상담전화 활동, 방문도우미 활동, 동별 담당제 도입, 찾아가는 복지도우미 사업, 이동민원실 운영, 오지마을 순회차량 운영 등)이 나타났다.

사회복지 전담기구의 설치로 평가받았던 사회복지사무소는 시범사업의 기간을 내용적으로 채우지 못하고 주민생활지원서비스 전달체계로의 전환이 이루어졌다.[5]

사회복지사무소 시범사업 실시 기간 중 대구 4세 남아 아사사건으로 사회복지 전달체계 개선을 위한 논의가 제기되었다. 이후 대통령자문 빈부격차·차별시정위원회가 주도해 행정자치부, 보건복지부, 기획예산처가 함께 개선방안을 강구했다. 행정자치부(2006)의 지침에 따르면, 주민생활지원서비스는 취약계층에게 제공되는 복지서비스 이외에 주민생활

스체계 개편 방안을 용역 발주하고 논의했다.
5   2006년 7월 1일부터 2007년 7월 1일까지 1년여에 걸쳐 232개 시군구에 걸쳐 전격적으로 실시되었다.

그림 13-4

기존 지방정부 복지전달체계

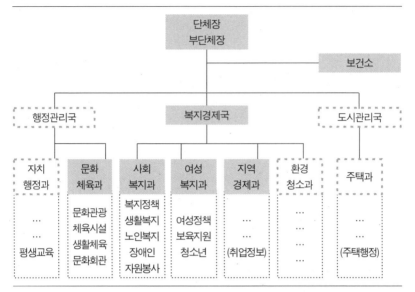

주: 기존 지방정부 조직체계의 행정관리국과 도시관리국에서 담당한 평생교육, 주택행정 업무 등이 개편된 주민
생활지원서비스 전달체계 조직의 주민생활지원국 소관 업무로 이관되었다.

의 질 향상을 위해 제공되는 서비스를 모두 포괄하도록 했다. 구체적으
로 보면 주민생활지원서비스는 복지·보건·고용·주거·평생교육·생활체
육·문화·관광 등 8대 영역의 서비스를 포괄하는 개념이다.

따라서 〈그림 13-4〉의 기존 지방정부 복지전달체계에서 〈그림
13-5〉의 주민생활지원서비스 전달체계로의 개편이 이루어졌다. 이에 따
라 서비스 자원 및 수요자의 체계적 관리를 위해 통합정보시스템을 구축
했으며 민관협력 네트워크 구축(민관협의체), 중앙부처 서비스 조정으로
64건의 사무에 대해 통폐합과 지방이양 등의 조정이 이루어졌다. 또한
이를 위해 업무효율화 및 실질적 연계를 위한 온라인(on-line) 체계를 구
축하고, 읍·면·동 사무소에 상담 공간을 마련하며, 수퍼비전 및 사례회

그림 13-5

주민생활지원서비스 전달체계(대도시형)

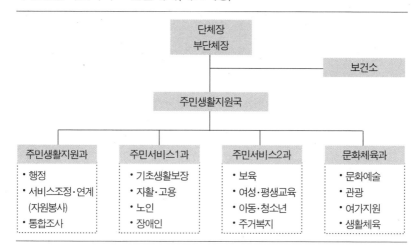

의 등 민주적 의사소통 체계를 구축하고 민간부문과의 원활한 협력체계
를 갖추는 작업을 병행했다. 이처럼 8대 영역에 대해 시군구의 기획 및
연계, 통합기능을 살리고 읍면동의 현장방문기능 및 원스톱(one-stop) 기
능을 강화한 전달체계 개편이라 할 수 있다.[6]

결론적으로 주민생활서비스 전달체계의 조직 개편은 지방행정체계
를 개편해 일반행정체계 내에 주민서비스 관련 부서를 통합해 시군구에
주민생활지원 전담 부서를 설치한 것이다. 또한 읍면동에 주민생활지원
팀 설치와 사회복지직 및 행정직의 배치 조정 등으로 요약된다. 이러한
조직과 기능의 개편은 시범사업으로 실시된 사회복지사무소의 경험을

---

6   그러나 당시 적정 인력이 확보되지 않아 읍면동 차원의 현장 방문을 위한 사례 발굴, 사
     후 관리의 어려움, 읍면동의 주민생활지원팀 내 사회복지직과 기타 직들과의 협업이 원
     활히 이루어지지 않는 등의 문제점이 발생했다.

활용한 것이다. 즉, 사회복지사무소의 조직체계인 기획팀, 통합조사팀, 서비스 연계팀을 통한 기능별 업무의 전문화 구조가 그대로 반영되었다.

(3) 사회복지 통합관리망 설치와 동주민센터 복지허브화

이명박 정부 출범 이후 시군구 복지전달체계 개선 대책은 수요자에게 꼭 필요한 서비스를 찾아서 제공하는 전달체계 구축의 목표로 추진되었다(〈그림 13-6〉 참조). 기존의 전달체계 개편은 조직 및 인력의 정비를 우선적으로 하고 이를 가능하게 하는 시스템 구축을 시도했으나 이번에는 관리시스템인 사회복지 통합관리망을 우선 구축하고 이를 합리적으로 운영하기 위한 조직의 개편을 추진했다.[7] 공공전달체계의 개편의 핵심은 사회복지 업무의 통합적 관리를 위해 첫째, 시군구 통합조사팀이 통합조사관리팀으로 확대 개편되어 조사 및 일련의 변경중지 관리 업무를 총괄하고, 둘째, 서비스연계팀을 중심으로 사례관리를 추진해 복합적 문제를 가진 수급대상자에게 맞춤적인 통합서비스를 지속적으로 제공하는 것이다(안혜영, 2010).

〈그림 13-6〉에서 보는 바와 같이 사회복지 통합관리망을 구축하면서 궁극적으로 추구했던 정책 방향은 지자체 복지행정을 지금까지의 자산조사, 대상자 선정 중심에서 서비스, 지속적인 관리 활성화로 전환하고자 한 것이다. 그러나 이러한 변화는 극히 미미한 것으로 보인다(강혜규, 2011). 사회복지 전담 인력의 확충 없이 통합조사관리팀의 기존 인력의 재배치 조정은 읍면동의 사회복지적 인력의 내방 민원 상담뿐만 아니라 찾아가는 서비스를 불가능하게 했다. 따라서 더 이상 인력 확충이나

---

7 사회복지 통합관리망 구축, 사회복지시설 정보시스템 연계, 보건복지콜센터와 시·군·구간 상담 및 서비스 연계, 그리고 상담 및 사례관리 지원시스템을 구축했다.

그림 13-6

복지전달체계 개선 체계

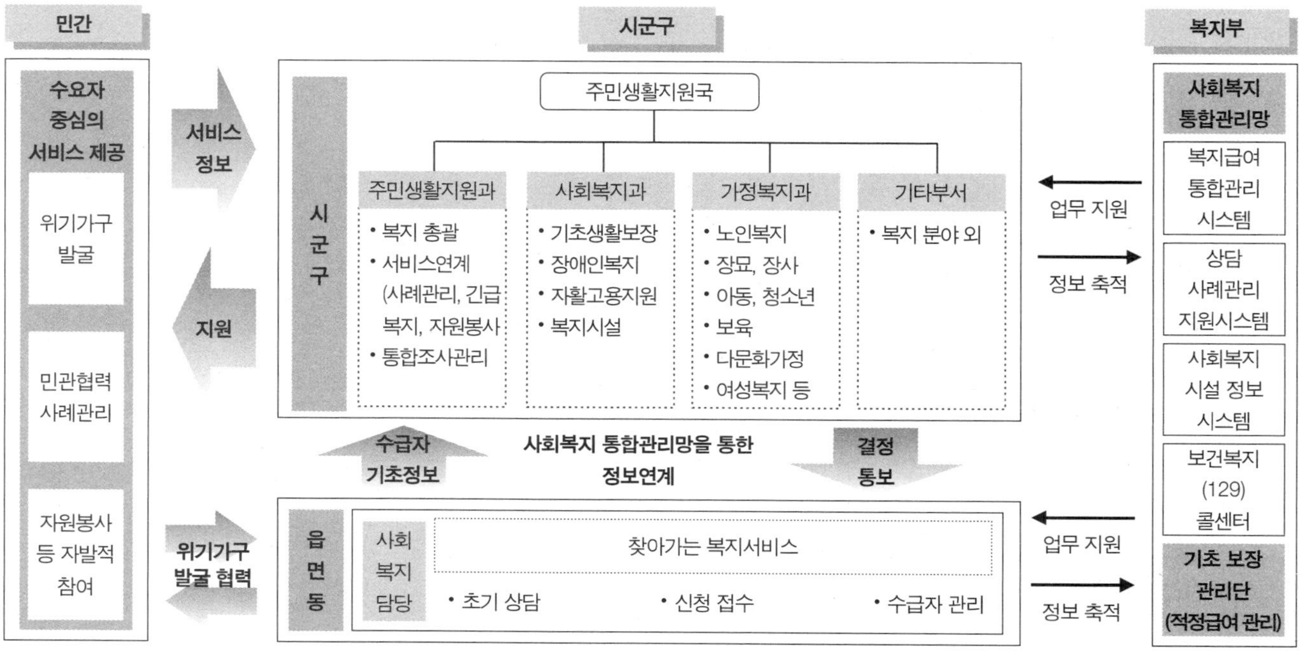

민간
수요자 중심의 서비스 제공
위기가구 발굴
민관협력 사례관리
자원봉사 등 자발적 참여
서비스 정보
지원
위기가구 발굴 협력
시군구
주민생활지원국
시 군 구
주민생활지원과
• 복지 총괄
• 서비스연계 (사례관리, 긴급복지, 자원봉사)
• 통합조사관리
사회복지과
• 기초생활보장
• 장애인복지
• 자활고용지원
• 복지시설
가정복지과
• 노인복지
• 장묘, 장사
• 아동, 청소년
• 보육
• 다문화가정
• 여성복지 등
기타부서
• 복지 분야 외
수급자 기초정보
사회복지 통합관리망을 통한 정보연계
결정 통보
읍 면 동
사회 복지 담당
찾아가는 복지서비스
• 초기 상담
• 신청 접수
• 수급자 관리
업무 지원
정보 축적
업무 지원
정보 축적
복지부
사회복지 통합관리망
복지급여 통합관리 시스템
상담 사례관리 지원시스템
사회복지 시설 정보 시스템
보건복지 (129) 콜센터
기초 보장 관리단 (적정급여 관리)

조직체계의 조정 없이 업무지원시스템을 정비해 기존 조직 역량을 최대화하고자 한 것으로 판단된다. 예를 들어 복지시설 관리, 자활지원 업무를 하나의 팀에서 수행하는 경우, 지역 특성이나 업무량 등을 고려해 탄력적으로 운영할 필요가 있다. 저출산·고령화 등 사회복지서비스 업무의 증가로 인한 행정관리는 각종 업무지원시스템으로 가능하나 직접적인 대인서비스의 경우 이를 위한 충분한 전문 인력의 확충이 필요하다. 특히 서비스 이용자에 대한 사례관리나 서비스 연계는 인력의 전문성이 서비스의 질을 결정하기 때문이다.

이러한 상황에서 정부는 2011년 7월에 사회복지 담당 공무원을 2014년까지 7000명 확충하는 계획을 발표했다. 그동안 복지예산의 증가와 복지 수요(대상자의 수의 증가)의 폭증에도 불구하고 복지 담당 공무원 확충이 제대로 이루어지지 않았다. 이로 인해 정부의 복지전달체계 개선의 핵심인 복지 사각지대 해소와 복지 체감도 증진, 그리고 통합적 사례관리 실시가 제대로 이루어지지 못한 것이다. 즉, 그동안 정부가 맞춤형 서비스를 제공을 정책 목표로 내걸고도 성공하지 못했던 것은 대인사회서비스의 특성을 가진 사회복지서비스 급여를 실시함에 있어 개인별 서비스계획을 수립할 수 있는 공공부문의 인력 공급이 절대적으로 부족했던 것이 가장 중요한 이유이다.

한편 박근혜 정부에서는 전달체계 개선을 국민 중심 복지전달체계 구축을 목표로 추진했다. 즉, 지방자치단체의 복지행정체계 개편과 관련하여 동(洞)주민센터를 복지 기능 위주로 개편하고 희망복지지원단을 강화하는 내용이다. 동주민센터 복지허브화(도시지역)는 동주민센터의 복지행정 기능을 강화해 원스톱 맞춤형 복지서비스 지원체계를 구축하는 것이다. 농촌지역은 자원이 부족한 지역 특성을 반영해 희망복지지원단에 접근성 및 서비스 제공 기능을 강화한 것으로 군청 희망복지지원단의 인력보강과 병행해 몇 개의 면을 관할하는 희망복지지원단 분소를 운영하는 것이다. 이를 위해 복지전달체계 개편 기반을 조성하고자 복지 인력 확충과 민관협력 활성화, 그리고 지역사회복지협의체 강화(동복지협의체 신설), 인적안전망 강화(이장·통장, 복지위원 등 복지자원화)를 추진했다.

지금까지 살펴본 공공복지 전달체계의 변화를 요약하면 다음과 같다. 일반행정체계 내의 복지행정서비스 조직 → 보건복지서비스 조직(보건복지사무소) → 전문 인력 확충 논의(기초생활보장제도 추진 관련) → 전담 기구 설치(사회복지사무소) → 일반행정체계 내 전담 조직 확충(주민생활서비스 전달체계) → 관리적 효율성 추구(사회복지 통합관리망 구축) → 전문 인력 확충 추진(통합사례관리 강화) → 읍면동 단위 복지전달체계 강화(주민센터 복지 허브화, 희망복지지원단 강화)와 민관협력체계 활성화 등이다.

3) 복지·보건 통합전달체계의 필요성

복지·보건서비스 종사자 간 협력의 필요성은 클라이언트의 신체적·심리적·사회적 문제가 상호 연관되어 있으므로 인간 욕구의 상호의존성을 고려한 총제적 접근이 필요하다는 신념에 기반한다. 서비스 공급의 주체 차원에서는 보건과 복지가 명백하게 구분되어 있으나 그 대상은 동일한 클라이언트인 것이다. 즉, 보건 및 복지 양 분야의 종사자가 접근하는 대상자는 동일한 경우가 많으며 복합적 문제를 가지고 있다. 다만 사회복지 인력은 대상자의 의식주 등 인간의 기본적인 욕구를 해결하는 데 주력하는 데 반해 보건 인력은 심신의 질병에 초점을 두고 서비스를 제공한다.

또한 지역주민의 생활환경과 의학적인 질병이 별도로 존재하는 것이 아니고 서로 맞물려 있다. 예를 들어 노인이나 장애인은 여러 가지 질병에 노출되어 있지만 경제적 빈곤층일 가능성이 있으며 이러한 경제적 빈곤과 심신의 질병은 서로 관련이 있어 대상자의 서비스 제공에 보건의료서비스와 복지서비스 종사자 간 협동이 필요하다. 특히 농촌 노인을 위한 서비스의 경우 보건과 복지 서비스의 연계는 매우 중요하다. 왜냐하면 농촌 노인들은 역할 상실로 인한 경제적 문제뿐만 아니라 질병과 심리적 고독감 등으로 인한 사회적·심리적 문제가 보건과 복지 영역에서 복합적으로 발생한다. 농촌 노인들의 높은 자살률은 농촌지역의 노인들이 실제로 경제적 빈곤과 여러 가지 신체적 질병에 노출되어 있기 때문이다.

한편, 한국의 복지와 보건 전달체계의 구조적인 문제로 보건의료서비스와 복지서비스 전달체계의 이원화에 따른 서비스 중복 및 비효율성을 제거해야 한다. 서비스 대상자가 동일하여 보건과 복지 서비스 간의 상호 협력이 필요함에도 불구하고 현재 국내에서는 보건의료 전달체계와 사회복지 전달체계가 별개의 제도로 운영되고 있다. 사회복지서비스는 읍면동주민센터(행정복지센터) 및 사회복지기관들이 주축이 되어 사회복지 전담 공무원 및 사회복지사 등이 서비스를 제공하고 있고, 보건의료서비스는 보건소, 보건지소, 보건진료소에 상주하는 간호사 및 간호조무사등에 의해 서비스가 제공되고 있어, 양 부분의 서비스 제공이 이원화되어 있다.

2016년부터 읍면동복지허브화 사업을 통해 복지뿐만 아니라 보건, 고용 등 다양한 영역과 연계·협력시스템의 강화를 추진하고 있지만 읍면동행정복지센터(주민센터)에 보건 인력의 배치가 되지 않아 이에 대한 효과가 미약하다. 일부 지방자치단체에서 복지와 보건의 통합서비스 제공을 위해 행정복지센터에 방문간호 인력을 배치·운영하고 있지만 예산상의 이유로 신규 인력의 충원에 어려움을 겪고 있다.

3. 복지·보건 전달체계 개편의 국내외 사례

최근의 복지·보건 전달체계 개편의 국내외 사례로 일본의 지역포괄 지원센터와 서울시의 찾아가는 동주민센터를 소개하면 다음과 같다.

1) 일본의 지역포괄지원센터

현재 일본의 노인을 대상으로 하는 종합적인 사회복지서비스 전달 기관은 '지역포괄지원센터'이다. 이는 이전에 관련된 역할을 담당하던 '재택개호지원센터'의 장점을 살리고 한계를 개선하기 위해 출발했다. 지역포괄지원센터의 전신에 해당하는 재택개호지원센터는 1988년 후생성과 노동성이 발표한 '장수·복지사회를 실현하기 위한 시책의 기본적 방향과 목표'에 근거해 1989년 '고령자 보건복지계획 10개년 계획'(일명 골드 플랜)의 수립에 따라 1990년부터 1999년까지 중학교 교구를 중심으로 약 1만 개소를 목표로 설치했다.[8]

이러한 전달체계는 2000년 '개호보험법'이 시행된 이후 기존의 재택 개호지원센터가 한계에 직면했다. 개호보험제도 실시 이후 지역사회 내에서 포괄적이고 지속적인 케어매니지먼트 기능을 고령자에게 제공하는 데 '재택개호지원센터'가 충분한 역할을 발휘하지 못했던 것이다. 즉, 각

8 　법률 제정을 통한 일본의 공식적인 노인복지 역사는 1963년 창설된 '노인복지법'에서 시작한다. 이후 1986년 '장수사회대책개강'을 정하고, 1988년 후생성과 노동성은 '장수·복지사회를 실현하기 위한 시책의 기본적 방향과 목표'를 발표한다. 이에 근거해 '고령자 보건복지계획 10개년 계획'(일명 골드플랜)을 수립하는데, 이 내용에는 시정촌 등 자치단체의 역할을 중시하고, 복지와 보건, 의료의 연계성을 강화, 복지 인력 양성과 확보 등을 담고 있다(정해용 외, 2009: 164).

표 13-1

재택개호지원센터와 지역포괄지원센터의 유사점과 차이점

구분	재택개호지원센터	지역포괄지원센터
운영 주체	• 시정촌이 인정한 의료법인, 사회복지법인 중 위탁 • 1998년부터 민간사업자 위탁 가능	• 시정촌이 인정한 의료법인, 사회복지법인 중 위탁
전문직원 요건	• 사회복지사 또는 보건사 1명, 간호사 또는 개호복지사 1명을 복지관계직과 개호의료관계직 명목으로 상근 배치	• 사회복지사, 보건사, 주임개호지원 전문직원을 상근 배치 • 유경험의 간호사, 고령자 보건복지에 관한 상담 업무에 3년 이상 경험이 있는 사회복지주사
타직종과의 협력	• 복지 직무와 보건의료직무가 연계해 포괄적으로 고령자를 지원	• 세 명의 상근 직원은 업무 전반을 담당하며 포괄적으로 고령자 지원이 가능해야 함
운영협의회	• 각 지원센터에 운영협의회를 설치해 관계 기관과의 네트워크 구축	• 각 시정촌에 운영협의회를 설치해 센터 설치, 센터의 중립성 확보, 센터의 직원 확보에 관한 협의 진행
기능	• 24시간체제의 종합상담지원, 지역 복지 실태파악, 네트워크 형성, 아웃리치(outreach, 복지·봉사활동), 관계 기관과의 조직화	• 공동지원기반사업, 종합상담지원, 권리 옹호, 포괄적·지속적 케어매니지먼트 지원, 개호예방 매니지먼트
설치 수	• 중학교구에 1개소 설치 • 전국 약 1만 개소	• 피보험자의 수가 약 3000~6,000명 대상 지역으로 전국 약 5000개소

지역 케어매니지먼트 실행의 핵심 기관이었던 재택개호지원센터가 케어플랜만을 작성하는 기관으로 전락되면서 다른 기관들과 경쟁하는 위치로 전락하게 되었다. 이러한 문제를 극복하기 위해 2006년 지역포괄지원센터가 설치되면서 기존의 재택개호지원센터의 일부는 지역포괄지원센터로 전환되었으며, 일부 센터는 일반 고령자에 대한 종합상담 기능을 수행하는 기관으로 변화되었다.

재택개호지원센터의 한계를 극복하기 위한 지역포괄지원센터의 유사점과 차이점은 〈표 13-1〉과 같다. 기본적으로 지역포괄지원센터는 그 이전의 재택개호지원센터의 기능과 형식을 유지하며 수정·강화되었다. 지역포괄지원센터는 운영 주체, 전문직원의 요건, 운영협의회 등과 관련해 재택개호지원센터의 기능보다 공적 역할과 책무, 전문성을 강화한 것이다.

재택개호지원센터는 운영 주체 측면에서는 시정촌의 책임을 강화했고 상근 직원에서도 과거에는 사회복지사와 보건사 중 1명 선택, 간호사와 개호복지사 중 1명 선택, 개호의료관계직 등 3명으로 구성해, 사회복지사·간호사·개호의료관계직이나 보건사·개호복지사·개호의료관계직 또는 보건사·간호사·개호의료관계직 등 여러 조합이 임의로 선택될 수 있었다. 지역포괄지원센터는 사회복지사·보건사·주임개호지원전문직원 이상 3인을 상근 배치하고 경험 있는 간호사, 고령자 보건복지에 관한 상담 업무에 3년 이상 경험이 있는 사회복지주사를 전문 배치해 책임성과 전문성을 강화했다.

이전의 재택복지지원센터와 비교해 지역포괄지원센터의 주요 특징 중의 하나는 복지전문가와 케어전문가, 의료전문가의 팀 어프로치를 강화한 점이다. 즉, 초기 개입은 사회복지사가 담당하고 사회복지사가 직접적으로 처리할 수 있는 제도적 지원서비스는 행정기관, 보건소, 의료기관, 아동상담소 등으로 연계하는 것이다. 구체적으로 서비스 내용을 보면, 학대 방지, 개호서비스, 자원봉사, 의료서비스, 가정봉사원서비스, 성년 후견, 개호상담원, 지역권리옹호 및 민생위원에 의한 각종 서비스이다. 사회복지사가 처리하지 못하는 보건의료 및 개호 계통의 서비스는 센터 내 주임케어매니저 및 보건사에게 의뢰해 각자가 연계·처리하도록 하고 있다. 주임케어매니저는 주치의와 연계팀을 구성해 포괄적이고 계속적인 매니저먼트사업을 수행하는데, 그 내용을 보면, 일상적 개별 지

그림 13-7

일본의 지역포괄지원센터 업무

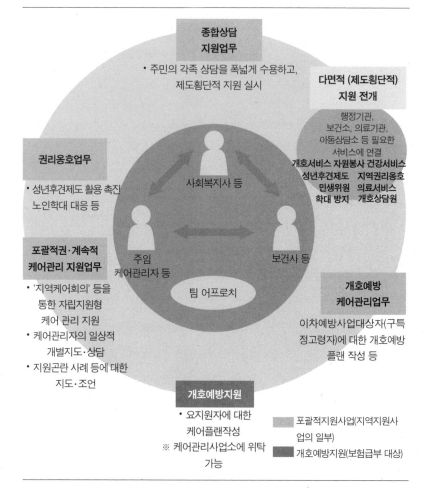

종합상담 지원업무
• 주민의 각족 상담을 폭넓게 수용하고, 제도횡단적 지원 실시

다면적 (제도횡단적) 지원 전개
행정기관, 보건소, 의료기관, 아동상담소 등 필요한 서비스에 연결
개호서비스 자원봉사 건강서비스
성년후견제도   지역권리옹호
민생위원   의료서비스
학대 방지   개호상담원

권리옹호업무
• 성년후견제도 활용 촉진 노인학대 대응 등

사회복지사 등

주임 케어관리자 등

보건사 등

팀 어프로치

포괄적권·계속적 케어관리 지원업무
• '지역케어회의' 등을 통한 자립지원형 케어 관리 지원
• 케어관리자의 일상적 개별지도·상담
• 지원곤란 사례 등에 대한 지도·조언

개호예방 케어관리업무
이차예방사업대상자(구특정고령자)에 대한 개호예방 플랜 작성 등

개호예방지원
• 요지원자에 대한 케어플랜작성
※ 케어관리사업소에 위탁 가능

█ 포괄적지원사업(지역지원사업의 일부)
█ 개호예방지원(보험급부 대상)

자료: 일본 후생노동성 홈페이지, 지역포괄지원센터 개요, http://www.mhlw.go.jp/ seisakunitsuite/bunya /hukushi_kaigo/kaigo_koureisha/chiiki-houkatsu/dl/link2.pdf(검색일: 2015.11.10)

도 및 상담, 지원이 곤란한 사례에 대한 지도 조언, 지역에서의 케어매니저네트워크 구축이다. 보건사는 개호예방매니지먼트사업을 담당하며 이를 위해 보건사는 개호욕구평가(assessment)의 실시 → 플랜 작성 → 사업자에 의한 사업 실시 → 재평가(re-assessment)의 업무를 담당한다.

2) 서울시 동 중심 통합복지 전달체계 구축

서울시 동 중심 통합 복지전달체계 구축 사업은 '마을과 지역주민 중심의 복지체계' 확립과 '찾아가는 복지 실현'을 위한 동(洞)마을복지센터 구축 사업이다. 서울시는 이를 통해 사회복지 인력 2배 확충을 통해 급증하는 복지 업무 깔대기 현상을 해소하고 생애주기별 대상자 방문을 통한 맞춤형 복지서비스 제공으로 시민 복지 체감도 향상을 도모하고 있다.

'사각지대 발굴을 위한 전달체계 개편'이라는 사업명으로 진행되고 있는 서울시의 동마을복지센터 구축 사업은 2012년 준비 단계를 거쳐, 2013년 14개 자치구를 상대로 시범운영을 시작해 추진되었으며, 2014년부터 전 자치구를 상대로 확대되어 수요자 중심의 복지서비스 전달체계 개편 사업으로 시행하고 있다. 이 사업은 찾아가는 복지 및 맞춤형 서비스 제공을 위해 크게 '찾아가는 복지플래너'와 '맞춤형 복지서비스'를 제공한다.

즉, 찾아가는 복지플래너는 생애주기별 방문복지 사업이다. 대상은 어르신(만 65세 도래, 만 70세 도래), 우리아이(임신부, 만 2세 영유아 가정), 빈곤 위기가정(저소득 복지대상자, 은둔·취약계층)이며, 방법은 '사회복지사·방문간호사', '사회복지사·전담 공무원·통반장' 등이 한 조를 구성하여 대상 가구를 방문해 제공한다. 맞춤형 복지서비스 사업은 복지상담전문관을 활용해 원스톱 통합서비스를 제공하는 사업이다. 대상은 복지 수급은 물

그림 13-8

동마을복지센터 기본 모형

자료: 서울시 행정국(2015: 6).

론 고용, 문화 등 다양한 복지 욕구를 갖고 방문한 주민들이며, 편안하고
안정적인 분위기의 종합상담창구에서 주민에게 원스톱 종합 정보 및 서
비스를 전달한다.

(1) 조직체계 및 업무

동마을복지센터의 기본적인 동 조직체계는 행정자치팀과 복지팀으
로 구성된 기존 2팀 체계를 복지팀이 2개 팀으로 확대한 3팀(행정자치팀,
복지 1팀, 복지 2팀) 체계이다.

동마을 복지센터는 기본적으로 동마을복지를 총괄하는 동장 1인과 행정자치팀 8명, 복지 1팀 7명, 복지 2팀 7명 이상 23명으로 구성하고 있다. 3개 팀 23명으로 구성된 동마을 복지센터는 〈그림 13-8〉에 나와 있듯이 보건소, 고용센터, 복지관 등 민간복지기관, 드림스타트센터, 정신보건센터, 마을지원센터 등을 통해 수행된 동 단위 사례관리를 기반으로 복지전달을 위한 자원 발굴과 '찾아가는 복지' 업무를 기존 업무와 함께 수행한다. 이를 위해 각 동을 몇 개의 구역으로 구분하고, 각 구역을 전담하는 구역전담 공무원을 사회복지직 1인과 행정직 공무원 1인 이상 2인 1조로 구성되었다. 구역전담 공무원의 기본 업무는 복지플래너와 구역 내 자원 발굴 업무이며, 사회복지직은 사례관리가 추가된다.

(2) 주요사업

동마을복지센터의 목적은 보건복지 통합전달체계 구축에만 국한된 것은 아니며, 가장 주된 목적은 '사각지대 발굴을 위한 전달체계 개편'이다.

동마을복지센터 구축의 중점 분야는 크게 ① '찾아가는 복지 실현', ② '통합서비스 제공', ③ '마을생태계 조성', ④ '동 행정 혁신' 등으로 구성된다. 여기에 '동마을복지센터 지원체계 구축', '동마을복지센터 평가 및 모니터링 계획' 사업을 함께 추진하고 있다. 이들 사업으로 동마을복지센터는 노인, 영유아 및 아동, 여성, 장애인, 취약계층 등 복지대상자들에게 복지서비스를 전달하는 데에 통합관리 역할을 담당한다.

4. 복지·보건 통합전달체계 구축 방안

복지·보건 통합전달체계 개선 방안은 보건과 복지서비스를 이용하

표 13-2

서울시 동마을복지센터 주요 사업

구분	사업명	
찾아가는 복지 실현	어르신복지플래너 우리아이 복지플래너 빈곤위기가정 복지플래너	구역전담 공무원제 마을복지 통·반장제 시니어 마을 복지활동가
통합 서비스 제공	복지상담전문관 시행 동 단위 사례관리	지역자원 조사 및 조직화
마을 생태계 조성	마을생태계 조성 비전과 사업체계 주민 리더 발굴 및 관계망 형성 사업	마을생태계 조성을 위한 마을계획 마을자산 조성을 위한 마을기금사업
동 행정 혁신	주민자치위원회 활성화 주민 편의중심의 공간디자인 사업	동 업무재설계를 통한 혁신 마을복지동장제 시행

자료: 서울시 행정국(2015).

는 주민의 측면에서 읍면동 단위의 전달체계를 혁신하는 방안이다. 이를 통해 보건 및 복지서비스 제공의 효율성과 효과성을 제고하고 복지 사각지대를 해소할 수 있다. 또한 읍면동 단위의 서비스 중복 및 병목현상을 개선하고 보건복지서비스의 만족도와 체감도를 높일 수 있다. 나아가 정부의 지역사회 중심의 복지·보건 전달체계 개편 방향에 선제적으로 대응하고자 한다.

이를 위해 읍면동 단위의 복지·보건 전달체계 혁신 방안은 다음과 같이 보건과 복지 조직의 구조와 기능을 완전 통합하는 방안과 주민센터 (행정복지센터)에 관련 보건 인력을 배치하는 보건과 복지의 부분통합모델을 제시한다.

한편 충청남도 15개 시군 및 읍면동 사회복지 전담 공무원과 보건소, 보건지소 보건의료담당자, 행복키움지원단 통합사례관리사, 지역사회보장협의체 간사를 대상으로 설문조사[9]한 결과 복지·보건 전달체계 구축의 원칙 중 강조된 사항은 다음과 같다.

그림 13-9

보건복지 연계 및 통합적 전달체계 구축의 강조 원칙

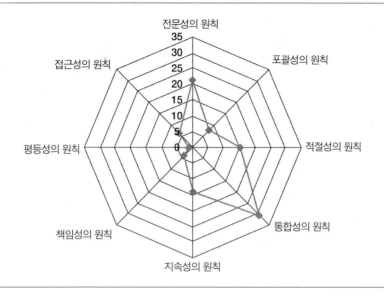

자료: 김용현·이재완·백운광(2015).

복지·보건 전달체계 개선을 위한 전달체계 구축의 원칙으로 통합성
원칙이 가장 높았고 전문성, 지속성, 적절성의 원칙을 강조하고 있다. 따
라서 제기된 복지·보건 전달체계 개선의 필요성과 원칙에 근거해 개선방
안 마련이 요청된다.

---

9   2015년 11월 30일에서 2015년 12월 4일까지 충청남도 복지·보건서비스 통합적 전달체
    계 구축방안 마련을 위한 설문조사(174명) 결과이다.

1) 복지와 보건의 완전통합형(구조, 기능 통합)

(1)조직과 인력

현재 읍면동 주민센터와 보건지소의 조직은 다음과 같다. 주민센터 조직은 3팀제로 주민등록 및 전입신고 등 업무를 담당하는 민원팀과 세금, 농업, 청소 등의 업무를 담당하는 총무팀, 그리고 보육, 노인, 장애인 등 복지서비스를 담당하는 주민복지팀으로 구성된다. 전체 인력은 약 12~14명이 배치되어 있다. 보건지소의 조직은 예방접종, 진료 업무를 담당하는 진료팀과 정신보건, 건강증진, 모자보건, 방문보건사업, 우리마을주치의제 사업 등을 담당하는 보건관리실이 있다. 여기에 배치된 인력은 약 6~7명 정도이다. 따라서 주민센터와 보건지소의 인력은 전체 약 20명 정도이다.

이러한 분리된 조직을 통합하면 〈그림 13-10〉과 같다. 즉, 주민복지보건센터로 개편하여 총무팀, 진료팀, 복지보건사업팀, 방문복지보건팀으로 구성해 4팀제로 운영한다.

총무팀은 기존의 민원팀과 통합하여 주민등록, 인감, 전(출)입, 제 증명 발급 업무 등과 세무, 농업, 청소 등을 담당한다. 인력은 5~6명으로 배치한다. 진료팀은 예방접종, 일반진료(물리치료 등), 결핵·성병·만성전염병관리·재활서비스 업무를 담당하며 인력은 4~5명을 배치한다. 복지보건사업팀은 보육·아동·장애인·노인복지 업무와 여성·평생교육, 그리고 노인건강 관리, 정신보건 등의 업무를 담당하고 상담실을 운영한다. 인력은 약 5~6명을 배치한다. 방문복지보건팀은 사례관리, 방문복지서비스 및 간호·진료서비스 등과 지역사회자원 결연·개발 관리, 자원봉사 활동 등의 업무를 담당한다. 또한 여가 및 건강관리 지원사업을 담당한다. 이에 필요한 인력은 5~6명이다.

그림 13-10

주민복지보건센터 조직안

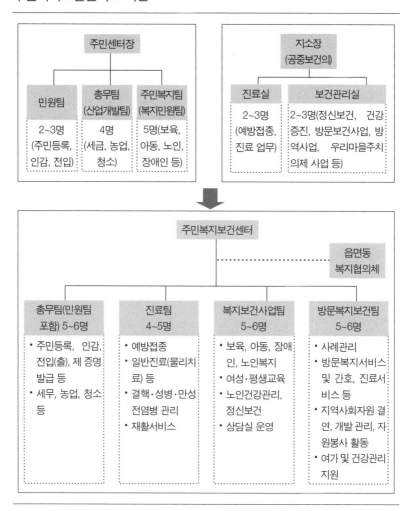

이러한 읍면동 단위 복지 기능 강화 및 보건과 복지 기능의 통합은 정부의 정책 방향과 부합하기 때문에 향후 추진 과정에 지원을 이끌어낼 수 있다. 즉, 정부는 읍면동 복지 기능 강화 및 민관협력 활성화를 추진

하며 동주민센터 복지 기능 강화 시범사업을 실시하고 있다. 주요 내용은 읍면동사무소에 복지코디네이터 배치와 방문간호사 등 보건 전문 인력 배치를 통한 보건과 복지의 연계(통합)를 강조하는 것이다. 이와 함께 직업상담사 및 정신보건사회복지사 등도 지역별 복지 수요를 반영해 배치하도록 권장하고 있다. 또한 민관협력을 활성화하기 위해 동복지협의체를 구성해 사각지대 발굴 및 자원 발굴 및 연계, 지역 문제 논의 등을 통해 지역복지 수준을 제고하도록 하고 있다. 협의체 구성은 지자체당 2~6개소 읍면동 단위로 10~30명으로 구성하도록 하고 있다. 동복지협의체와 '주민복지보건센터'의 상호연계체계를 활성화하고 다양한 지역사회 복지자원의 발굴과 활용을 극대화해야 할 것이다.

기존 조직인 주민센터와 보건지소를 통합할 경우 새로운 인력의 충원 없이 인력의 효율적 배치와 업무 분장을 통해 조직의 목적을 달성할 수 있다. 이것은 조직 통합으로 인한 보건복지서비스의 통합적 서비스를 구조화함으로써 주민의 보건복지 욕구를 충족할 뿐만 아니라 조직 운영의 효율성, 통합성, 전문성, 그리고 지속성, 적절성을 높일 수 있다고 판단된다.

(2)사업

현재 복지 영역에서 보건과 연계가 능한 사업으로 다음과 같다(〈그림 13-11〉 참조). 즉, 복지 분야에 보건과 연계가능한 사업으로 여성장애인가사도우미 사업, 의료급여, 보건위생 및 방역, 가사간병 방문서비스 관련 사업, 사례관리사업, 노인돌봄서비스 지원관리, 성폭력 및 성매매예방, 중증장애인 활동보조사업, 독거노인 및 재가노인사업, 지역사회보장협의체 운영, 긴급복지 지원 업무, 보건 및 복지서비스 연계 및 조정, 의료급여수급자 관리 지원 업무, 지역사회보장계획 수립 및 시행 등이다.

그림 13-11

보건과 연계 가능한 복지사업

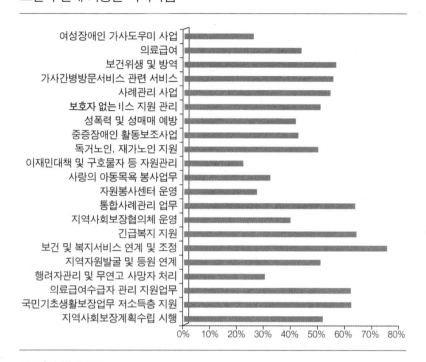

여성장애인 가사도우미 사업
의료급여
보건위생 및 방역
가사간병방문서비스 관련 서비스
사례관리 사업
보호자 없는 병상 지원 관리
성폭력 및 성매매 예방
중증장애인 활동보조사업
독거노인, 재가노인 지원
이재민대책 및 구호물자 등 자원관리
사랑의 아동목욕 봉사업무
자원봉사센터 운영
통합사례관리 업무
지역사회보장협의체 운영
긴급복지 지원
보건 및 복지서비스 연계 및 조정
지역자원발굴 및 등원 연계
행려자관리 및 무연고 사망자 처리
의료급여수급자 관리 지원업무
국민기초생활보장업무 저소득층 지원
지역사회보장계획수립 시행

0% 10% 20% 30% 40% 50% 60% 70% 80%

자료: 충남연구원(2015).

　　다음으로 보건 영역에서 복지 부분과 연계 가능한 사업으로 다음과
같다(〈그림 13-12〉 참조). 즉, 소외계층건강검진, 정신요양시설 운영 및 관
리, 지역보건의료계획 수립 및 시행, 치매상담센터 운영, 경로당방문한
방진료사업, 맞춤형 방문건강관리사업, 농어촌여성건강검진 등이다.

　　이상과 같이 복지와 보건 분야 모두 복지와 보건의 연계 및 통합서
비스의 필요성을 제기하고 있다. 따라서 읍면동단위의 복지·보건 전달
체계 개편안인 '주민복지보건센터' 사업(4개 팀: 총무팀, 진료팀, 복지보건사업
팀, 방문복지건팀)은 다음과 같다.

그림 13-12

복지과 연계 가능한 복지사업

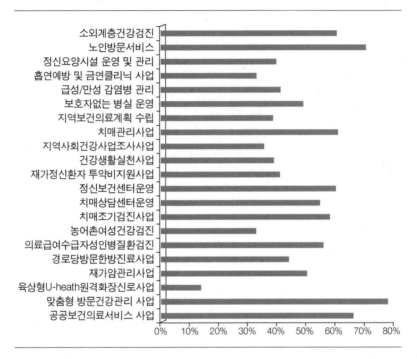

자료: 충남연구원(2015).

　기존 주민센터와 보건지소의 사업 중에 상호연계 및 통합할 수 있는
사업은 〈그림 13-13〉과 같다. 주민센터의 기능 중에 주민민원서비스 등
행정서비스 업무는 그대로 유지하고 보건지소와 보건 업무 중 복지서비
스와 연계 가능한 사업을 통합해 실시한다. 또한 보건지소의 고유한 업
무 중에 진료 업무는 독립적인 영역으로 존치한다.

　복지·보건 통합 및 연계사업 중 핵심적인 사업은 복지대상자(지역주
민)에 대한 통합사례관리 업무와 방문보건 및 복지서비스, 그리고 노인복
지(치매관리사업)와 자살예방사업, 지역사회자원 개발 및 연계사업 등이다.

그림 13-13

주민복지보건센터 사업안

보건사업	복지·보건사업	복지사업
〈진료 업무〉 • 약처방 • 상담, 교육 • 심·뇌혈관 사업 • 암검진 • 한방진료 • 침시술 • 약처방 • 운동증진사업 • 구강, 보건사업 • 금연사업	• 복지대상자 사례관리 • 보건위생 및 방역 • 방문복지서비스 • 방문보건 및 진료서비스 • 지역사회자원 개발 및 연계 • 자원봉사활동 • 여가 및 건강관리 지원 • 정신보건 • 치매관리사업 • 노인복지 • 자살예방사업	• 기초생활보장수급자 • 의료급여 • 차상위우선돌봄 • 노인복지 • 긴급복지 및 공동모금회 • 보훈, 장사, 자활사업 • 정부양곡 • 여성복지 • 보육, 아동, 청소년 • 바우처사업 • 장애인복지 • 이재민 구호

　　보건과 복지의 완전통합모델은 1995년도 실시된 보건복지사무소의 경험을 바탕으로 보건지소와 읍면동 주민센터의 통합을 의미한다. 1995년 시범 보건복지사무소 이후 보건·복지 두 조직 간의 상호 협력을 바탕으로 통합적인 서비스를 제공하려는 시도는 계속되었다. 일례로 수원시는 2000년도부터 2007년까지 '노인보건복지연계센터'를 운영해 보건과 복지 두 조직 간에 상호 협력을 시도한 바 있다. 서울시 은평구도 보건복지서비스 사례관리사업의 일환으로 사례관리팀을 구성해 보건소의 가정도우미서비스, 방문간호서비스, 복지관의 재가복지서비스를 통합해 대상자에게 제공했다. 또한 앞에서 제시한 일본의 지역포괄지원센터를 지역 실정에 맞게 설치할 수도 있다.

　　이러한 모델은 보건·복지 서비스 연계와 통합의 필요성에 대한 욕구가 높고 향후 고령화 사회와 정신질환자의 증가 등으로 인해 통합서비스에 대한 욕구가 더욱 급증할 것으로 예상되기에 이에 대한 선제적인 복지·보건 전달체계 모형으로 판단된다.

2) 보건과 복지의 부분통합형(주민센터 내 보건 인력 배치)

두 번째 모형은 읍면동 단위의 주민센터 내 보건 인력의 배치를 통한 부분통합형 모델이다. 복지와 보건의 부분통합모델은 현재의 주민센터와 보건지소의 조직 변화 없이 보건 인력 2명을 주민센터에 배치하는 것이다. 즉, 지역의 상황에 따라 주민센터의 기존 조직에 방문보건팀을 신설해 주민복지팀과 업무 연계 및 통합적 서비스를 실시한다. 이 경우 보건지소의 방문보건 인력을 이동 배치하거나 서울시처럼 방문간호사를 신규 채용해 배치한다. 또한 방문보건사업을 담당할 부서 신설이 어려우면 현재의 주민복지팀에 보건 인력을 배치할 수 있다.

이러한 모델은 서울시에서 시행하는 동마을복지센터 구축 사업과 유사하다. 즉, 서울시는 사각지대 발굴을 위한 전달체계 개편을 위해 2012년 준비 단계를 거쳐, 2013년 14개 자치구를 상대로 시범운영을 시작했다. 이후 2014년부터 사업은 전 자치구를 대상으로 확대되어 수요자 중심의 복지서비스 전달체계 개편 사업을 시행하고 있다. 이 사업은 찾아가는 복지 및 맞춤형 서비스를 제공하기 위해 크게 '찾아가는 복지플래너'와 '맞춤형 복지서비스'를 제공하는데, 그중 찾아가는 복지플래너는 생애주기별 방문복지 사업이다. 어르신(만65세 도래, 만70세 도래), 우리아이(임신부, 만2세 영유아 가정), 빈곤위기가정(저소득 복지대상자, 은둔·취약계층)을 대상으로, 사회복지사·방문간호사, 사회복지사·전담 공무원·통반장 등이 한 조를 구성하여 대상 가구를 방문해 서비스를 제공한다. 방문간

그림 13-14

주민센터 내 보건 인력(팀) 배치안

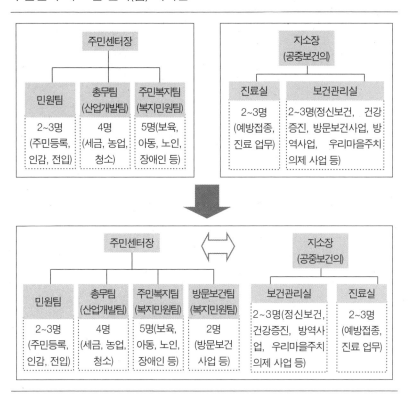

호사는 동마을복지센터에서 새롭게 배치되는 인력인데 담당하는 업무는 방문복지 공통 업무 중 복지플래너와 사례관리 업무를 담당한다.

이상의 복지와 보건 부분통합모델은 기존이 조직의 변화 없이 보건 인력을 주민센터에 배치함으로써 관련 규정(조례)을 통해 신속하게 시행할 수 있다는 장점이 있다. 그러나 방문보건복지서비스의 서비스 역량은 강화할 수 있지만 근본적으로 보건과 복지의 통합적 서비스의 전방위적 실시에는 한계가 있다.

5. 정책 제안

사회복지 전달체계의 개혁 없이 복지국가의 실현은 불가능하다. 국민의 폭증하는 복지와 보건의 욕구에 선제적으로 대응하기 위해서는 현재의 전달체계를 개혁해야 한다. 그동안 정부가 사회복지 전달체계 개편을 위해 다양한 시도를 했지만 서비스의 접근성과 통합성을 확보하지 못함으로써 복지정책의 효과가 국민에게 체감되지 못했다.

앞서 살펴보았듯이 1987년 사회복지 전담 인력이 최초 배치된 이후 보건복지사무소 시범사업(1995~1998년), 사회복지사무소 시범사업(2004~2006년)과 주민생활서비스 전달체계 개편(2006년), 사회복지 통합관리망 구축(2010년), 2016년 읍면동복지허브화사업 추진(읍면동 행정복지센터)을 통해 전달체계의 변화를 가져왔다. 이러한 변화는 복지환경 및 여건과 복지 수요에 대응하는 것이었지만 선제적 예방적인 전달체계로의 변화를 만들지 못했다. 현재 읍면동 생활기반 플랫폼 구상을 가지고 행정혁신과 복지 혁신, 그리고 직접민주주의를 실현하기 위해 노력하고 있다. 그러나 중요한 것은 현재 존재하는 복지와 보건 전달체계를 주민의 복지·보건 수요에 맞게 혁신하는 것이다.

이를 위해 읍면동 최일선 공공복지·보건서비스 조직을 통합하는 개혁안을 제시했다. 제시된 통합 방안은 시론적인 수준이지만 무엇보다 그 필요성에 동의하고 의지를 갖고 추진하면 가능하다. 이미 20년 전에 보건복지사무소 시범사업의 경험과 성과가 있었고 현재 서울시가 추진하는 찾아가는 동주민센터의 사례가 있기 때문에 불가능하지 않다. 과거 20년 전은 고령화가 진행되지 않았기 때문에 보건의 욕구가 높지 않았다. 그러나 현재 이미 대한민국 농촌지역은 초고령화사회로 진입했고 일반 국민 대다수도 건강의 욕구를 최우선시하는 추세이다.

사회복지 영역의 인력 및 재정 분권이 이루어지지 않은 상태에서 복지·보건 통합전달체계 구축을 지방정부가 추진하기에는 한계가 있다. 따라서 중앙정부가 의지를 가지고 복지·보건 통합전달체계 구축을 위한 관련 법령 및 규정 정비와 예산을 확보해야 한다.

이를 통해 이전의 추진했던 보건복지사무소 시범사업을 반면교사로 삼아 정부의 공공서비스 플랫폼 구상에서 복지혁신으로 찾아가는 동주민센터를 평면적으로 전국 지자체에 확대할 것이 아니라 보건과 복지의 물리적 통합이든 기능적 통합이든, 연계하고 협력할 수 있는 구조와 환경을 만들어야 한다. 이를 위해 농촌형과 도시형(대도시형, 중소도시형)으로 구분해 복지·보건 통합전달체계 구축 운영을 위한 시범사업을 실시해야 한다. 시범사업 실시 전에 복지·보건 통합서비스에 대한 충분한 논의를 통해 시범사업 운영매뉴얼을 만들어야 한다.

또한 복지 부문과 보건 부문에 존재하는 이질적인 조직문화를 융합하고 상호 이해에 기반한 협업 문화를 만들어야 한다. 즉, 복지와 보건 간의 이질적인 조직구성원이 통합서비스에 대한 공감대와 인식을 공유해야 하며 각종 간담회, 워크숍 등 교육을 통해 조직 간의 칸막이를 해소하는 것이 중요하다. 향후 국민의 점증하는 보건과 의료, 그리고 복지의 욕구에 대해 복지에서 보건으로의 접근과 보건에서 복지으로의 접근이 쌍방향에서 이루어질 수 있도록 해야 한다.

참고문헌

강남구노인통합지원센터 홈페이지. www.gninform.or.kr/
강원 희망e빛 보건복지연계시스템 홈페이지. http://www.gwhope.or.kr/do/main.php

강혜규. 2011. 「사회복지전달체계의 효율화, 체감도를 높일 수 있는 복지서비스 이용기반 마련」. 『복지서비스 향상을 위한 공개토론회 자료집』. KDI·한국보건사회연구원·한국노동연구원.

경기도 무한돌봄센터. 2014. 「2014년 무한돌봄센터 업무안내」.

경기도 무한돌봄센터 홈페이지. http://www.gg.go.kr/gg_care

김용현. 2014. 「충청남도 행복키움지원단 활성화 방안 연구: 사회복지 통합서비스 사업을 중심으로」. 충남발전연구원.

김이배·김보영. 2015. 「박근혜 정부의 지역복지전달체계 개편 연구: 동주민센터 복지기능강화 지침을 중심으로」. ≪한국지역사회복지학≫, 52집.

김정우·이주열·엄명용. 1998. 「보건·복지서비스 전달체계의 효율적 운영 방안에 관한 연구 I: 모델개발을 위한 사례관리 적용」. ≪한국사회복지학≫, 35권, 107~131쪽.

노길희·김창기. 2008. 「농촌지역 노인 보건·복지서비스 연계 실태와 개선방안에 관한 연구」. ≪한국지역사회복지학≫, 12집.

류명석 외. 2009. 「서울형 복지구현을 위한 공공전달체계 개선방안 연구」. 서울복지재단.

류애영. 2007. 「농촌노인의 보건의료, 복지통합서비스 욕구에 관한 연구: 경북 칠곡군을 중심으로」. 계명대학교 석사학위논문.

박경숙. 1996. 「사회복지전문요원과 복지관, 보건소의 서비스 연계에 영향을 미치는 요인들: 중소도시, 농촌의 사회복지 전문요원을 중심으로」. ≪한국사회복지학≫, 30권.

박대식·최경환·조미형. 2012. 「농어촌 사회복지전달체계 개편에 관한 연구」. 한국농촌경제연구원.

박정호. 2004. 「우리나라 재가 노인요양서비스 네트워크에 관한 서설적 연구」. ≪사회복지리뷰≫, 13권 2호.

배은석. 2013. 「공공복지전달체계 개편의 현황과 개선방안」. 부산복지개발원.

서울시. 2012. 「서울시민 복지기준」. 서울특별시 서울시민복지기준추진위원회(2012.10. 22).

서울시 복지건강본부. 2015a. 「14. 4/4분기 서울시민복지기준 사업별 추진내역: 복지건강본부(복지기획관)」.

_____. 2015b. 「14년 추진실적 및 '15년 추진(안) 서울시민복지기준 이행평가 보고」. 세부사업설명서(2015.3.18).

서울시 행정국. 2015. 「(가칭)동 마을복지센터 사업 운영 안내」(2015.3).

서울시 홈페이지. www.seoul.go.kr/

성규탁. 1992. 「사회복지서비스 전달체계의 개념적 틀과 분석방법의 예」. ≪사회복지≫, 115호.

성북구. 2015. 「찾아가는 '동 마을복지센터' 실행 계획서」(2015. 6. 29).

성북구청 홈페이지. www.seongbuk.go.kr/

성은미·조추용·권혜영. 2012. 「일본 지역포괄지원센터를 통해 본 노인재가요양 지원센터시
　범사업의 과제」. 경기복지재단.
성은미·인경석·박경숙·백민희. 2012. 「공공복지전달체계 개편 연구: 무한돌봄종합복지센터
　시범사업모형개발」. 경기복지재단 정책연구보고 2012-13. 경기복지재단.
송미령 외. 2013. 「농어촌 삶의 질 향상을 위한 공공서비스 전달체계 개선 사례」, 10~11쪽.
　한국농촌경제연구원.
와케쥰코. 2008. 「개정 개호보험법 하에서의 지역포괄지원센터에서의 실천의 질과 평가」. 『한
　국사회복지학회 2008년 춘계학술대회 자료집』, 479~478쪽.
이민홍·이재정·서보경·김경모·황재영. 2014. 「부산시 노인통합지원센터 설치운영 방안 연
　구」. 부산복지개발원.
이재완. 1998. 「보건복지사무소에 대한 비판적 고찰: 복지기능을 중심으로」. ≪보건과복지≫,
　창간호.
＿＿＿. 2013. 「지방자치와 사회복지: 지방정부 복지수준과 전달체계의 변화」. 참여연대 사회
　복지위원회 기획. 남찬섭 엮음. 『대한민국 복지국가 회고와 전망』. 나눔의집.
＿＿＿. 2017. 「지역사회복지의 현재와 미래」. 행정자치부 지방행정연수원 교육자료
이현기. 2001. 「보건·복지의 연계와 적용에 대한 연구」. ≪노인복지연구≫(2001년 여름호),
　175~207쪽.
이현주·강혜규·이윤경. 2000. 「지역단위 사회복지 관련 서비스 연계 체계 모형개발」. 한국
　보건사회연구원.
조미형 외. 2014. 「농촌 지역사회기반(community-based)복지시스템 구국 방안 연구」. 한국
　농촌경제연구원.
김용현·이재완·백운광. 2015. 「충남도 농촌지역 복지·보건 통합전달체계 구축방안 연구」.
　충남연구원.
최성재·남기민. 2000. 『사회복지행정론』. 나남.
한연주·김재선. 2013. 「수원시 사회복지전달체계 개편 모델 연구」.
함철호. 1998. 「보건·의료·복지 통합적 접근의 사례연구」. ≪사회복지연구논문≫, 21집.
＿＿＿. 2001. 「재가 노인을 위한 지역복지실천에 있어서 기관 간 협력에 관한 사례연구」. ≪한
　국노인복지학회≫, 통권14호.

厚生労働省. www.mhlw.go.jp

Dhume, F. 2001. *Du travail social au travail ensemble*. ASH.
Hill, M. 1990. *Understanding Social Policy*. Cambridge: Basil Blackwell ltd.
Kantan, J. 1982. *Linking Health Social Service*. London: Sage.

14장

—

재정정보 공개

정창수 | 나라살림연구소 소장

1. 문제 제기: 재정정보 공개의 필요성

한국에서 재정투명성을 위한 재정정보의 공개 문제는 1997년 외환위기 이후 제기되기 시작했다. 정책의 올바른 수립과 평가를 위해서는 재정정보의 표준화와 공개 등이 중요한 과제가 되었다. 따라서 중앙정부 차원에서 디지털예산회계시스템(D-BRAIN)이 구축되고 현재는 재정정보원이라는 조직으로까지 확대되었다.

이후 2008년 글로벌 경제위기와 이에 따른 국내 지방재정의 위기에 따라 지방재정의 건전성 이슈가 중요하게 부각되었다. 특히 이 과정에서 기존의 통제와 관리 중심의 지방재정제도에서 적극적인 주민참여를 통해 투명성을 확보하는 방향으로의 전환이 나타났다. 2010년 지방선거 이후 등장한 혁신형 지방자치단체들은 단순히 주민참여예산제의 도입을 넘어서서 기존의 재정정보 공개의 한계를 넘어서는 새로운 재정정보 공개의 플랫폼을 제공하는 방식으로 진화했다.

특히 정책적으로 최근의 재정 여건 악화 추세에 대응하기 위해서는, 현행 재정 운용 방식을 과감히 혁신할 필요가 요구되었다(기획재정부, 2015). 저성장구조로의 전환, 저출산·고령화에 따른 복지수요 급증 등으로 중장기 재정 여건이 악화될 전망으로, 이를 장기적으로 대비하기 위해서는 재정의 효율성·투명성 제고를 위한 제도 개혁을 통해 공공부문 전체의 재정건전성 관리체계를 구축할 필요가 있다는 점이 지적된 것이다. 이에 따라 공공부문 재정정보 공개는 재정혁신을 추진하기 위한 시발점이라고 할 수 있다. 중앙정부는 2011년 '지방재정법' 개정을 통해서 주민참여예산제도를 모든 지방정부가 의무적으로 도입하도록 했다.

하지만 현재 공개되는 재정정보는 양적·질적으로 미흡한 수준으로, 상세한 재정정보를 적시에 공개할 필요가 제기된다. 실제로 그동안은 중앙정부를 비롯해 재정정보 공개 매체 간 중복·분산, 총량 위주의 제한적인 정보 제공 등 전반적으로 공급자 중심으로 공개가 이루어졌다. 이에 따라 국민의 재정정보 접근성·편의성이 제한되어 있고, 공개 시기도 불규칙적이어서 실제로 재정정보 공개의 효과성이 떨어졌다. 이에 양적·질적 재정정보를 적시에 투명하고 상세하게 공개함으로써, 정부의 자기 검증 및 국민의 감시 기능을 강화할 필요가 제기되었다.

중앙정부 차원에서 재정정보 공개 확대는 국제적인 추세에 부응한다는 취지도 있었다. 실제로 2011년 유럽연합의 열린 데이터전략(Open Data Strategy), 2009년 미국의 열린 정부 의제(Open Government Initiative), 같은 해 호주의 열린 정부 선언(Declaration of Open Government) 등과 같은 국제적인 흐름이 나타났다.

한국의 경우에도 중앙정부와 별개로 지방정부 차원에서 재정정보를 공개하는 흐름이 강화되어왔는데, 이 중 충청남도에서는 지난 2012년 8

월 도지사가 주도적으로 업무 누수율 제로화 및 행정정보 공개 100% 실현, 약칭 '제로 100 프로젝트'를 제안했고, 2013년 1월부터 재정 공개 시스템의 우선 공개 이후 '표준지방세정보시스템', '세외수입정보시스템', 'e-호조시스템', 도 금고의 'e-세출시스템' 등을 통합하는 방안을 내놓았다. '제로 100 프로젝트'는 2015년 2월까지 구축을 완료하고 이의 개선을 위한 '제로 100 도민디자인단'을 구성해 기존의 충남넷, 3농혁신, 재정정보 공개 시스템, 기업SOS, 통합복지 등 42개 도 홈페이지에 대한 모니터링 및 개선 의견 제시를 통해서 실질적인 정보공개를 위한 2단계 사업이 추진되었다.

이 글은 이와 같은 충청남도의 재정정보 공개 혁신의 현황에 대한 분석을 통해서, 내용적으로는 충청남도의 재정정보 공개 시스템을 평가하고 혁신 사례로 전파할 수 있는 방안을 제안하고자 한다. 이를 통해서 충청남도의 재정정보공개 프로젝트가 재정정보의 생산자 및 소비자, 그리고 여타 지방정부가 추진하고자 하는 재정투명성 정책의 중요한 시금석으로 자리매김을 할 수 있는 방안을 모색한다.

2. 재정정보 공개란 무엇인가

재정정보의 공개는 2000년 이후부터 국제적인 재정정책의 흐름에서 중요한 방향으로 자리 잡는다. 특히 2008년 경제위기 이후 유럽권을 중심으로 하는 재정 위기는 세계경제위기를 촉발시키는 원인으로 지목되면서, 재정건전성의 문제가 중요한 정책 과제로서 등장한다. 실제로 재정투명성 문제는 오랜 기간 재정정책의 과제로서 언급되어왔으나 최근 관련된 정보기술의 발달과 온라인 환경을 통한 정보공개의 용이성이 높아짐에 따라 좀 더 적극적인 재정정보 공개의 필요성이 제기되기에 이르렀다.

재정투명성은 행정부가 생성하고 보유하는 재정정보를 예산안 편성·집행·결산·성과평가 단계 등에서 종합적이고 체계적으로 공개하는 것을 의미한다. 재정투명성은 국민 참여와 재정민주주의를 담보할 수 있는 틀을 마련한다는 점에서 중요하다(국회예산정책처, 2010)

재정정보 공개의 중요한 목적 중 하나인 재정투명성(fiscal transparency)는 재정에 관한 정보를 바탕으로 국가 및 지방정부의 재정 운용 과정에 적극 참여하고, 이러한 과정을 통해 재정을 집행하는 행정기관이 스스로 합리적이고 효율적인 재정 운용을 할 수 있도록 유도하는 정책 목적을 함의한다. 특히 행정에서 '재정을 운용하는 자가 재정 운용에 관한 내용을 적극적으로 공시하도록 함으로써, 스스로 부정행위를 억제하고 효율적인 운용 방안을 모색할 수 있는 유인을 제공한다'는 점에서 중요한 의미를 갖는다고 평가한다.

재정투명성이란 행정부가 생성·보유하는 재정정보를 예산안 편성·집행·결산·성과평가 단계 등에서 종합적이고 체계적으로 공개하는 것을 의미하며, 이를 통해 국민이 재정 운용 과정에 참여할 수 있는 기반을 조성하고 재정민주주의를 담보할 수 있는 틀을 마련한다는 점에서 중요하다. 특히 행정부를 견제·감시하는 국회가 상호 균형적인 재정정보를 공유하는 것은 필수적이다. 더 나아가 예산안을 최종적으로 심의·확정하는 국회가 예산안 심의 과정 및 그 결과인 확정 예산에 관한 정보를 구체적으로 국민에게 제공하는 것 역시 재정투명성 확보를 위한 중요한 과제가 될 것이다.

특히 최근에는 해외의 실증적인 연구를 통해서 재정투명성의 중요성에 대한 증거들이 제시되고 있는데 파르한 해미드(Farhan Hameed)의 연구에 따르면 재정투명성이 높을수록 다른 재정지표에서도 높은 수준을 보인다는 점이 나타났다(국회예산정책처, 2010).

구체적으로 살펴보면 재정투명성과 경제성과의 관계를 IMF의 「기준과 규약 준수 보고서(The Reports on the Observance of Standards and Codes)」의 평가를 활용해 계량 분석했는데 재정투명성의 지표를 4개의 하위지표로 세분화해 분석한 결과 더 투명한 국가일수록 신용등급(credit ratings), 재정규율(fiscal discipline), 부패 등에서 더 나은 결과를 보인다는 상관관계를 도출했다. 즉 재정투명성이 높을수록 국제적인 신용등급과 재정낭비를 막는 재정규율, 그리고 부패 방지에 효과를 보였다는 것이다.

특히 재정투명성과 관련해 국제적인 기준 설정과 논의의 중심 지표로 언급되는 IMF의 규약은 1998년에 채택되었다. 이후 그간의 변화를 반영해 2001년에 개정한 후 2007년에 재개정했다. 2007년의 재정투명성 규약은 기본적인 4대 구조하에 10개의 원칙, 45개의 세부 코드를 규정한다. 이를 세부적으로 살펴보면 4대 기본 구조는 '정부의 역할과 책임의 명확화', '공개된 예산 과정', '정보에 관한 국민의 이용가능성 보장', '재정 정보의 완전성에 대한 보증'으로 구분된다.

첫째, '정부의 역할과 책임의 명확화'는 정부의 범위와 관련해 정부 부문이 기타 공공부문·민간경제와 구별되어야 하며, 공공부문 내에서의 각각의 역할에 대한 명확한 공표가 있어야 함을 강조한다. 또한, 재정 운영을 위한 명확하고 공개된 법적·규제적·행정적 틀이 있어야 함을 지적한다. 독립적인 재정투명성 제도가 만들어져야 한다는 취지이다.

둘째, '공개된 예산 과정'에서는 예산 준비가 기수립된 일정을 준수해야 하며, 잘 정의된 거시경제 및 재정정책의 목적에 의해 조정되어야 한다는 원칙과 예산집행(execution)·감시(monitoring)·보고(reporting)의 명확한 절차가 있어야 한다는 원칙을 제시한다. 예산 편성 및 집행 과정에서 예측 가능성을 높이는 한편, 이에 따른 예산 규율의 강화가 목적이다.

셋째, '정보에 관한 국민의 이용가능성 보장'에서 3가지 원칙을 제시하는데 먼저 국민은 정부의 과거·현재·미래의 재정 활동과 주요 재정 위기에 관한 완전한 정보를 제공받아야 한다는 원칙을 제시하며, 다음으로 재정정보는 정책 분석이 가능하고, 책임성을 강화하는 방식으로 제공되어야 함을 강조한다. 마지막으로 재정정보의 시의적절한 대외 공표에 관한 약속이 있어야 함을 제시한다. 즉, 실효적인 정보의 공개에 대한 원칙으로, 참여 보장을 통한 재정투명성의 실효성을 높이는 부분과 연관된다. 특히 정보공개의 수용자 입장을 강조한 태도라고 평가할 수 있다.

넷째, '재정정보의 완전성에 대한 보증'에서는 재정 데이터가 일반적으로 받아들여질 수 있는 데이터 질에 관한 기준을 충족해야 하며, 재정 활동이 효과적인 내부 감시와 세이프가드(safeguard)에 의해야 함을 제시한다. 재정정보에 대한 일관되고 지속적인 지표를 요구하는 것으로, 이는 비교적 장기적 시계열 자료를 바탕으로 하는 비교 분석에 반드시 필요한 조건이라고 할 수 있다.

마지막으로 재정정보는 독립적인 감사를 받아야 한다고 주장한다. 많은 경우 재정 운용의 주체가 재정투명성을 집행하고 평가하는 주체가 되는데, 이럴 경우 감시의 객관성도 문제가 되지만 관점의 다층화를 통해서 좀 더 복합적이고 다층적인 시각으로 재정정보의 실질적 내용을 확대할 수 있는 계기를 달성하기 어렵다는 점도 간과되어서는 안 된다.

이러한 IMF의 규약에서, 각각의 원칙을 모두 준수할 수 있는 투명한 재정체계를 갖추는 것이 중요하겠으나 이 중 재정투명성을 정의하는 가장 핵심적인 내용으로 평가되는 것은 '공개된 예산 과정'과 '정보에 관한 국민의 이용가능성 보장'이라고 할 수 있다. IMF의 동 원칙에 대한 매뉴얼에서는 '국민이 재정정보를 활용 가능하게 하는 것이 재정투명성의 핵

표 14-1

IMF 재정투명성 규약 중 한국이 미약해 보이는 항목

구분	내용
2.	공개된 예산 과정
2.2	예산집행, 감시, 보고의 명확한 절차가 있어야 한다.
2.2.2	예산현황(Budet Development)에 관한 반기 보고서(midyear report)가 시의적절하게 의회에 제출되어야 한다. 최소한 부기 수준의 업데이트가 발간되어야 한다.
3.	정보에 관한 국민의 이용가능성 보장
3.1	국민은 정부의 과거, 현재 미래의 재정 활동과 주요 재정 위기에 관한 종합적(comprehensive) 정보를 제공받아야 한다.
3.1.2	최소 2년 전의 회계기간의 산출물(outturns)과 최소 향후 2년간의 주요예산총액에 대한 전망과 민감성 분석이 연간 예산과 비교할 수 있는 정보 형태로 제공되어야 한다.
3.1.7	정부는 장기 재정에 관한 주기적 보고서를 발행해야 한다.
3.3	재정정보(fiscal information)의 시의적절한(timely) 대외 공표에 관한 약속(commitment)이 있어야 한다.
3.3.1	재정정보의 시의적절한 발간(timely publication)은 정부의 법적 의무이어야 한다.
3.3.2	재정정보에 관한 사전 공표 일정이 발표되어야 하고 준수되어야 한다.

자료: 서재만(2010).

심적인 특징이며, 재정 활동과 정부 목표에 관한 종합적인 정보 제공과 정책 분석을 가능하게 하고 정부 책임성을 고양시키는 방식의 정보 제공이 중요하다'고 평가한다. 또한 '재정정보의 시의적절하고 균일한 이용을 확실하게 하는 초석은 인터넷을 통한 자유로운 접근'이라고 밝힌다.

3. IMF 재정투명성 기준과 한국의 재정정보 공개 수준

IMF의 재정투명성 기준에 따른 평가는 회원국의 자율적인 결정에 따라 이루어지는데, 한국의 경우 2001년 해당 규약의 재정투명성 부문 평가가 가장 최근의 평가이며, 2007년도에 IMF의 재정투명성 규약이 변경된 이후에는 평가가 이루어지지 않았다. 이는 한국의 중앙정부 차원에서조차 재정정보 공개에 대한 관심이 비교적 최근의 일임을 시사한다.

국회예산처는 IMF의 재정투명성 규약에서 한국의 법적·제도적 기반이 부재하거나 미약한 것으로 보이는 규약의 항목으로 2가지 기본구조에 3가지 원칙, 5가지 기본 규약을 제시하고 있다.

먼저 IMF 규약에 따르면, '공개된 예산 과정'의 항목 내에서 예산 현황에 관한 반기 보고서를 의회에 제출하도록 권고하고 있으나, 현재 '국가재정법'상 행정부의 예산 현황에 대한 반기 보고서 규정이 없으며, 실무적으로도 보고되지 않고 있다. 현재 정부가 당해 연도 중에 예산집행 현황에 대해 발표하고 있는 사항은 통합재정에 관한 월간 보고에 그치고 있는 실정이다. IMF의 매뉴얼에 따르면, 반기 보고서에는 예산집행 (budget implementation)에 관한 종합적인 분석(comprehensive analysis)을 담아야 하며, 이 종합적인 분석에는 주요 세입, 세출에 대한 전년도 실적과 함께 연도 말 추정이 포함되어야 한다. 또한 예산에 영향을 미칠 수 있는 정부의 결정과 환경적 요인들이 의회에 제출되어야 한다. 기획재정부는 2009년도와 2010년도에 「거시경제안정보고서」라는 이름의 보고서를 통해 당해 연도의 거시경제 상황에 대한 설명을 제시했으나, 예산과 재정에 특화된 반기 보고서의 성격을 가지고 있지는 않았다.

다음으로 '정보에 관한 국민의 이용가능성 보장'의 항목 내에서 과거와 미래의 재정 상황에 관한 보고가 포함되어야 한다고 권고하고 있다. 즉, 당해 회계연도의 재정 상황에 대한 완전한 모습을 파악하기 위해서 과거 재정 성과에 대한 내용이 연도별 예산서(the annual budget presentation)에 포함되어야 한다. 한국의 경우 다음연도 예산안 제출 시 「국가재정운용계획」을 동시에 제출해 미래의 재정 상황에 대한 전망을 제시하고 있으나 향후 경제 상황 추정에 대한 설명이 부족하며, 법정 예산안 서류에도 과거의 실적 자료 정보와 예산안 정보가 비교할 수 있게 제공되지 못하는 한계가 있다. 칠레의 경우를 보면, 예산 연도 이전 4년간의 예산 총계에 관한 정보와 향후 3년간의 예산에 관한 전망을 보여준다. 이러한 정보는 소관 부처, 프로그램 단위 등 최대한 많은 총계 정보 이하의 세부 정보도 포함하는 것을 알 수 있다.

또한, IMF의 재정투명성 규약에서는 장기 재정에 관한 전망을 제시하도록 한다. 일부 국가에서는 고령화와 한정된 자연자원, 기후변화에 의한 잠재 효과 등과 관련한 재정변수(fiscal variables)가 중요한 이슈가 되고 있으며 미국의 경우, 현재 재정정책으로 인한 장기 전망을 제시하고 있다. 미 정부 예산서의 '분석적 전망(Analytical Perspectives)'를 살펴보면, 최대 75년 단위의 사회 보장 지출(social security) 등에 대한 추계를 제시한다. 또한 영국, 호주, 뉴질랜드 등이 재정에 관한 장기 보고서를 작성하고 있으며, 유럽연합의 경우에도 2006년도에 「유럽연합의 장기 재정 안정성(Long-Term Sustainability of Public Finances in the European Union)」에 관한 보고서를 작성한 바 있다. 한국의 경우 급속한 고령화 등을 고려할 때, 세대 간 회계 등을 활용한 재정 상황에 대한 장기 추계가 더욱 요청된다고 할 수 있다.

4. 국내외 사례 분석 및 시사점

중앙정부와 지방정부 재정정보 공개의 흐름은 비교적 최근에 활발하게 나타나고 있는 현상이라고 할 수 있다. 이 중 가장 대표적인 사례로 중앙정부에서 최근에 도입한 재정정보 공개 시스템과 서울시에서 도입한 클린재정과 서울위키가 있다.

그에 앞서 충청남도의 재정정보 공개 시스템의 도입에 따라 '지방재정법'의 법 개정으로까지 이어진 사례를 살펴보는 것이 필요하다. 그동안 법령을 통해서 재정고시 제도를 운영하고 있었으나 1년에 한 번씩 공개되는 재정보고서를 통해서는 재정정보 접근성과 효과성에 한계가 있었다. 이에 국회에서는 2014년 5월에 안전행정위원회의 대안 방식으로 '지방재정법'을 개정해, 현재 충청남도에서 운용하고 있는 실시간 재정정보 공개 시스템을 법제화하기에 이르렀다.

이와 같은 재정정보 공개의 흐름이 비록 '국가재정법'의 개정으로 이어지지는 않았으나 별도의 시책을 통해서 재정정보 공개의 강화를 추진하고 있다.

1) 중앙정부 '열린 재정' 홈페이지

기획재정부는 재정정보 및 통계를 일목요연하게 한곳에 모아 제공하는 통합재정정보 공개 시스템인 '열린 재정' 홈페이지를 지난 2014년 5월부터 시범적으로 개통해 운용하고 있다.

주요한 내용을 보면, 알기 쉬운 재정정보 제공으로 일반 국민의 눈높이와 수요에 맞는 다양한 시각화 자료를 통해 재정에 대한 이해와 접근성을 높였는데, 이동 도표(Motion Chart), 나무 지도(Tree Map), 막대 도표(Bar Chart) 등이 도입되었다. 또한, 국민생활에 밀접한 건강·의료, 고용, 창업, 교육 등 794개 재정지원 정보를 맞춤형 검색을 통해 쉽게 활용 가능하다. 이를테면 현재의 시스템에서 고용(관심 분야) 및 청년(생애주기)을 선택해 검색하면, 청년대상 고용 관련 재정지원 사업 17건이 검색되며 해당 사이트로의 링크를 제공하는 식이다. 맞춤형 통합재정정보 제공의 측면에서 보면, 재정전문가·정책담당자 등의 요구에 부응하는 맞춤형 상세 통계 및 다양한 분석 기능을 제공한다. 예산·집행·결산 및 성과관리 등 재정 전 과정에서 생성되는 상세 데이터 및 보고서, 시계열(1951~2015년) 통계를 활용한 심층 분석이 가능하다.

다음으로 재정정보 사업화 활용 지원이라는 측면에서 열린 재정의 데이터를 사용자가 활용해 상업적 서비스가 가능하도록 원본 자료를 공개(open API)하도록 했다. 또한 향후 국고보조금 통합관리시스템 및 차세대 디브레인시스템이 구축되면 중앙·지방·교육재정 정보 및 보조금 편성·집행 실적 등 대국민 재정정보 제공 서비스를 지속적으로 확대할 방침을 밝혔다.

좀 더 세부적으로 제공되는 정보들을 보면, 한눈에 보는 재정이라는 메뉴를 통해서 8개 핵심 재정통계를 그림 및 도표로 제공함으로써 재정의 전체 모습을 쉽게 일괄할 수 있도록 하고, 도표로 보는 재정 메뉴를 통해서는 다양한 기법을 이용함으로써 재정을 쉽게 파악할 수 있도록 시각화(visual) 자료를 제공한다. 또 가장 많이 찾는 정보를 중심으로 50대 주요 재정지표를 선별해 제공하는 한편, 관심 분야(13개), 직종(8개), 생애주기(8개) 및 성별에 따라 관심 있는 재정지원제도를 찾아볼 수 있게 맞춤형 재정지원을 할 수 있도록 서비스를 제공한다.

그뿐만 아니라 재정배움터 메뉴를 통해서 학생, 일반 국민들이 재정에 대해 체계적으로 배울 수 있도록 10개 분야에 대한 상세 설명 자료를 제공한다.

이 사이트를 통해서 중앙부서의 예산집행 현황을 부서별, 성질별로 구분해 살펴볼 수 있도록 구성되어 있다. 아직 시범사업을 추진하는 과정이라 모든 메뉴가 갖춰져 있다고 보기는 힘들지만, 각 부서별 세부 집행 현황을 공개하는 것은 기존의 재정정보 공개에서는 찾기 힘든 변화이다.

2) 서울시 '클린재정시스템' 및 '서울위키'

다음으로 서울시의 사례를 클린재정시스템 구축과 서울위키 구축이라는 두 가지 축으로 구분해 살펴보고자 한다. 우선 클린재정시스템은 지난 2006년부터 정책 집행 과정 중 재정 분야의 자동화·시스템화를 위해 구축했다.

특히 '서울특별시 열린시정을 위한 행정정보공개 조례'를 개정해 기존에 공표되었던 행정정보의 내용에서 재정정보의 폭을 넓혔다.

(1) 서울시 클린재정시스템

서울시는 클린재정의 목적으로 '재정 업무 및 관련 시스템을 유기적으로 연계해 효율성을 극대화하고, 투명한 재정정보를 제공하는 것'을 제시하고 있으며 이를 위해 단일화된 창구를 통한 서울시 재정에 관한 종합 정보 서비스'를 제공하고 예산 계획단계에서부터 집행, 결과정보 공개로 재정 업무의 투명성을 확보하며 결과 중심의 감사에서 성과(과정) 중심의 감사에 필요한 재정정보 제공하고 업무 및 시스템 간 유기적 연계 및 쌍방향 대시민 서비스 체계 마련하는 것을 구체적인 목표로 제시했다.

이에 따라 구축된 클린재정시스템은 서울시 본청에서 발생하는 사업 관련 계획, 심사, 예산, 재정 관련 정보의 수집 및 해당 정보의 제공을 위한 시스템 개발과 함께 서울시 산하 25개 자치구 및 투자/출연기관의 재정 관련 정보의 수집 및 해당 정보의 제공이 가능해졌다.

실제로 클린재정에서 공개되는 자료는 상대적으로 긴 기간의 시계열 자료를 보유하고 있어, 연도별 비교에 충실한 자료를 제공하는 것으

그림 14-1

서울시 재정정보 공개 사이트 – 일자별 예산집행 현황 화면

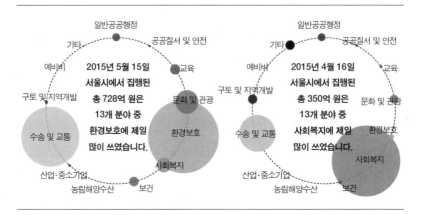

자료: 서울시 클린재정(cleanplus.seoul.go.kr/)

로 확인된다.

서울시의 클린재정시스템 구축에서는, 시스템의 구축을 1~2년 단위의 단기적 프로젝트로 삼지 않고 지속적으로 시스템을 운용하면서 접근성과 포괄성을 높이기 위한 노력을 해왔다는 데에서 시사점을 얻을 수 있다.

서울시 재정정보 공개 사이트의 주요한 특징이라고 한다면, 다양한 시각화 자료를 통해서 자칫 이용자 시민에게 낯설 수 있는 재정정보를 쉽게 전달하고 있다는 점을 들 수 있다. 특히 인터랙티브적 요소를 적극적으로 도입한 부분은 눈에 띈다. 일례로 일자별로 예산집행 현황을 보여주는 내용을 보면, 사용자가 해당 일자를 스크롤함에 따라서 각 분야의 집행 규모를 보여주는 원의 크기가 변함으로써, 해당 일에는 어느 분야의 재정 집행이 상대적으로 높았는지를 직관적으로 가늠할 수 있다.

또한 1년이라는 회계연도 단위의 집행률도 매일 공개하고 있는데, 전체 24시간을 기준으로 전체 예산의 집행 비율과 각 분야별 검색일 기준의 집행 현황을 살펴볼 수 있도록 구성했다.

이를 통하면 각 분야별로 현재 시점에서 어느 분야의 재정지출 비중이 높은지와 같은 사항을 직관적으로 파악하는 데 도움을 줄 뿐만 아니라 자연스럽게 '왜 그런가'라는 호기심을 불러일으킴으로서 각 분야별 예산집행구조의 특수성에 대한 이해도를 높이는 부수적인 효과를 낳을 수 있는 것으로 평가할 수 있다.

(2) 서울위키 사이트

이와 별도로 서울시는 지난 2012년 참여예산제 도입과 함께 예산낭비신고센터를 확대 운영하고 있다. 이 과정에서 '서울위키'라는 새로운 재정정보 공개 시스템을 구축했는데, 클린 재정이 회계상의 자금 이동 등에 초점을 둔 재무적 정보에 치중되어 있다면 서울위키는 재무적 내용을 채우는 정책사업의 내용을 구체적으로 공개함으로서 시민의 정책적 판단 및 평가를 유도하고 있다는 점에서 의미가 있다.

실제 서울위키 메뉴는 참여예산사이트와 예산낭비신고센터의 메뉴와 함께 구성되어 있으며, 시정 분야별로 총 8개 하위 메뉴로 구성되어 있다. 해당 메뉴로 들어가면 2015년 확정 예산서에 명시된 개별 사업단위 별로 사업계획서가 제공된다.

3) 해외 지방정부 재정정보 공개 사례

인터넷 사이트를 통한 지방정부의 재정정보 공개는 세계적으로도 아직 초기 단계에 있다. 2015년 충청남도와 산하 기초단체 회계 담당 공무원들이 미국과 유럽의 지방정부를 방문해 재정정보 공개 현황에 대해 자료를 수집하고 연수를 실시했다. 방문한 도시는 유럽의 영국 카디프시

(Cardiff Council), 독일 슈발바흐시(Stadt Schwalbach Am Taunus), 미국의 뉴
저지 버건 카운티(Bergen county), 페어팩스 카운티(Fairfax county), 캘리포
니아주 오클랜드시(City of Oakland) 등이다.

중앙정부와 서울시의 재정정보 공개 시스템에서 확인할 수 있는 시
사점을 개략적으로 정리하면 다음과 같다.

첫째, 기술의 발달로 인해 플랫폼의 구축에 따른 물리적 제약은 존재
하지 않는다. 중요한 것은 '무엇을 어떻게 공개할 것인가'라는 내용이다.

둘째, 재정정보 공개에서 공급자의 측면이 아니라 수용자의 측면, 즉
시민들의 정보 활용에 대한 부분을 피드백할 수 있는 '이용자 반응 확인'
이 간과되는 측면이 크다.

셋째, 여전히 이용자 시민에게는 낯선 재정 용어에 대한 친절한 설
명이 이루어지지 않고 있는데, '재정정보를 이용하는 다양한 방법'에 대
한 교육이 전제되지 않는 정보공개의 한계가 공통적으로 드러난다.

해외 지방정부의 재정정보 공개에서 확인할 수 있는 시사점은 다음
과 같다.

첫째, 유럽과 미국의 지방정부는 재정 건전성과 투명성, 시민 참여를
재정운영의 기본 방향으로 설정하고 있다. 하지만 인터넷의 발달에 기초
한 실시간 재정정보 공개까지는 아직 시도하지 못하고 있는 실정이다.

둘째, 한국은 전자정부 인프라가 튼튼하기 때문에 정보의 공개와 시
민 참여가 훨씬 쉽게 이루어질 수 있는 장점이 있다. 문제는 이를 수행하
고자 하는 중앙정부와 지방정부의 적극적 태도이다. 그리고 이것을 이끌
어낼 수 있는 시민의 요구가 절실히 필요하다고 볼 수 있다.

5. 충청남도 재정정보 공개 시스템 현황

충청남도는 지난 2013년 1월 1일부터 홈페이지 '충남넷'에 세입, 예산, 지출 및 회계에 관한 모든 정보를 실시간으로 공개하고 있으며, 이와 같은 실시간 재정공개 시스템으로 2014년 2월 안전행정부의 정부 3.0 추진 실적 평가에서 우수기관으로 선정되었다.

또한 전국 16개 광역 지방정부의 재정정보 시스템 평가에서 충청남도는 67.25점으로 가장 높은 평가를 받아 가장 우수한 재정정보 공개체계를 가지고 있는 것으로 나타났다(정창수, 2014).

이 평가의 지표와 결과는 다음과 같다.

총 23개 항목에 100점 만점으로, 네 개 항목에 3.5점을, 9개 항목에 4점을, 10개 항목에 5점을 배점했다. 가중치가 아닌 배점을 둔 이유는 지표 항목들의 중요도를 추정해야 할 만큼 재정공개를 통해 지향되는 잠정적 목표를 한정 짓기 어렵기 때문이며, 입론으로 만들어놓은 지표에서 항목과 단계적 목표 사이의 연관성을 생산해내기 어렵기 때문이다.

다만 배점은 외부인이 단순히 홈페이지를 통해 광역자치단체 재정 상황과 정책, 시민들의 참여 정도를 파악하는 데 필요한 순서를 첫 번째 기준으로 삼았고, 유용한 정보라 하더라도 현재 대부분의 자치단체들이 제공하지 않는 정보의 경우에는 배점을 적게 책정했다.

실시간 재정정보 공개 시스템에도 불구하고 현재 충청남도의 재정정보 공개 시스템은 '충청남도가 밝힌 재정공개의 목적이 이루어지고 있는가', '지방재정 분야별 정보의 핵심 내용이 공개되고 있는가', '재정 투명성 지표(OECD 기준)를 어느 정도 충족하고 있는가', '도민 등 이해당사자들의 요구를 충족하고 있는가'라는 지표를 놓고 평가할 때 다소 미흡한 부분이 지적되었다(윤영진, 2015).

표 14-2

재정정보 공개 평가 지표

구분	목표	내용	배점
시민	감시	정책실명제는 공개되고 있는가?	5
		감사원 감사, 행안부 감사, 자체 감사 내용이 함께 공개되고 있는가?	5
		결산서가 공개되고 있는가?	5
		예결산 심사보고서가 공개되고 있는가?	3.5
		의회 제출 보고서, 업무보고서가 공개되고 있는가?	5
		수의계약 내용이 공개되고 있는가?	5
	참여	사업 내용에 대한 설명이 충분한가?	5
		재정 관련 용어 설명을 하고 있는가?	4
		자료 활용이 용이한 형태로 제공되고 있는가?	4
		사업에 대해 시민제안을 할 수 있는가?	4
		시민 재정 교육 광고를 하고 있는가?	3.5
정책 입안 결정자	판단	자산 현황과 평가는 구체적인가?	5
		중기 채무변제 계획은 있는가?	4
		지난 3년간 해당항목 예산 비교를 제공하고 있는가?	3.5
		향후 3년간 일몰사업 목록 및 예산을 공개하고 있는가?	3.5
	절감	인건비 및 직원 후생복지 관련 사업의 구체적 항목과 예산을 공개하고 있는가?	5
		민간이전, 민간보조 사업 내용을 구체적으로 설명하는가?	5
		당해년도 신규사업을 따로 설명하는 자료가 있는가?	4
		지출현황을 공개하고 있는가?	5
		시민들이 예산 절감 제안을 할 수 있는가?	4
사업자	예측	당해년도 입찰 필요 사업을 사전에 공개하고 있는가?	4
		당해년도 및 중기 주요 사업 내용을 공개하고 있는가?	4
	신뢰성	경쟁입찰의 경우 평가항목 및 배점 등이 공개되고 있는가?	4

표 14-3

17개 광역 지자체의 재정정보 공개제도 평가종합표

항목	a	b	c	d	e	f	g	h	i	j	k	l	m	n	o	p	q	r	s	t	u	v	w	계
가중치	5	5	5	3.5	5	5	5	4	4	4	3.5	5	4	3.5	3.5	5	5	4	5	4	4	4	4	100
충남	5	5	5	0	2.5	5	5	4	2	4	1.75	0	4	0	0	0	5	0	5	2	4	4	4	67.25
서울	5	5	5	1.75	5	5	5	2	4	4	1.75	0	2	0	0	0	2.5	0	2.5	4	4	4	2	64.5
A시도	2.5	5	2.5	0	2.5	5	2.5	0	2	2	0	0	4	0	0	0	2.5	0	0	2	2	4	4	42.5
B시도	5	5	0	1.75	0	0	5	2	4	4	1.75	0	0	0	0	0	0	0	0	4	0	4	0	40.5
C시도	5	5	2.5	0	0	5	2.5	2	4	2	0	0	4	0	0	0	0	0	0	2	0	4	0	38
D시도	0	0	5	0	5	5	5	0	4	4	1.75	0	0	1.75	0	0	5	0	0	0	0	0	0	36.5
E시도	2.5	5	2.5	0	0	5	2.5	2	4	2	0	2	2	0	0	0	0	0	0	0	4	4	0	35.5
F시도	2.5	5	5	0	0	5	0	4	2	4	1.75	2	0	0	0	0	0	0	0	2	0	0	2	35.25
G시도	0	5	2.5	0	2.5	5	2.5	0	2	4	0	0	0	0	0	2.5	0	0	0	0	4	0	2	34
H시도	2.5	0	5	1.75	1.75	5	0	2	2	4	1.75	0	0	0	0	0	0	0	2.5	0	4	0	0	32
I시도	2.5	5	5	0	2.5	5	0	0	4	4	0	0	0	0	0	0	0	0	0	2	0	4	0	31.5
J시도	0	2.5	2.5	0	0	2.5	2.5	2	2	2	1.75	0	4	0	0	0	0	0	0	2	4	0	2	27.75
K시도	2.5	2.5	5	1.75	0	0	5	0	4	4	0	0	0	0	0	0	0	0	0	0	0	0	0	26.75
L시도	2.5	5	2.5	0	0	0	2.5	4	2	2	0	0	0	0	0	0	0	0	0	2	0	2	0	24.5
M시도	2.5	5	5	0	0	0	0	0	0	0	0	0	0	0	0	0	0	0	0	0	2	0	2	22
N시도	0	5	0	0	2.5	2.5	0	0	4	2	0	0	0	0	0	0	0	0	0	0	2	0	0	17.5

충청남도는 2015년 3월 '충청남도 재정정보 공개 시스템 고도화 계획'을 수립하고 ① 공개 범위의 확대: 세입 세출예산의 세부 내용 공개, ② 이해성 향상: 그래프 및 시각적 효과 사용, ③ 활용성 제고: 자료 다운로드 기능 제공, ④ 도민 참여 유도: 주민 의견 수렴 기능 보강의 네 가지 방향의 개선 대책을 내놓았다. 이에 따라 2015년 9월까지 시스템 개발 및 시범운영을 실시하고, 같은 해 10월에 재정정보 공개 시스템 충남넷을 공개하는 목표를 수립했다.

이와 같은 개선 방향은 제로 100 프로젝트 진행 과정에서 실시한 다양한 의견 수렴 과정 및 토론회 등을 통해서 수렴한 의견들을 적극적으로 반영한 것으로 특히 IMF의 재정투명성 규약에서 정하는 4가지 항목, 10가지 세부 지표와 국제예산협력단체(International Budget Patnership: IBP)의 예산공개지수 3가지 항목 14가지 세부 지표를 적극적으로 준용하기로 함으로써 국제적인 수준의 재정정보 공개의 의지를 천명한 점은 높이 평가할 수 있는 부분이다.

실제로 현재 충남넷을 통해서 공개되고 있는 재정정보는 실시간 공개라는 장점에도 불구하고 해당 정보를 활용하는 수용자의 측면에서는 제한적인 요소를 가지고 있다. 즉, 정보의 수준에 있어서 이를 생산하는 재정부서의 공개내용이 반드시 재정정보를 활용하는 수용자에게 필수적인 것은 아니라는, 대상에 따른 정보의 필요 수준에 대한 분리 판별이 필요하다고 볼 수 있다.

그뿐만 아니라 현재 개별 사업별로 공개되고 있는 세출 현황과 세부사업 설명서의 내용 역시 수용자의 관점에서 보면 접근성에 한계를 보인다. 세출 현황의 경우에는 아직 정책사업 수준의 내용이 반영되어 있지 않다. 또한 세부사업 정보가 포함된 경우라 할지라도 사업의 항목이 있을 뿐 구체적인 산출 내역까지는 공개되지 않아 예산 지출의 적정성을 판단할 수 있는 근거가 부족하다.

　이런 특징은 재정정보 공개가 숫자보다 사업의 공개여야 한다는 것을 보여주는 것으로, 이미 '고도화 계획'을 통해서 고려 중이다. 하지만 여기서 더 나아가 튜토리얼 기능이 병행되어야 할 필요가 있다. 즉, 수용자 중에서 비예산 부서와 도민 등 시민사회는 재정정보의 수용 방식에 크게 차이를 보일 뿐만 아니라 재정정보의 필요에서도 차이를 보일 수밖에 없다. 재정정보의 보완은 정보를 '많이 제공'하는 것보다는 '정확하게' 제공하는 것이 관건이라고 할 수 있다.

6. 개선 효과: 국제 기준 부합 정도

1) 국제적 재정투명성 기준의 내용

(1) IMF 재정투명성 규약

　재정투명성과 관련해 국제적인 기준 설정과 논의의 중심 지표로 언급되는 IMF의 규약은 1998년에 채택되었다. 한국 정부는 2000년 1월에 IMF에 한국의 재정투명성에 관해 평가를 요청했고, 2001년 2월에 평가보고서[1]가 공개된 바 있다.

1　당시에 지적된 재정개선 권고사항은 다음과 같다(기획예산처, 2001.)
　　• 재정제도에 관한 사항
　　－ 지방재정, 기타기금을 포함한 통합재정수지 작성
　　－ 조세제도의 단순화 및 납세자 서비스 강화를 통한 조세투명성 개선
　　－ 예산외기금과 특별회계 운용의 합리화
　　－ 성과주의예산 시범사업(pilot-projects) 확대

표 14-4

장기재정전망 관련 규약 내용

내용
2. 예산 과정의 공개
2.2   예산집행, 감시, 보고의 명확한 절차가 있어야 한다.
3. 정보에 관한 일반 국민의 이용가능성 보장
3.1   국민은 정부의 과거, 현재, 미래의 재정 활동과 주요 재정 위기에 관한 종합적인 정보를 제공받아야 한다.
3.3   재정정보의 시기 적절한 대외 공표에 관한 약속이 있어야 한다.

IMF의 재정투명성 규약은 총 4가지 영역에서 20개의 지표를 제공하고 있으며, 각각의 지표별로 세부적인 사항을 추가로 명시하고 있다.

또한, IMF의 재정투명성 규약에서는 장기 재정에 관한 전망을 제시하는데, 정리하여 요약하면 〈표 14-4〉와 같다.

2.2와 관련해 한국은 예산 현황에 관한 반기 보고서가 시의적절하게 의회에 제출되어야 한다는 규정, 그리고 최소한 분기 수준의 업데이트가 발간되어야 한다는 부분이 취약하다고 지적되었다. 실제로 현행 '국가재

- 재정운영에 관한 사항
  - 예산지원을 통해 이차보전이 이루어지는 각종 정책자금 융자 및 대출 보증의 축소
- 재정정보 공개·확대에 관한 사항
  - 예산서 보완
    - 우발채무의 내역 및 부채전환 가능성을 계량화하여 명시
    - 조세지출 내역 명시
    - 각종 정책금융, 정부보증을 통한 암묵적 보조 등 준재정 활동의 내역 명시
    - 예산년도 직전 2개년도의 재정정보 및 이후 2개년도 예산추계치 명시
    - 재정의 건전성유지(예: 국민연금채무)에 대한 평가
  - 정부부채 및 금융자산에 관한 정보의 정기적 공표
  - 거시경제 및 재정전망에 사용되는 방법·가정 공개

표 14-5

재정정보 공개 현황

공개 정보	공표 게시년도	게시빈도	공개방식
예산	1954년	매년 12월 초	열린 재정
기금(기금운용계획)	2007년	매년 12월 초	열린 재정
결산(국가결산 보고서)	1949년	매년 6월 초	열린 재정
차입금(국가채무)	1997년	매년 4.20일경	열린 재정
국유재산 현재액 현황	2007년	매년 6월 초	열린 재정
통합재정수지	2011년	매월	홈페이지 게재
국가채권 현황 및 변동 내역	2002년	매년 4.20일경	열린 재정
국가재정운용계획	2004년	매년 10월 초	열린 재정
재정사업 자율평가 결과	2008년	매년 9월	홈페이지 게재
조세지출예산서	2011년	매년 10월 초	열린 재정
국가채무관리보고서	1949년	매년 6월 초	열린 재정
세입세출예산 운용 현황	2014년	매월	열린 재정
기금자산 운용 현황	2010년	매년 7월 말	열린 재정

자료: 기획재정부가 국회 홍종학 의원에게 제출한 자료(2015. 8)

정법' 상의 재정정보 공개가 형식적인 공개 절차에 불과해서 그것을 공개하는 측이나 그것을 통해서 문제시하는 국회 양측에서도 집중적으로 살펴보는 일이 드물다.

또한 3.1과 관련해 최소 2년 전의 회계기간의 산출물과 최소 향후 2년간의 주요 예산총액에 대한 전망과 민감성 분석이 연간 예산과 비교할 수 있는 정보 형태로 제공되어야 한다는 내용과, 정부는 장기 재정에 관한 주기적 보고서를 발행한다는 점에서 부족하다고 지적되었다. 해당 항목이 국민의 알권리 차원이라는 점에서 보면 사실상 한국의 재정투명성의 방향성이 국가 기구 간의 관계에서보다는 '국민'이라는 수용자와의 관계에서 한계가 있다는 것을 보여준다. 특히 최소 5년간의 중기 재정정보에 대한 사항에 관해서는 현재 구축된 '열린 재정'을 통해서도 확인하기 어려운 사항이다. 또 다른 국민에 대한 재정정보 투명성이라는 지점에서, 3.3 재정정보의 시의적절한 발간은 정부의 법적 의무이어야 한다. 재정정보에 관한 사전 공표 일정이 발표되어야 하고, 준수되어야 한다는 항목이다. 현행 '국가재정법'에서 정하고 있는 법령상의 재정정보 공개 현황은 〈표 14-5〉와 같다.

앞에서 볼 수 있듯이 주요한 재정정보의 공개가 공개되고는 있었으나 접근권이라는 측면에서 통합관리는 '열린 재정' 사이트의 구축을 통해서 이뤄졌다는 것을 의미한다.

(2) IBP 지표

IMF 재정투명성 규약과 함께 주요하게 참조하는 사항 중 하나는 IBP 지표로, IMF 규약이 정부 간 규약의 성격이 크고 IMF가 적정성을 판단하는 심사기관의 성격을 띠지만, IBP는 해당 국가의 시민사회가 평가하는 지표로서 의미를 가진다. IBP는 1997년에 설립된 민간 기구로서 정부예산을 분석하고 예산 편성 과정 및 제도를 개선하는 데 국제적 협력을 촉진하는 것을 목표로 한다. 특히 개발도상국가 등의 사회적 약자에 대한 예산에 관심을 기울이는 한편, 국민에게 더 투명하고 개방적인 예산시스템을 구축하도록 요구하는 데 관심이 있다. 기본적으로 민간단체를 표방하고 있기 때문에, 조사 방식도 IMF와 사뭇 다르다.

IMF는 해당 정부의 요청에 따라 IMF의 전문가 그룹이 평가하는 방식으로 진행되지만 IBP의 평가 주체는 해당 국가의 시민단체 등 비정부 기구에서 활동하는 예산전문가가 대상이 된다. 조사 주기는 2년이며, 한국의 경우에는 2006년에 경실련에 의해 진행된 바 있는데 해당 사이트에

표 14-6

IBP 3개 분야 총 122개 질문(2012년)

분야	세부 항목	질문 수
계		122
Section 1: 예산서의 접근성 (The Availability of Budget Document)	소계	–
	1. 답변서 작성에 활용한 회계연도	–
	2. 주요 예산문서 인터넷 주소 링크	–
	3. 정부예산안 관련 문서 공개	–
	4. 예산 및 기타 보고서 공개	–
Section 2: 정부 예산안 (The Executive's Budget Proposal)	소계	66
	1. 차년도 예산안과 차차년도 예산안	17
	2. 전년도 예산안	17
	3. 포괄성	13
	4. 성과모니터링	8
	5. 예산분석과 모니터링의 추가정보	11
Section 3: 예산 편성 과정 (The Budget Process)	소계	56
	1. 예산 구성	8
	2. 국회의 예산 심사	9
	3. 행정부의 예산 실행	18
	4. 결산보고 및 감사	21

따르면 한국은 공식적인 회원 기구가 없는 상태이다. 현재 2012년까지 조사되어 있다.

　IBP의 설문지는 크게 세 가지 영역으로 구분되어 있는데, 첫 번째는 가장 기본적인 사항인 예산서에 대한 접근성 문제다. 기본적으로 온라인을 통해 공개되어야 하고 예산안뿐만 아니라 부속 서류도 공개되고 있는지 여부가 평가된다. 두 번째는 정부 예산의 구성과 관련된 부분으로 총 66개의 세부 질문이 할당되었다. 기본적 연차별 예산안의 구성과 관련된 형식적인 측면과 성과 분석에 대한 부분이 주를 이루지만, 예산안이 가지고 있는 질적 측면, 즉 포괄성이라는 부분에도 강조점이 주어진다.

하지만 최근에는 질문의 항목이 125개로 변경되었고, 예산평가의 범주도 기존의 3가지 부분에서 '예산공개지표'와 '포괄적예산지표'로 구분되어 각각 98개와 27개로 구성되어 있다. 한국은 예산공개지수 내용에서 예산정보의 접근성에 대한 평가 중 국민에게 상당한 정보를 제공하고 있는 국가(Provides Significant Information to Citizens)로 분류되었고, 2017년 현재 60점[2]을 기록하고 있다.

7. 정책 제안

충청남도는 재정정보의 실시간 공개정책을 계속 발전시켜나갔으며, 충청남도뿐만 아니라 시·군에서도 재정정보 공개를 시행하고 있다. 2016년 12월에는 공공기관 문서 및 재정정보 실시간 공개를 시행했고, 2017년부터는 공공기관 경영평가 정보 실시간 공개를 추진 중이다.[3]

정보공개는 행정의 복잡화에 따라 수반되는 행정 불신을 극복하기 위한 적극적인 행정 조치에 속한다. 1차적으로 재정규율이라는 차원에서 공개 자체가 가져오는 예산집행기관의 긴장감을 생산적으로 적용할 수 있는 기술적인 측면의 의미가 있다. 이와 함께 그동안 행정의 대상으로만 접근되었던 주민들에게 정보를 제공함으로서 단순한 '제공자 → 수혜자'의 구도를 벗어나 민관 협치의 계기를 마련하다는 '새로운 정부'의 모델을 위한 정책 도구의 의미도 강하다.

---

2   http://survey.internationalbudget.org/#rankings

3   충청남도는 이러한 실시간 정보공개제도의 성과를 인정받아 2018년 유엔공공행정상을 조세행정부(Tax Administration Division)에서 수상하게 되었다. 2018년 6월 모로코에서 열리는 유엔공공행정포럼에서 수상할 예정이다.

그림 14-2
정보공개의 범주

얕고 좁은 정보		예산·결산의 공개	넓지만 얕은 정보	
		사업별 편성현황 및 집행 과정 공개		
예산	+ 정책사업 및 집행계획	+ 실시간 지출정보의 공개	+ 조세지출 현황 및 토론	+ 장기재정계획 과의 실시간 비교
깊지만 좁은 정보		사전계획 및 예산수립의 공개	깊고 넓은 정보	
		원가 등 재정요소별 공개		

이에 따라 정보공개는 공개하는 측과 공개받는 측의 관점에 따라 공개의 범위와 질에 대한 평가가 상이할 수밖에 없다. 문제는 앞서 다른 지역의 사례를 통해서 살펴보았듯이 공급하는 입장에서 상당 수준의 정보를 공개하더라도 이를 활용할 동기가 부여되지 않거나 혹은 구체적인 교육 과정이 병행되지 않아 역량 강화가 이루어지지 않는다면 절반의 정보공개라고 할 수밖에 없다.

따라서 충청남도의 재정정보 공개 역시 단기적인 시스템의 구축을 통해서 접근하는 것은 지양하고 장기적으로 다른 사례에서 간과하고 있는 수용자의 동기와 역량을 강화하는 '수용자 측에서의 관점'을 통한 시스템 구축의 비전을 수립할 필요가 있다고 생각된다.

즉, 실제 공개되는 재정정보가 수용의 당사자인 지역 시민사회와 도민들이 쉽게 접근할 수 있도록 수용성을 강화하는 방안을 병행하는 것이 필요하다. 이를 테면, 앞서 범위·깊이의 문제와 별도로 수용성 지표 등을 고려해 시민사회와 도민들이 효과적으로 충청남도의 재정현황에 대해 접근하고 예산집행 과정에서의 문제점 혹은 의문 사항에 대한 피드백을 강화함으로서 행정 신뢰를 강화하는 시스템을 마련하는 것이다.

다른 사례와 다르게 충청남도의 경우 법 개정으로 이어질 정도로 횡단 전개에 대한 강한 의지가 있는 만큼, 기술적인 측면에서의 재정정보 공개뿐만 아니라 수용성이라는 측면에서도 새로운 전기를 마련하는 지방정부의 사례가 되길 희망한다.

참고문헌

서재만. 2010. 「재정정보공개현황 및 개선방안」. 국회예산정책처.

윤영진. 2015. 「재정정보 공개와 재정 투명성」.

정창수. 2014. 「전국 지자체별 재정정보 공개제도 평가」. 국회 홍종학 의원실.

홍종학 의원실. 국정감사 자료.

한국조세연구원. 2008. 「성과관리 예산제도의 국제비교」.

리더트 이안. 2007. 「OECD 국가 예산 체계의 법적 구조에 관한 국제비교」. OECD.

대한민국 국회 의안정보시스템. http://likms.assembly.go.kr/bill/main.do

대한민국 정부 각 부처 누리집

서울시 클린재정. cleanplus.seoul.go.kr/

서울위키. http://yesan.seoul.go.kr/be/main.do

기획재정부 열린재정. http://www.openfiscaldata.go.kr/portal/main.do

IMF. http://www.imf.org/external/np/fad/trans/

IBP. http://survey.internationalbudget.org

WEF. http://www.weforum.org/

지은이 소개(가나다순)

강마야

충남연구원 농촌농업연구부 책임연구원이다. 제주대학교 농업경제학과 학사 학위(1999)를 받고, 「감귤생산의 지역별, 규모별 투입-산출 구조분석」을 주제로 경제학 석사 학위(2002)를 받았다. 이후 서울대학교 농경제사회학부 농경제전공에서 「한국 농가의 인적자본 스톡 추정」을 연구해 경제학 박사 학위(2010)를 받았다. 주요 관심사는 농업정책이 농가경영 및 농업경제에 미치는 영향과 농업인에게 내재된 역량 및 조직행동에 관한 것이다. 2003년부터는 지역농업네트워크에서는 농업분야 컨설팅을, 2011년부터 농림수산기술기획평가원에서 농업분야 R&D 기획을 수행했다. 번역서로는 『농촌』(공역, 2016)이 있고, 최근 논문으로는 「농업협동조합의 지역사회 기여를 중심으로 한 정체성: P농협과 G농협 사례 연구」(공저, 2017), 「농가 유형에 따른 농가부채 분석」(2017), 「제주 농산물 생산자의 가격위험 계측」(공저, 2017), 「농업직불금 제도의 정책구조와 집행 분석: 충남지역을 사례로」(공저, 2015), 「농업보조금의 정책구조와 함의」(공저, 2014) 등이 있다.

강영주

한국지방행정연구원 조직분석진단센터 소장이다. 서울대학교에서 경제학 학사, 서울대학교 행정대학원에서 행정학 석사, 정책학 박사 학위를 받았다. 관심 분야는 지방분권, 지방인사조직, 정부 간 기능 배분, 정책 설계 등이다. 주요 논문은 「지방분권화가 부패에 미치는 영향에 관한 실증분석: 정부지출과 시민의 자유를 고려하여」(2013), "Does Decentralization Matter in Health Outcome? Evidence from 22 OECD Unbalanced Panel Data for 1995~2005」(2012) 등 다수가 있다.

강현수

충남연구원 원장이다. 서울대학교 공과대학을 졸업하고, 서울대학교 환경대학원에서 석·박사 학위를 받았다. 중부대학교 도시행정학과 교수로 재직 중이며 국토연구원 위촉연구위원, 대통령자문 국가균형발전위원회 전문위원, 한국공간환경학회장 등을 역임했다. 전공은 도시 및 지역계획학으로 도시와 지역의 지속가능한 발전에 관한 연구를 주로 해왔다. 주요 저서로 『인권도시 만들기』(2014), 『저성장 시대의 도시정책』(공저, 2011), 『도시에 대한 권리』(2010), 『신지역발전론』(공저, 2009), 『도시, 소통과 교류의 장』(2007), 『현대 도시이론의 전환』(공저, 1998) 등이 있다.

김수연

대한민국시도지사협의회 선임연구위원이다. 경북대학교에서 법학을 공부하고 석사 및 박사학위(공법-헌법학)를 받았으며, 대한민국시도지사협의회 정책연구센터장을 역임했다. 대통령소속 정책기획위원회 위원, 국민헌법자문특별위원회 위원으로서 2018년 정부가 발의한 개헌안의 초안을 마련하는 데 참여했다. 자치분권위원회 전문위원으로 활동하면서 사무의 지방이양을 추진하고, 「(가칭)지방일괄이양법(안)」을 마련했다. 또한 다수의 지방분권 관련 법률안을 마련해 국회 입법발의를 추진했고, 이른바 제2국무회의(중앙-지방협력회의) 설치 법률안을 최초로 작성·제안했다. 지방분권 개헌과 중앙-지방협력, 지방의 국정참여, 지역대표형 상원제 등에 관심을 갖고, 「자주재정권 강화를 위한 개헌안 쟁점」(2018), 「새정부의 지방자치 관련 공약 내용과 그 실현을 위한 공법적 과제」(2017), 「중앙·지방 협력체계 구축을 위한 법적 과제」(2016), 「국제적 기준에 비추어 본 지방자치법의 개정방안」(2016), 「지방의 입법참여를 위한 국회구성 개선방안」(2016) 등 다수의 논문을 저명 학술지에 게재했다.

김영일

충남연구원 물환경연구센터 물통합연구팀 팀장이다. 대한상하수도학회 대전·세종·충청지회 이사, 대한환경공학회 대전·충청지회 이사 및 대한환경공학회지 편집위원으로 활동 중이다. 대전대학교 환경공학과 학사, 석사/박사 학위를 취득한 이후 미국 아리조나주립대 토목환경공학과에서 박사후과정을 보냈다. 관심 분야는 물환경 정책, 물통합(유역)관리, 물순환 및 수자원, 상하수도 등이다. 국내외 저명 학술지에 다수의 논문을 게재했다.

김종화

충남연구원 행정복지연구부 책임연구원이다. 강원대학교 농업자원경제학과를 졸업했으며, 동 대학원에서 경제학 석사 학위를 받았다. 이후 일본 규슈대학 대학원 농업자원경제학 부문에서 박사 학위를 받았다. 주된 관심 분야는 농식품유통 및 산업, 농어촌경제, 농수산 비즈니스 분야이며, 관련하여 다수의 연구 실적과 논문을 게재하였다. 2017년부터 충남어촌특화지원센터장을 겸임하면서 어촌특화, 어촌경제 활성화를 위해 노력하고 있다.

명형남

충남연구원 환경생태연구부 책임연구원이다. 아주대학교 의과대학 예방의학교실에서 박사 학위(환경보건 전공)를 받았고, (주)한일정수 대기환경기사, 환경연합 시민환경연구소 선임연구원, 아주대 예방의학교실 조교를 역임하였다. 주요 관심 분야는 환경보건, 미세먼지, 환경복지 등이며, 최근 논문으로는 "Role of local government for environmental health challenges: A case study of Chungnam"(2017), "Incidences of waterborne and foodborne diseases after meteorological disasters in South Korea"(2016), "Food Ingestion Factors of the Korean Exposure Factors Handbook"(2013) 등이 있다.

박종관

백석대학교 경찰학부 경찰행정학 전공교수이다. 대전대학교 행정학사, 서울대학교행정대학원 행정학 석사, 동 대학원에서 행정학 박사를 받았다. 한국행정학회 부회장, 한국공공행정학회 회장을 역임했으며, 정부혁신평가위원, 지방자치발전위원회 실무위원, 공기업경영평가위원 등을 역임했다. 관심 분야는 지방자치, 행정구역개편, 사회자본, 정부기능, 성과평가 등이다. 저서로는 『일반사회』(공저, 2015), 『조사방법과 기초통계의 이해』(2014), 『노동행정론』(공저, 2003), 『즐거운 행정학』(공저, 2003) 등이 있으며, 국내외 저명학술지에 다수의 논문을 게재했다.

신동호

충남연구원 산업경제연구부 선임연구위원이다. 전북대학교에서 경제학 박사 학위를 받았다. 충남 에너지위원회, 해양신산업발전협의회, 충남지역인적자원개발위원회 등에서 활동하고 있으며, 주요 연구는 「충남지역 창조생태계 구축방안」(2014), 「충남 녹색중소기업 육성방안」(2011), 「중소기업 지원사업의 통합적 추진모형 구축」(2010), 「중소기업 지원사업의 통합적 추진체계 구축」(2008) 등이 있다.

여형범

충남연구원 환경생태연구부 연구위원이다. 서울대학교 분자생물학과를 졸업하고 서울대학교 환경대학원에서 환경정책학, 정치생태학을 공부했다. 대학원에서는 지역에너지체계의 경제성 분석을 주제로 석사 학위를, 통합물관리 정책과 하천거버넌스를 주제로 박사 학위를 받았다. 피터 벤츠의 『환경정의』(공역, 2007)와 레스터 브라운의 『플랜B』(2004)를 번역하고, 『충남의 미래 2040』(공저, 2016), 『지역균형발전론의 재구성: 성찰과 대안모색』(공저, 2013) 등의 책을 함께 냈다. 현재 충남연구원에서 환경정책과 에너지정책 분야를 담당하면서 에너지전환, 생태계서비스, 에코뮤지엄, 시민과학 프로그램을 실험하고 적용할 방안을 연구하고 있다.

유태현

남서울대학교 세무학과 교수이다. 고려대학교 정경대학 경제학과를 졸업했고, 동 대학 일반대학원에서 경제학 석사/박사 학위를 받았다. 한국재정정책학회 회장, 한국지방세학회 회장 등을 역임했고, 현재는 한국지방재정학회 회장, 행정안전부 정책자문위원, 대통령소속 자치분권위원회 재정분권 전문위원회 위원장으로 활동하고 있다. 관심 분야는 지방세, 지방재정, 중앙과 지방 간 재정관계 등이다. 『재정학』(2014) 등을 저술했고, 학술지에 다수의 논문을 게재했다.

이관률

충남연구원 농촌농업연구부 연구위원이다. 영남대학교에서 지역개발전공으로 박사 학위를 받았으며, 관심 분야는 지역개발, 지역경제, 지역정책 등이다. 현재 한국지역개발학회 이사로 활동 중이고, 대통령 소속 지방자치발전위원회 실무위원을 역임하였다. 저서로는 『최신 지역개발론』(공저, 2013)이 있으며, 최근 논문으로는 「충남지역 NGO의 활동특성과 네트워크 중심성 결정요인」(공저, 2016), 「청양 구기자산업의 가치사슬분석」(2015), 「농업보조금의 정책구조와 함의」(공저, 2014) 등이 있다.

이상진

충남연구원 환경생태연구부 선임연구위원이다. 충남대학교 학사와 석사과정에서 해양학·환경보건학을 전공하고 대전대학교에서 공학박사(환경공학 전공) 학위를 받았다. 행정안전부 정책자문위원, 환경부 중앙환경정책위원회 위원, 지속가능한 통합물관리포럼 금강유역분과 위원장으로 활동 중이다. 관심 분야는 물환경정책, 하폐수관리, 연안 및 하구생태 복원 등이다.

이재완

공주대학교 사회복지학과 교수이다. 한국지역사회복지학회 회장과 충남사회복지사협회 회장을 역임했고 한국사회복지협의회 이사, 복지세상을 열어가는 시민모임 이사, 그리고 사회복지 관련 학회의 학술 및 편집위원장으로 활동하고 있다. 중앙대학교에서 수학했고 사회복지학 박사 학위를 받았다. 중앙정부와 지방정부의 사회복지관련 위원회와 사회복지실천기관운영의 자문 및 평가활동을 활발히 수행하고 있다. 또한 지역사회복지운동을 통한 지역복지력을 제고하기 위해 지역사회의 비복지적 환경 및 제도 개선활동과 주민의 복지역량강화를 위한 다양한 활동을 실천하고 있다. 주요 연구로는 한국의 지역사회복지실천, 지역복지전달체계, 지역사회 보장계획 및 지역사회보장협의체 등에 관한 다수의 논문이 있다.

정창수

나라살림연구소 소장이다. 경희대학교 후마니타스칼리지 객원교수이고 행정자치부 정책자문위원이며 참여연대 조세재정개혁센터 실행위원으로 활동 중이다. 한양대학교 경제학과 학사, 경희대학교 NGO대학원 석사, 동 대학원 행정학과 박사(재무행정)학위를 받았다. 관심 분야는 정부 및 지방자치단체의 예산분석과 개혁이다. 특히 시민참여와 이를 위한 투명성 제고를 위해 노력하고 있다. 『재정 건전화』(2016), 『지방예산 쟁점 100』(2015) 등 예산 관련 저서가 있다.

주재복

한국지방행정연구원 연구기획실장이다. 고려대학교에서 행정학 석사 및 박사 학위를 받았고, 인디애나대학교-퍼듀대학교 포트웨인캠퍼스에서 1년간 방문학자로 있었다. 관심 분야는 조직 분석, 갈등관리, 지방자치, 정책평가 등이다. 주요 저서로는 『같은 방향 다른 행로?』(공저, 2014), 『공유재와 갈등관리』(공저, 2004)가 있고, 최근 논문으로는 「기초자치단체 중간관리자의 역할 및 행태 연구」(공저, 2015), 「지방정부 간 지역갈등 분석 틀 설계 및 이의 적용」(공저, 2014), 「한국과 일본의 지방자치단체 위원회 실태 분석」(공저, 2014) 등이 있다.

충남연구원

충청남도 도청과 도내 15개 시군이 함께 출연한 충청남도 산하 연구기관이다. 충남도청과 시군은 물론, 중앙정부, 공공기관, 대학 및 시민사회와 함께 협력하면서 충청남도의 발전과 210만 충남 도민을 위한 정책을 연구·개발하고 있다.

충청남도가 대한민국에 제안합니다

지역에서 시작하는 국가 혁신 프로젝트

ⓒ 충남연구원, 2018

엮은곳 **충남연구원**
지은이 **강마야, 강영주, 강현수, 김수연, 김영일, 김종화, 명형남, 박종관, 신동호, 여형범,**
　　　유태현, 이관률, 이상진, 이재완, 정창수, 주재복
펴낸이 **김종수**
펴낸곳 **한울엠플러스(주)**
편집 **김다정**

초판 1쇄 인쇄 **2018년 6월 19일**
초판 1쇄 발행 **2018년 6월 29일**

주소 **10881 경기도 파주시 광인사길 153 한울시소빌딩 3층**
전화 **031-955-0655**
팩스 **031-955-0656**
홈페이지 **www.hanulmplus.kr**
등록번호 **제406-2015-000143호**

Printed in Korea.
ISBN 978-89-460-6502-4 93350

* 책값은 겉표지에 표시되어 있습니다.